新版 すしの雑誌 特別版

名店・繁盛店の

人気のすしとすし技術

旭屋出版

名店・繁盛店の
人気のすしとすし技術

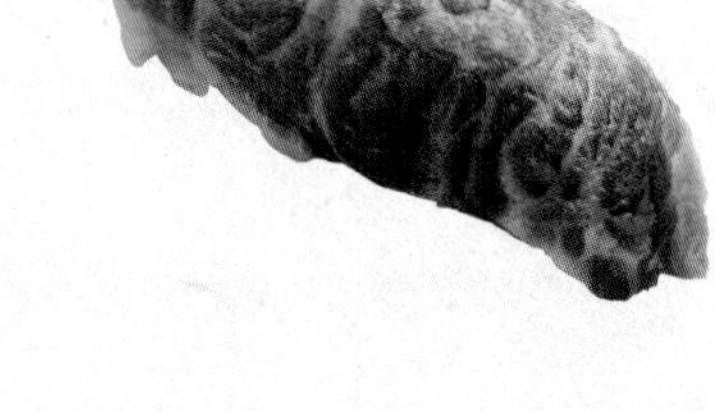

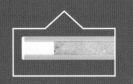

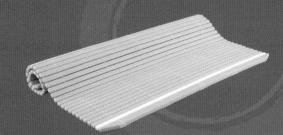

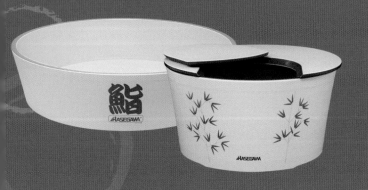

伝統と進化

名店・繁盛店のにぎりずし

- 赤身のにぎりずし
- 白身のにぎりずし
- 光物のにぎりずし
- イカ・タコのにぎりずし
- エビ・カニのにぎりずし
- ウニ・イクラ・珍味のにぎりずし
- アナゴのにぎりずし
- 玉子焼き
- 貝類のにぎりずし
- その他のにぎりずし

赤身のにぎりずし

赤身は華やかな彩りと味わいから人気が高い。特にマグロは、江戸前ずしになくてはならないすしダネで、部位もいろいろあり人気がある。マグロの他に、カツオ、サーモンなどの赤身があり、漬けや炙り、さらに薬味を変化させることで、味わいを拡げている。

赤身

つきじ鈴富 GINZA SIX店　東京・銀座

生の本マグロにこだわる。取材時は青森・大間の本マグロで、延縄漁法で獲った100kgサイズのもの。東京・銀座は年配客の多い街柄のため、必要に応じて食べやすいように庖丁を入れて握り、煮きり醤油を塗る。

マグロ 赤身

鮨 いしばし　大阪・茨木市

数日から2週間ほど寝かせてから使用。平造りに切り付けたものを5分程度、煮切り醤油に漬けてから握る。白身から始まるにぎりおまかせコースの中で、白身の後にマグロの赤身、中トロ、大トロと続けて出すことで機運を高める。

中トロ

鮨 島本　兵庫・神戸市

豊洲市場のマグロ業者の中でも若手の注目株といわれる『結乃花』から仕入れている。宮城県塩竈産、青森県大間産など国産ものが基本で、数日から1週間程度寝かせてから使用。マグロの香りを引き出すため、切り付けてからしばらく置いて温度が上がったところで握る。

本鮪赤身

鮨処 ともしげ　宮城・仙台市

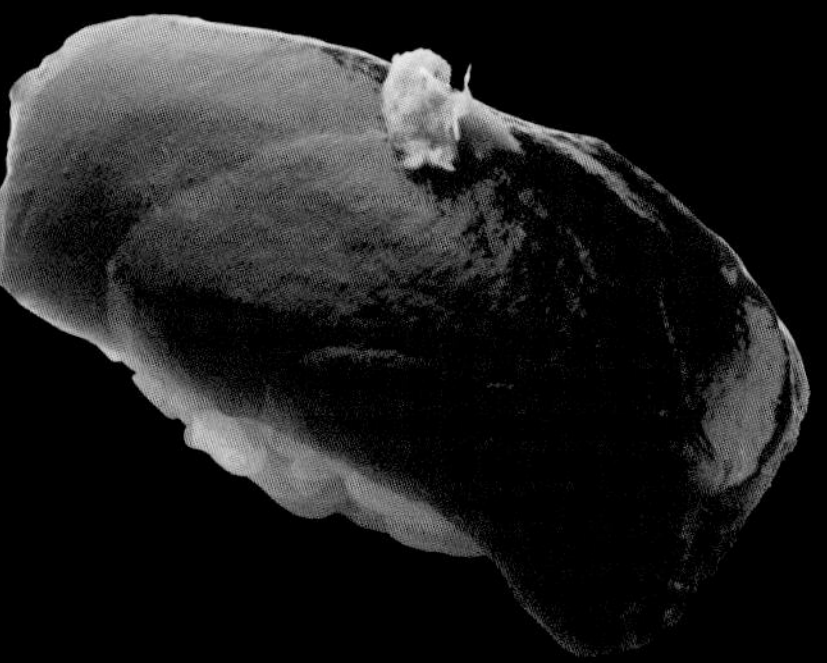

握ったすしの上にワサビをのせて提供する赤身。赤身にワサビの緑が映え、マグロのすしが清冽な印象に。おろしたてのワサビの香りも立ってくる。マグロは近海の生の本マグロを使用。撮影時は北海道・噴火湾沖のもの。

マグロ　中トロ 大トロ

鮨 いしばし　大阪・茨木市

マグロは日本近海ものかボストン産の天然本マグロを使うことが多い（取材時は宮城県塩竈産）。使用する部位は腹上の一番か二番。切り分けたブロックを氷で挟んで氷温庫の中で数日から2週間程度寝かせてから使用する。

本まぐろ赤身

紋ずし　東京・祐天寺

マグロも売りのひとつで、その日使うマグロは「本日のまぐろ」として、産地を証明するラベルとともにPOPでアピールする。撮影時は北海道戸井の本マグロ。青森大間や宮城塩釜のマグロも使う。さっぱりとした赤身の人気は高く、お決まりの「絶品ねた十貫」にも入る。

マグロ 赤身

すし崇　長野・長野市

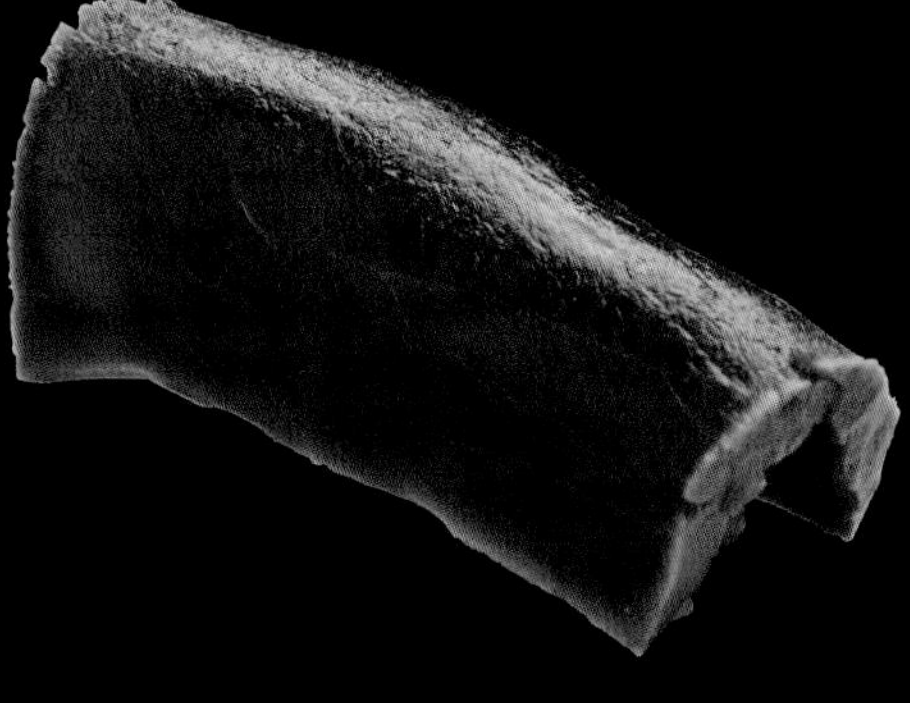

店主の久保氏は、東京・浅草の名店『すし游』で修業。同店で熟成の技術を学び、独立後も「熟成ずし」に意欲的に取り組んでいる。写真のマグロの赤身は、一週間は身をそのまま寝かし、その後、醤油の地に2週間漬けて計３週間熟成。熟成で赤身ならではの旨みを凝縮させている。

マグロ 大トロ

すし崇　長野・長野市

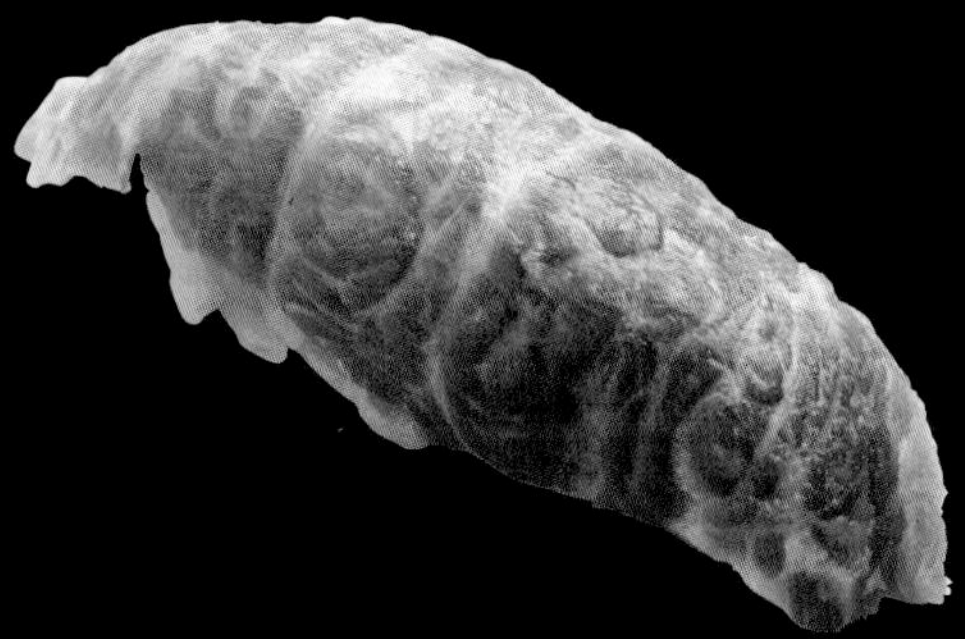

大トロは北海道・戸井のマグロ。大トロは醤油の地に漬けずに熟成させる。熟成させることで、筋の部分から旨みが出て、それがギュッと凝縮されたようなおいしさが味わえる。提供時には塩を振る。熟成させた大トロの旨みや甘みを、塩が引き立てる。

マグロ 中トロ

すし崇　長野・長野市

赤身も中トロも、ともに大間のマグロを使用。中トロは信州味噌の「味噌たまり」の地に漬けて熟成させる。味噌のエキスが詰まっている味噌たまりを使って熟成させた中トロは、芳醇なチーズの香りを纏ったようなおいしさだ。

マグロ漬け

代官山 鮨 たけうち　東京・代官山

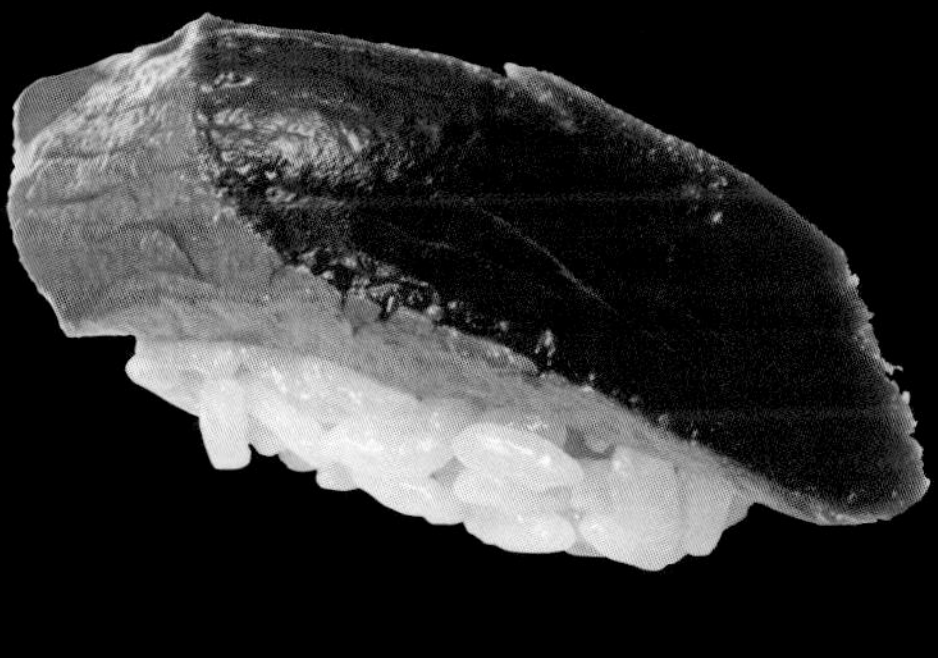

取材時は青森県・大間であがった本マグロを使用。仕入れてから2週間寝かせて旨みを引き出す。醤油、カツオだし、味醂を合わせた、だし醤油に1時間漬けてから提供する。

漬赤身

つきじ鈴富 GINZA SIX店　東京・銀座

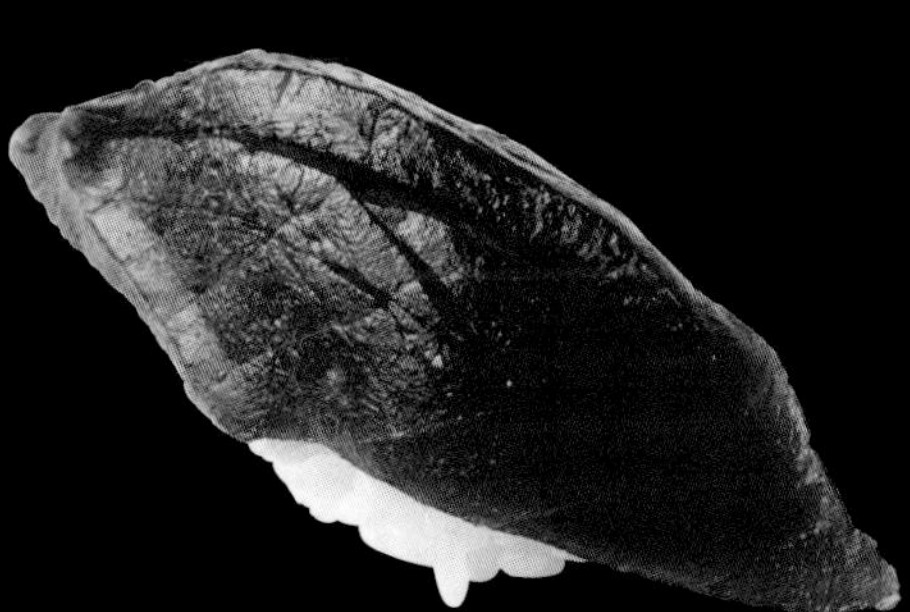

濃口醤油、酒、味醂、カツオ節をひと煮立ちさせた漬け地に、格子状に庖丁を入れたタネを2～3分漬ける。ヅケにすることで甘みも強くなるため、おろした柚子を中にかませて握り、すっきりさせて風味を高める。

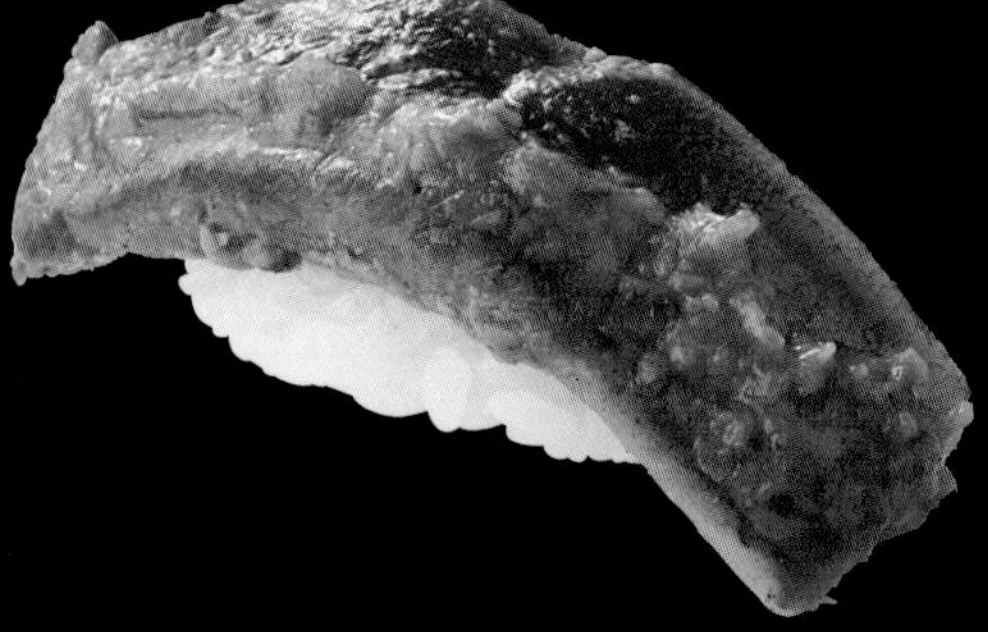

マグロの味噌漬け

御鮨処 田口
神奈川・川崎市

紀州産の本マグロの赤身を使用。20cmにさく取りしたマグロを合わせ味噌に一晩漬ける。切り付けた後、味噌をまとわせ、味噌に焼き色が付くくらい焼く。提供時、一部味噌を取り除き赤身を見せる。

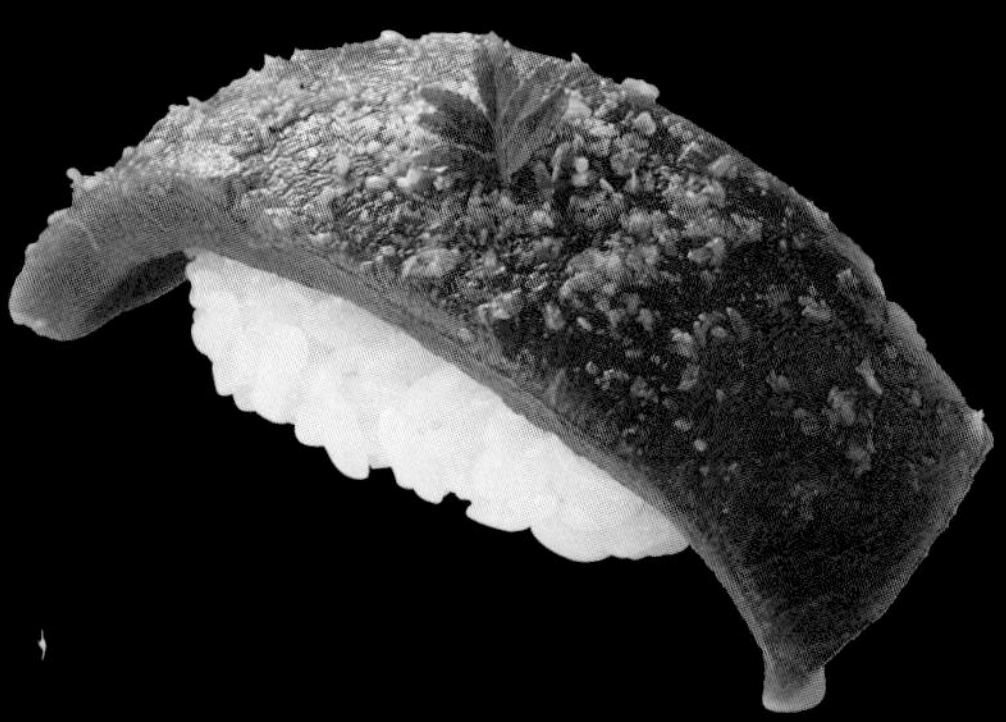

マグロの胡麻漬け

御鮨処 田口
神奈川・川崎市

紀州産の本マグロの赤身を使用。切りつけたものを淡口醤油、吟醸酒、すりゴマを合わせた煮きりに30分漬ける。また、提供時にはすりゴマを振りかけ、ゴマの風味を強調させる。

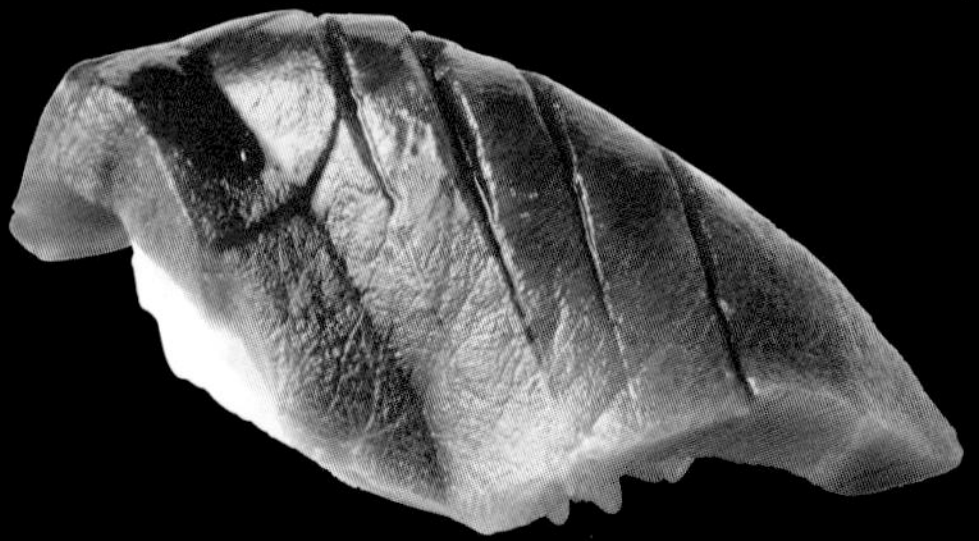

中トロ

つきじ鈴富 GINZA SIX店
東京・銀座

タネに入れる庖丁は、切りつけ方で厚みが変わってくるので、咀嚼しやすいように庖丁の深さを微調整しながら、筋を断つように切る。マグロは生の本マグロを使用。取材時は大間だが、春は串本、島根、壱岐などを。

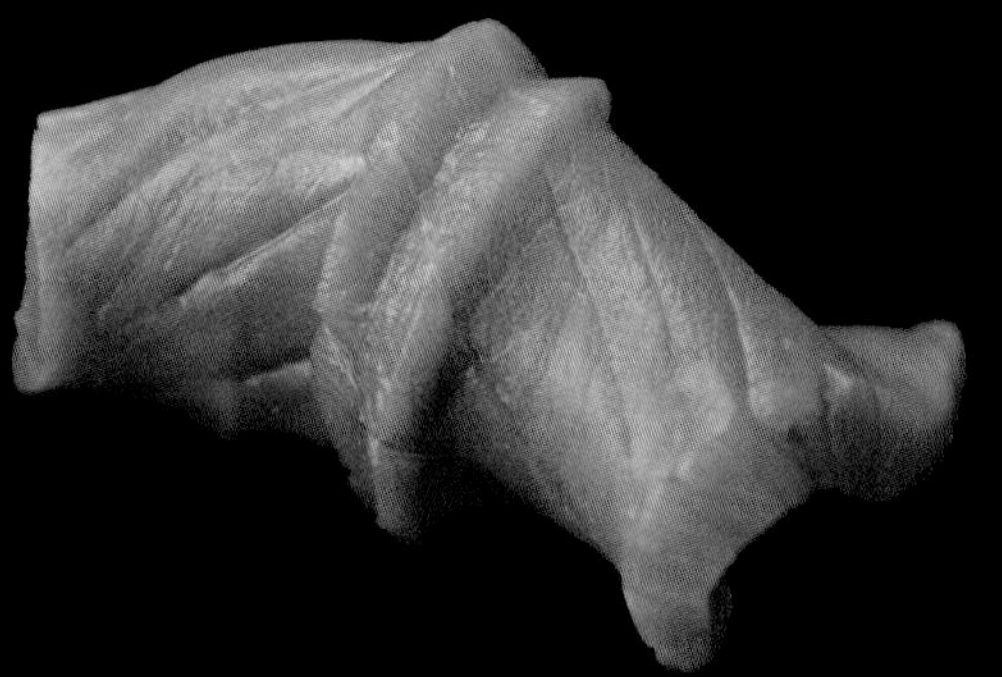

生本マグロ

キヨノ
福岡・福岡市

生の本マグロを基本的に使用する。煮きりは、一般的な濃口醤油と煮切った味醂だけではなく、溜まり醤油も加えてコクを出す。さらに淡口醤油も少々加え、味を引きしめる。脂ののったマグロとよく合う。

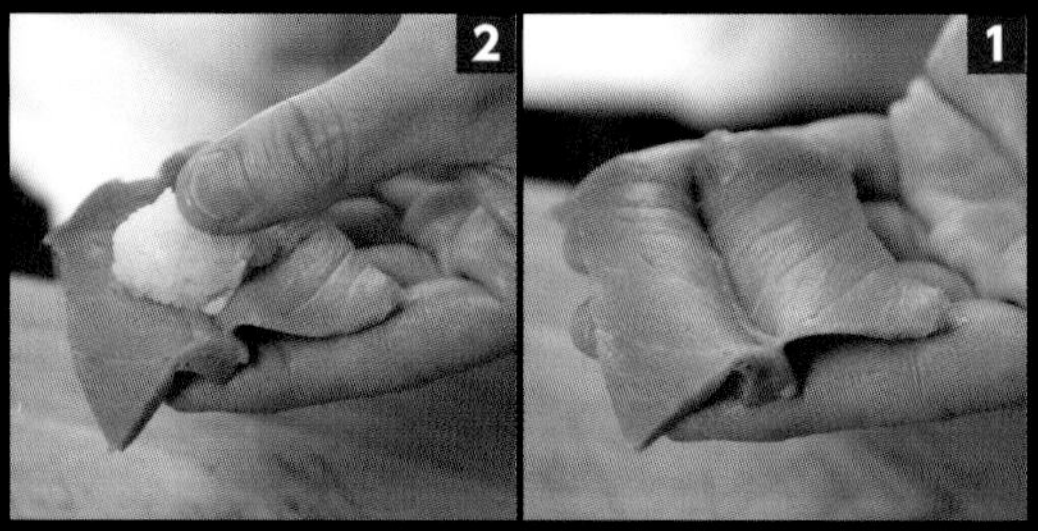

さくどりしたマグロは、一度切り込みを入れてから切り離す。身を開いてすし飯をのせ、切れ目を横に向け、包み込むように握る。

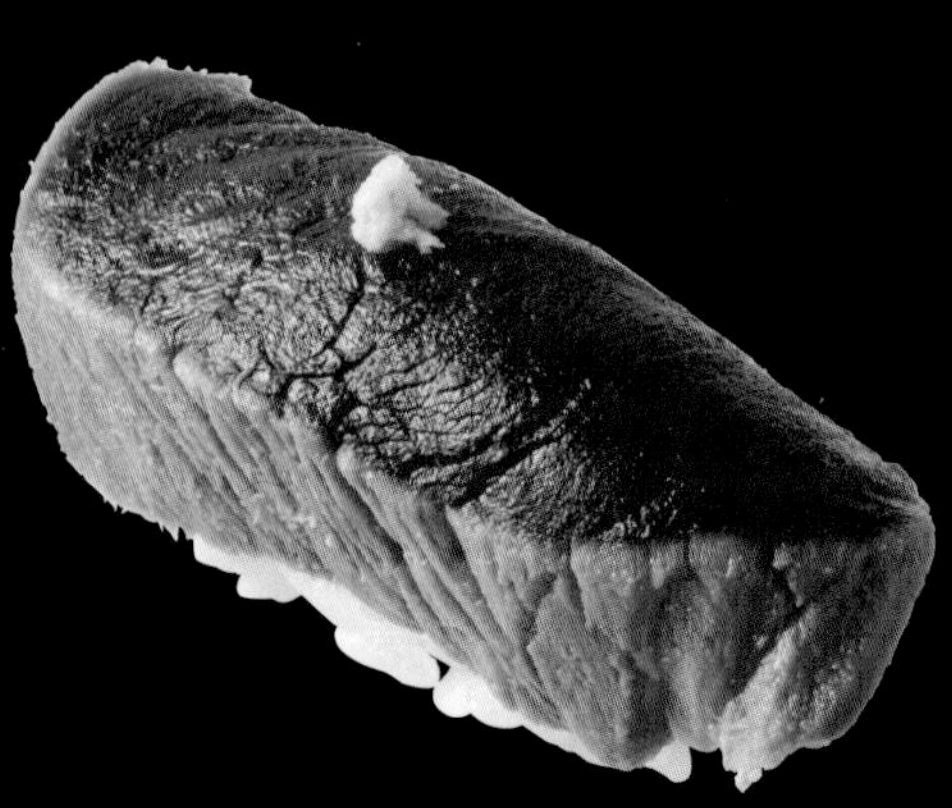

ヅケマグロ

都寿司本店
東京・日本橋蛎殻町

マグロのスジが入らず、身のやわらかい赤身の部分をヅケにする。醤油とみりん、酒を合わせて煮切った煮切り醤油に、サク取りした身を8時間程度漬け込む。ワサビをアクセントにするほか、おろし生姜を薬味にすることもある。

大トロ

博多たつみ寿司 総本店

福岡・中洲川端

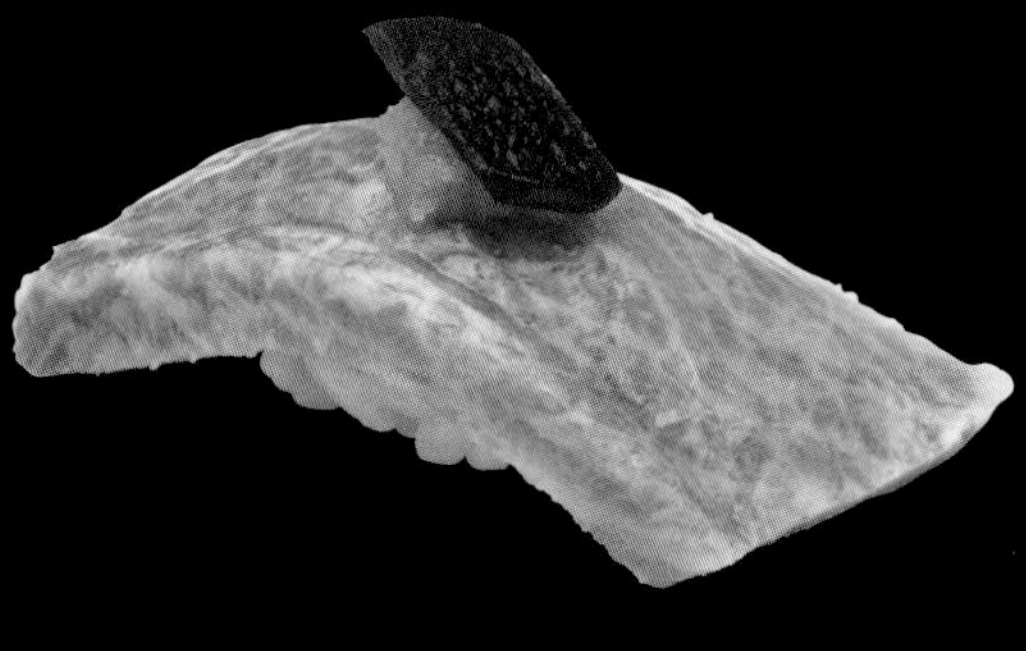

本マグロを使用。ニンニクの醤油漬けと大根おろしを合わせた。料理長がステーキを食べたときに思いついたメニューで、パンチのある味わいが特徴。

本マグロ中トロ

弘寿司

宮城・仙台市

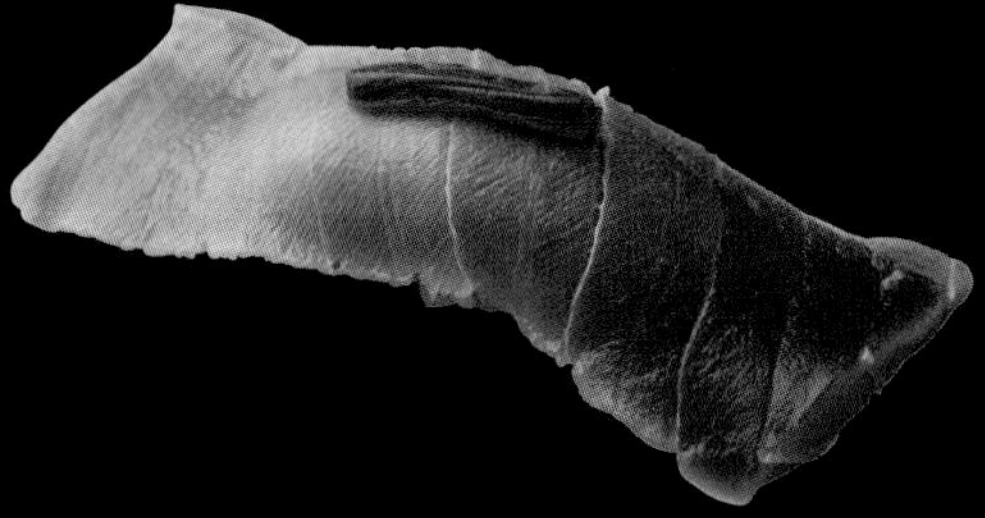

春に採った行者ニンニクをだし醤油に漬け込んで中トロの薬味にする。ニンニクより優しい香りと風味がマグロの脂の甘みを引き出す。すし飯は酢と塩のみで、脂の甘さを際立たせる。

大トロ

つきじ鈴富 GINZA SIX店

東京・銀座

生の本マグロを使用し、基本、上身の腹筋カミを用いる。大トロは脂が強く醤油をはじくので、格子に庖丁を入れ、煮きり醤油がのりやすくする。煮きり醤油は濃口醤油、酒、味醂、カツオ節をひと煮立ちさせたもの。

トロ炙り

博多たつみ寿司 総本店

福岡・中洲川端

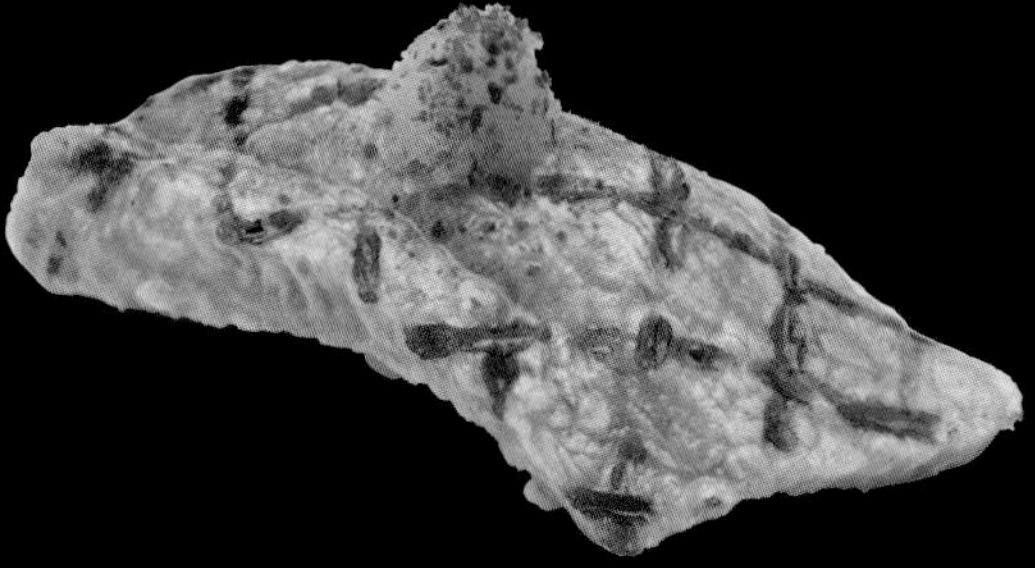

本マグロを使用。赤くなるほど熱した網の上にのせ、サッと炙り、しっかりと焼き目をつける。ポン酢を混ぜた大根おろしに一味唐辛子をかけ、濃厚な脂を楽しみながら、さっぱりと味わえるようにしている。

大トロ

鮨処 有馬

北海道・札幌市

取材時は函館・戸井の本マグロ。年間を通じて津軽海峡で獲れる本マグロを使用している。店では大トロ、中トロを主に提供。表面に鹿の子庖丁を入れ、口溶けのよさやシャリとの一体感を引き立たせている。

炙り大トロ

つきじ鈴富 GINZA SIX店

東京・銀座

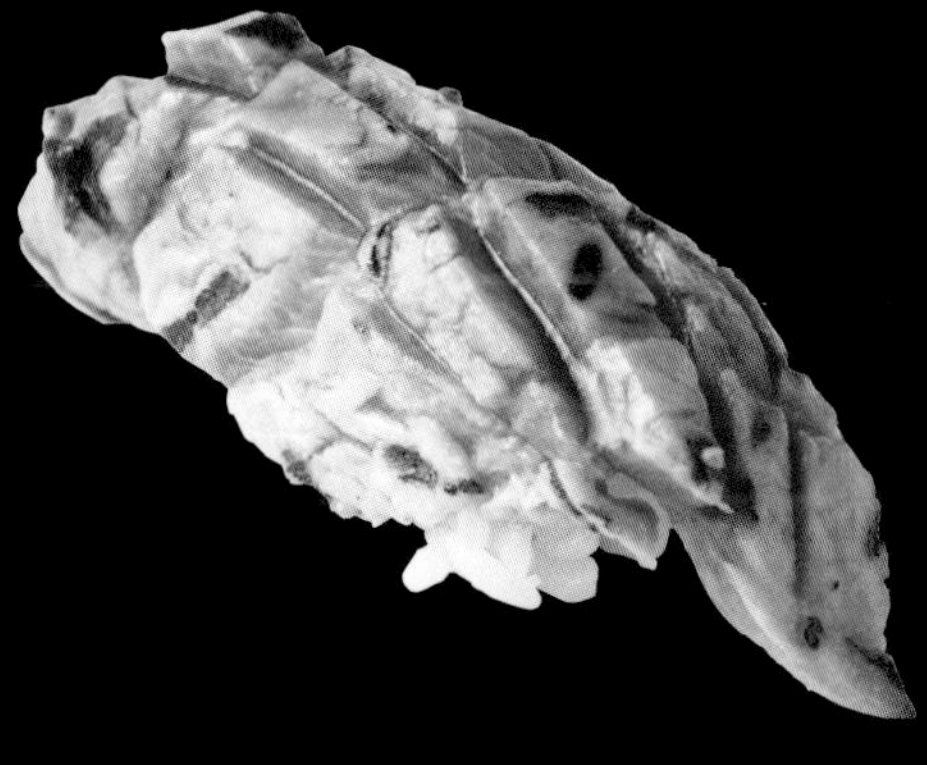

炙ることで香ばしさを高めながら、同時に脂も適度に落として年配客にも食べやすい味に。タネは筋を断つように、格子に庖丁を入れる。合わせ酢や米にもこだわり、すし飯は銅の羽釜で一気に炊いて歯ごたえを活かす。

ずわいがにと本マグロ中落ちのミルフィーユ

鮨 かの　東京・一之江

取材時は大間の本マグロを使用。ズワイガニをほぐし身とともに握り、中落ちをスプーンでのせ、ワサビを天にのせる。これをカウンター越しに、お客へ手渡しで提供するのが特徴だ。口の中でほどけるおいしさ。

トロタク スペシャル

鮨 ふるかわ 麻布霞町　東京・六本木

野菜ずしからヒントを得て、約35年前に考案。大トロは脂の酸化を抑えるため、作り置きせず、オーダーごとに庖丁で叩く。大トロの脂の旨みを存分に味わってもらう。たくあんには、水分の少ない宮崎産の壷漬けを使用。卵白のメレンゲと赤酢漬けのキャビアをのせる。

中おち ねぎ玉和え

紋ずし　東京・祐天寺

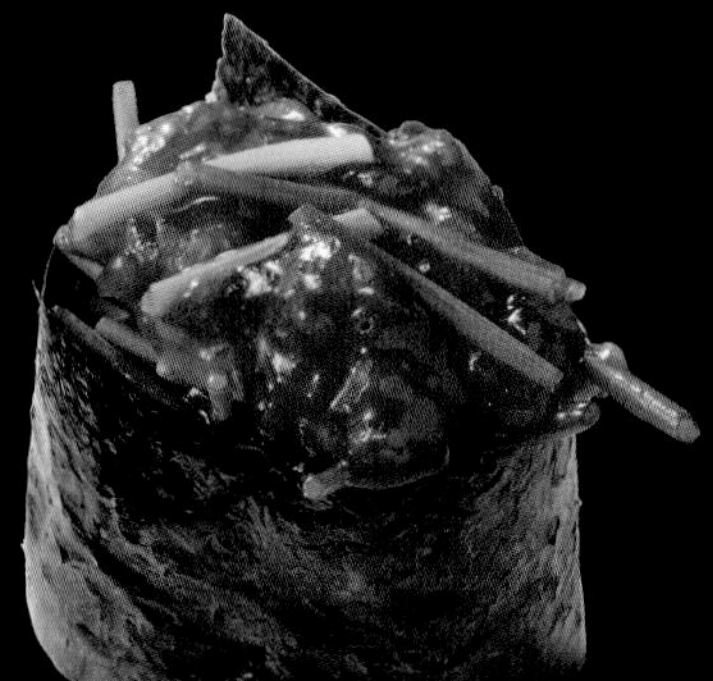

マグロの中落ちに卵黄、醤油をからめて細ネギと合わせ、軍艦に。酒に合う酒肴ずしとして頼むお客が多い。日本酒はすしに合う酒を信頼する酒店に厳選してもらい、10種類以上ラインナップする。

マニラ

独楽寿司　東京・八王子市

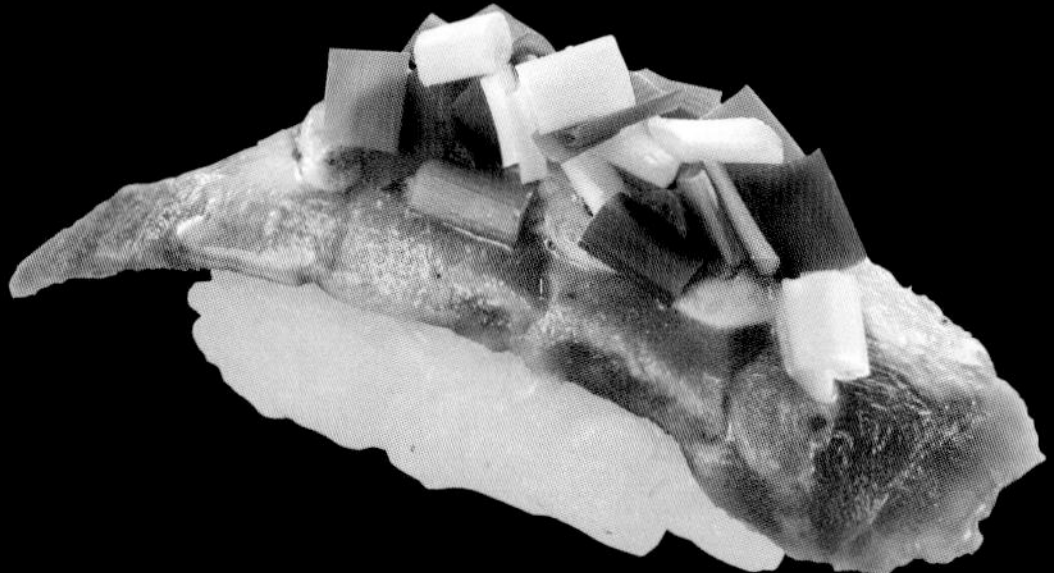

ニラ、マヨネーズ、ニンニクの強烈な個性を、包容力のあるマグロの赤身がしっかりと受け止め、それぞれのクセを調和させ旨味に変えている。商品名はマグロとニラの組み合わせから。
※現在は販売していません。

大トロ炙り 辛み大根

独楽寿司　東京・八王子市

同店の名物でもあるアドリア海で蓄養された脂ののったクロアチア産本マグロの大トロが存分に味わえる。水分が少なく風味の濃い辛味大根のおろしをが、大トロの風味をさらに際立てている。
※現在は販売していません。

かじきまぐろ漬け

紋ずし
東京・祐天寺

かつて江戸前のすしに欠かせなかったマカジキ。最近では目にすることの少ないすしダネだが、身はやわらかく上品な味わいを持つ。同店では、カツオだしをベースにした割り醤油でヅケにし、握りのほか、刺身でも提供する。取材時は茨城産。

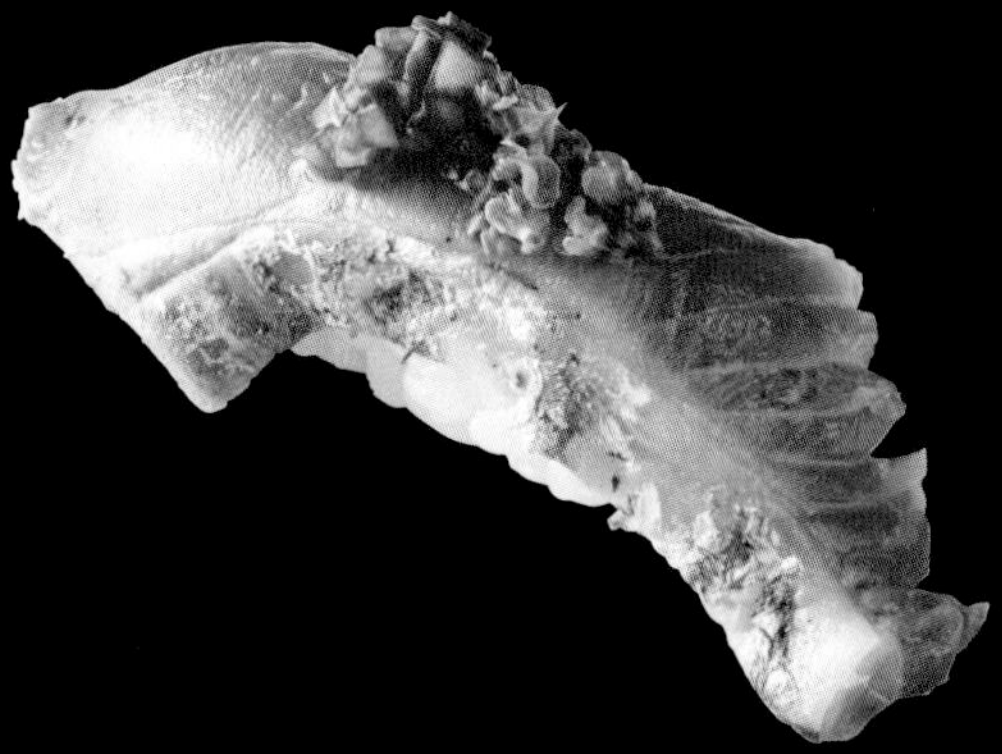

カツオ

江戸前・創作 さかえ寿司
千葉・稲毛海岸

取材時は気仙沼産のカツオ。行者ニンニクの醤油漬けを天にのせて提供する。行者ニンニクは香りのある北海道産。ニンニクに合わせて北海道産の生醤油を使用し、およそ半年漬けたものを使う。すし飯は米酢と砂糖で。

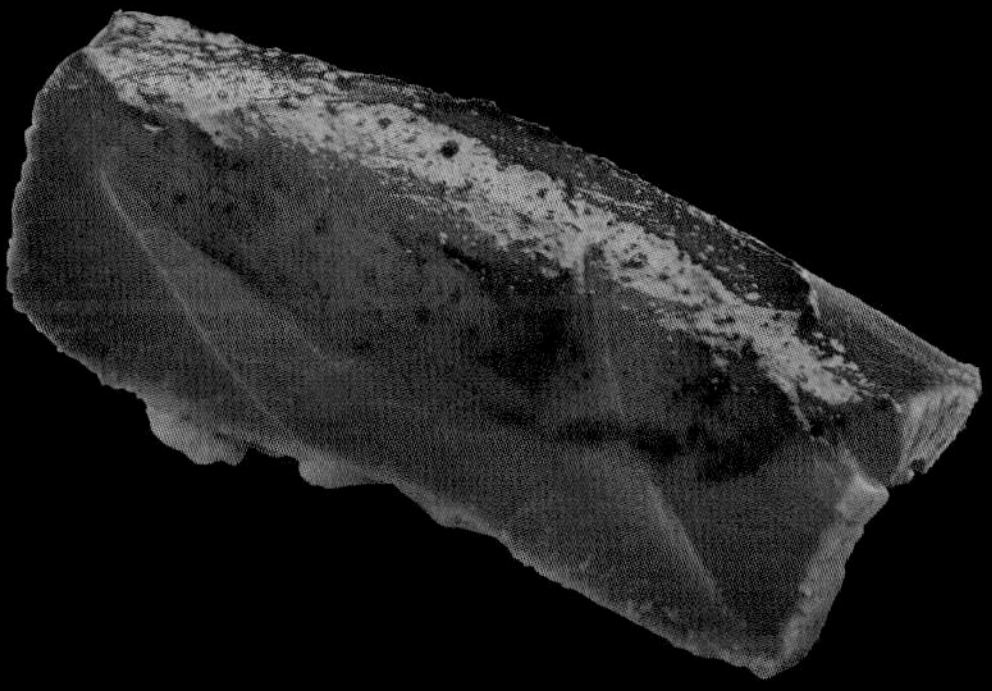

シロカワカジキ

すし崇
長野・長野市

神奈川・長井のシロカワカジキを「くるみ醤油」の地に漬けて熟成。取材時は１ヵ月間熟成したもの。くるみ醤油を用いることで味わいに香ばしさも加わり、それが赤酢のすし飯に合う。煮切りにも、くるみ醤油を使用。長野はクルミの産地で、くるみ醤油も地元のもの。

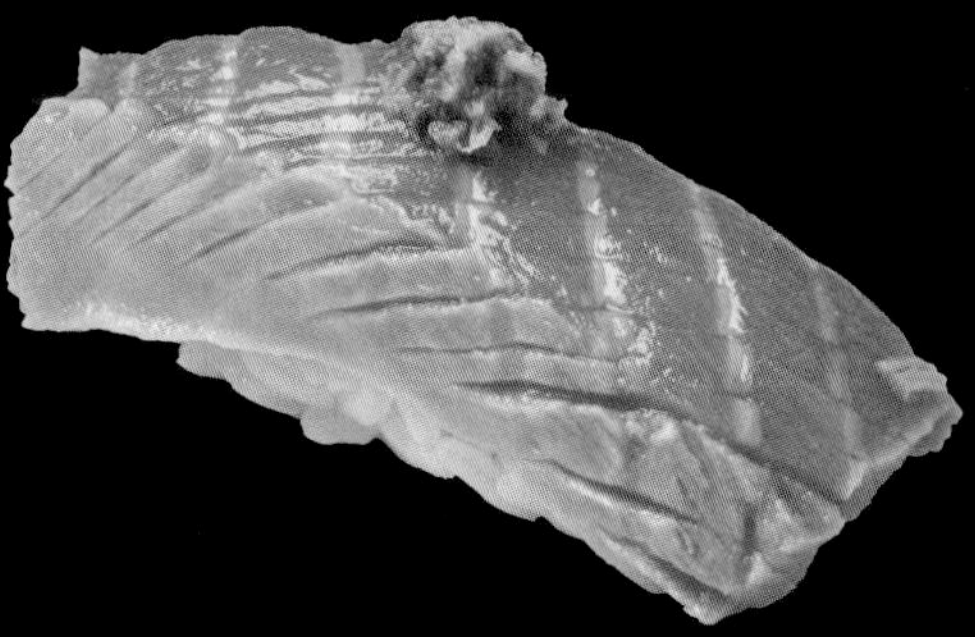

鱒之介

鮨処 有馬
北海道・札幌市

根室産の天然キングサーモンを使用。さく取りしたものを醤油で軽くヅケにしている。斜めに庖丁目を入れて食べやすく。芽ネギと生姜を刻んだ薬味を上にのせ、サーモンの脂分を緩和するアクセントに。

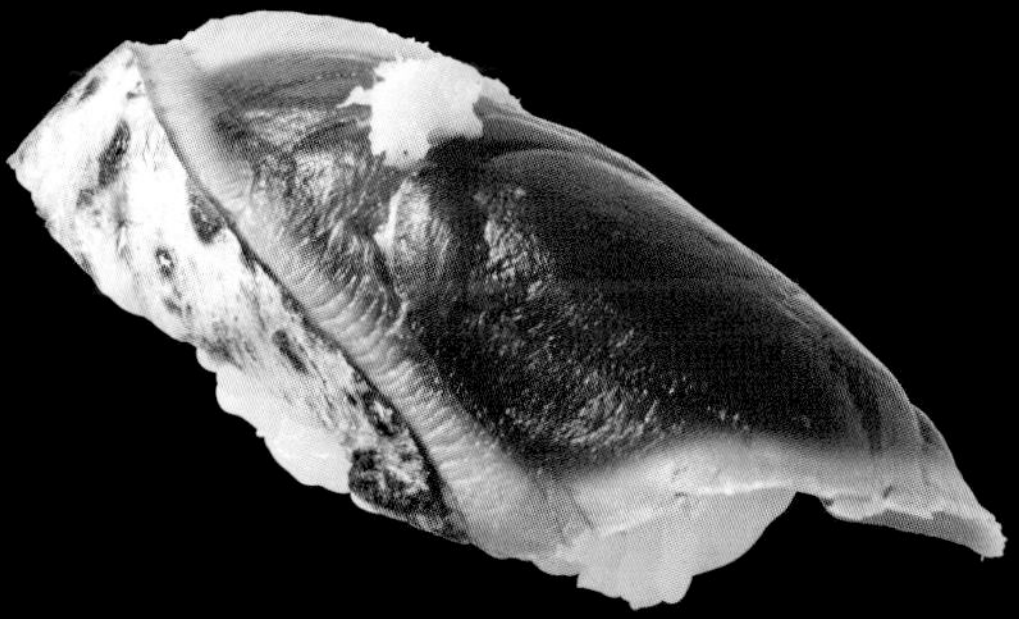

カツオ

都寿司本店
東京・日本橋蛎殻町

脂がのった戻りガツオはたたきにしてすしに。炙ることで香ばしさが加わり、カツオ特有の血の香りやクセも食べやすくなる。カツオと相性のよい生姜を天にのせて供する。

サーモンの柚子おろし漬け

御鮨処 田口

神奈川・川崎市

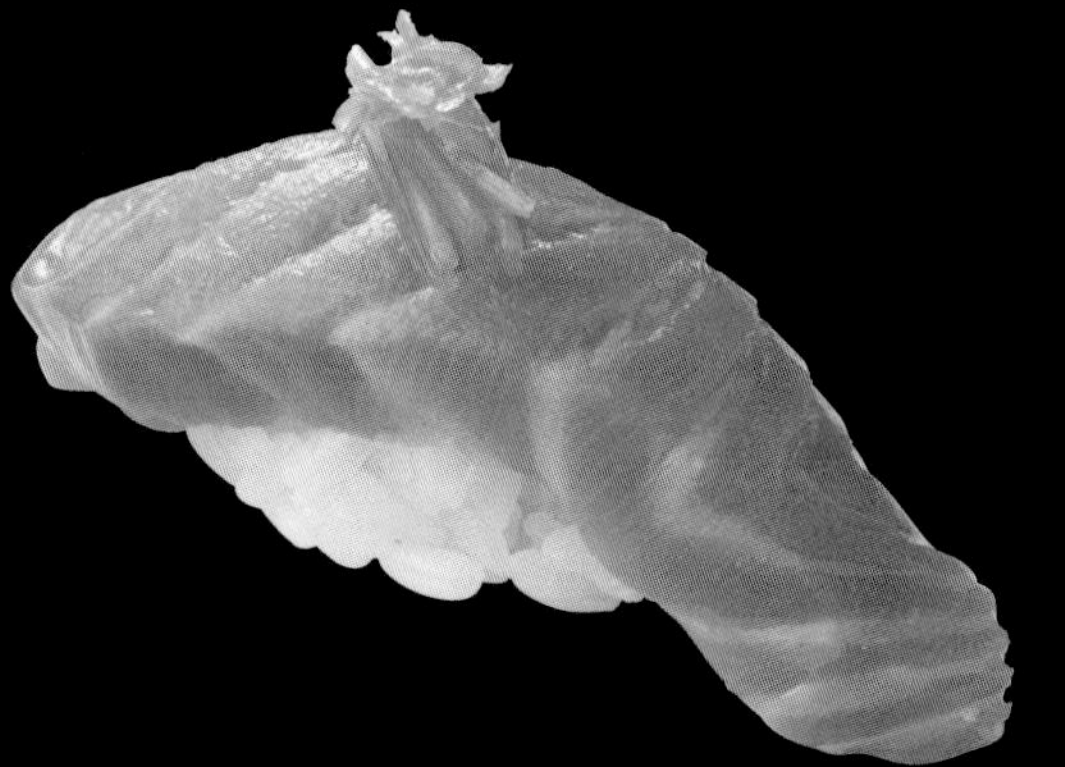

柚子の皮をおろし入れた漬け醤油に、カナダ産のキングサーモンの切り身を10分漬けた。茹でた三つ葉と柚子の皮をのせ、さっぱりと食べさせる工夫を施す。

サーモン

江戸前・創作 さかえ寿司

千葉・稲毛海岸

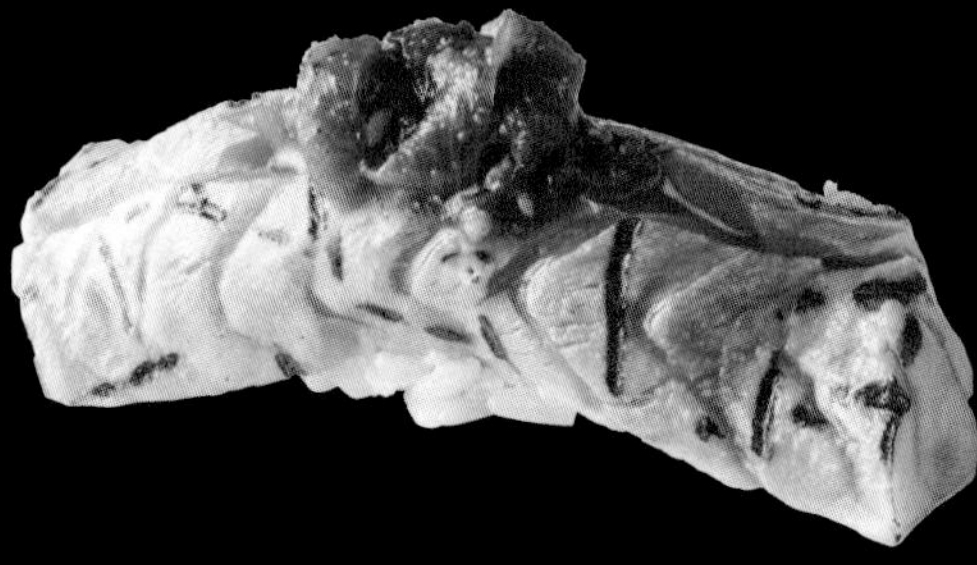

ノルウエー産のサーモンを使う。サーモンは表面を網焼きして、軽く焦げ目をつける。玉ネギや干しエビなどを混ぜて作った自家製の食べる辣油を天にのせる。外国人向けに開発した、甘辛味に仕上げたにぎり。

セロリサーモン

独楽寿司

東京・八王子市

鮮烈な朝採れセロリの香りをすしで楽しんでもらいたい、という思いが創ったレシピ。すりおろしセロリと脂ののったノルウェー産アトランティックサーモンとの相性のよさは、膨大な食材の組み合わせを試してたどり着いた結論。バーニャカウダーソースが隠し味に。
※現在は販売していません。

ジンライムサーモン

独楽寿司

東京・八王子市

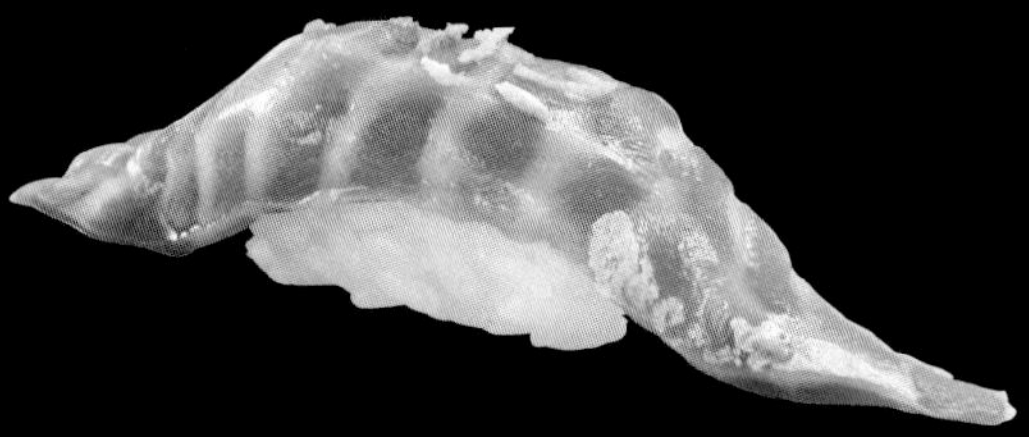

ジンの深い香りを生かしたすしを提供したい、という気持ちをカタチにした一品。生のジンと煮切り醤油を合わせたものに、ノルウェー産のアトランティックサーモンを漬け込んだ。ライムの酸味が味を引き締めている。
※現在は販売していません。

ハーブサーモン

独楽寿司

東京・八王子市

塩をふったサーモンを炙り、ドライトマトペーストをのせてディルを添え、クラッシュアーモンドをふりかけた、まるでアクアパッツァのような洋風ずし。ディルの風味を味わうすしを創作するため素材をセレクトして完成させたメニューだ。
※現在は販売していません。

マス

弘寿司

宮城・仙台市

器から趣向を凝らした盛り付けも同店の魅力。中でも、この昆布締めのマスのすしは、特にインパクトのある一皿。玉ネギや大根、オレンジで「政宗風」の盛り付けにした。すし飯は数種類を使い分けている。マスにはスダチなどの柑橘を加えた白酢のすし飯を用いる。

赤マンボウ　赤身 ハラス

弘寿司

宮城・仙台市

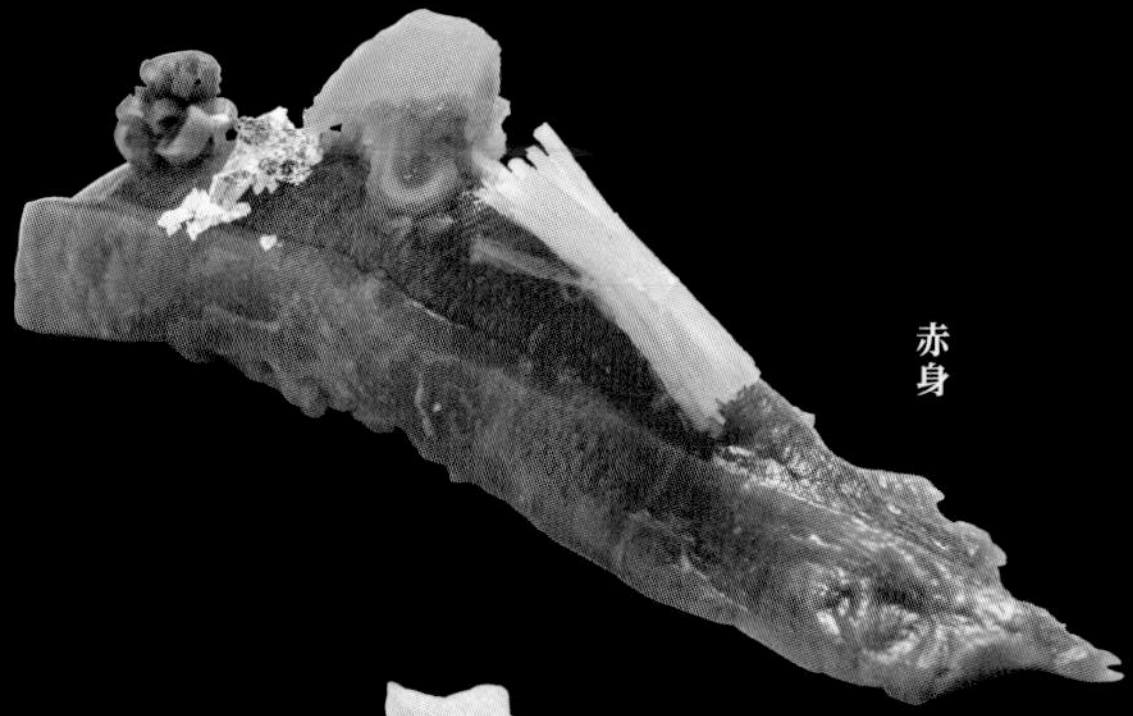

赤身

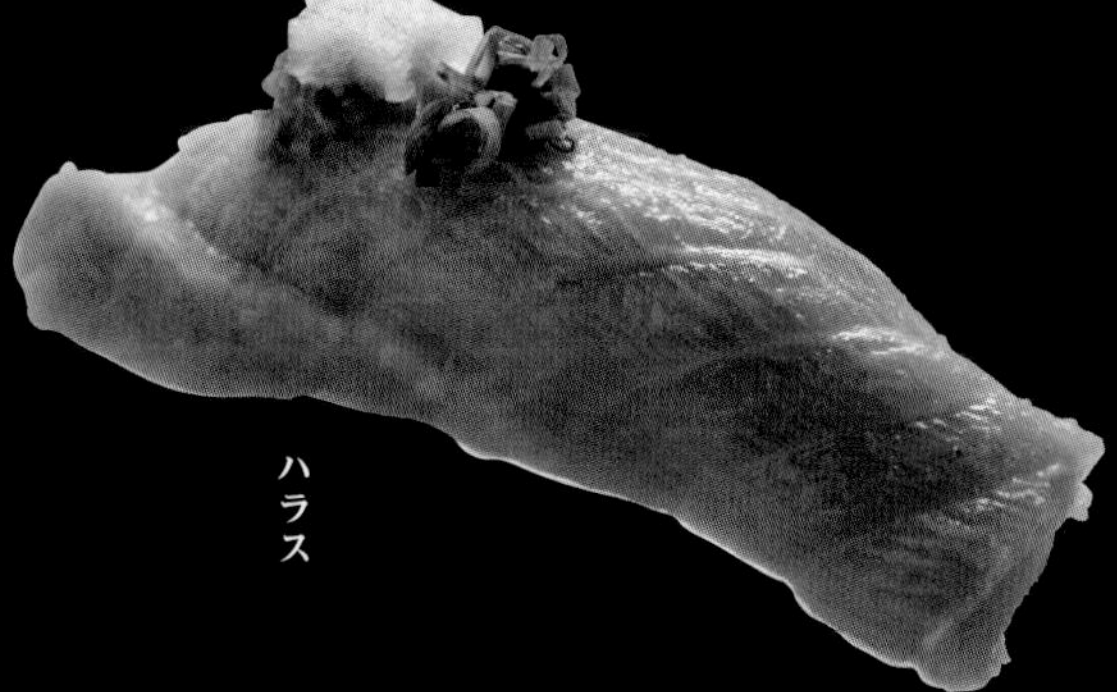

ハラス

マグロの味わいにも似ている赤マンボウのすし。赤身にはリンゴの細切りやオクラ、アサツキ、銀箔をのせて彩りも豊かに。ハラスは1尾から少量しか取れない希少部位。身の色も赤身とはかなり違って白っぽく、脂がのった濃厚な味わいが特徴。

モウカの星

弘寿司

宮城・仙台市

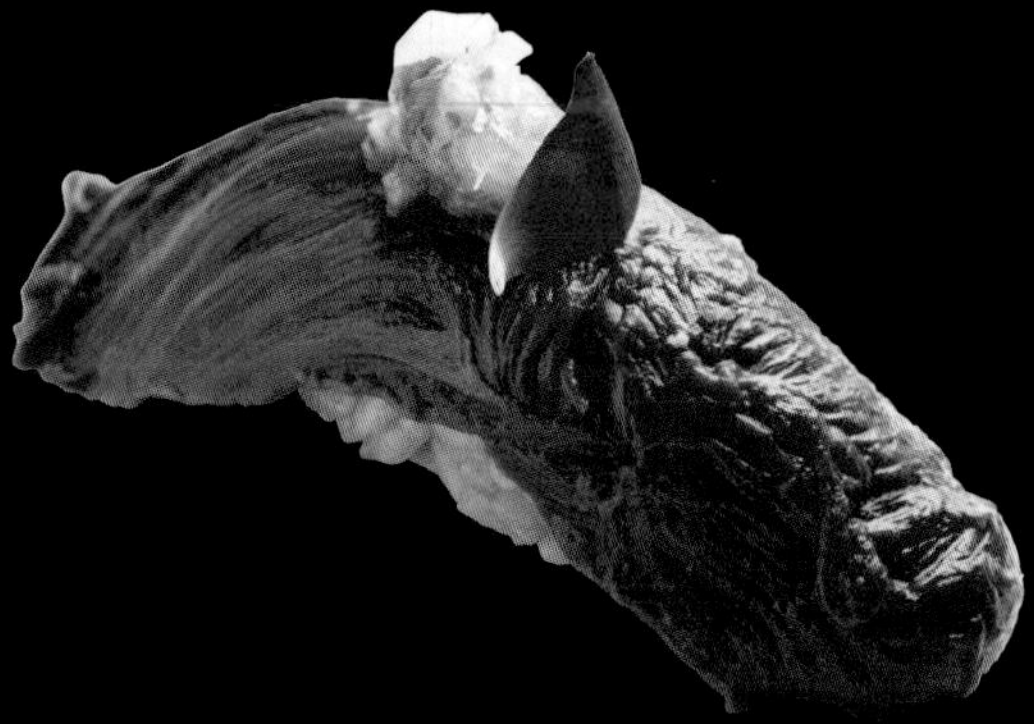

気仙沼に揚がったモウカザメの心臓。赤々しい見た目と身のやわらかさ、クセのなさのギャップに驚くお客が多い。叩いた浅漬けのキュウリとおろし生姜、叩いた鷹の爪を寒天で固めたものを薬味としてのせる。

白身のにぎりずし

タイをはじめ、ヒラメ、カレイ、ヒラマサ、サワラ、ブリ、カンパチ…、さらにノドグロ、アラ、フグなどの高級魚もあり、白身の種類は多い。淡白で上品な味わいで人気が高い。さらに、昆布〆や他のタネを組み合わせることで、魅力を高める店が多い。

タイ

すし崇　長野・長野市

兵庫・明石のタイ。同店のタイの仕入れ先は、脂がのっているかどうかを機械で調べてから出荷。「脂の旨みの後に、鮮烈な香りを楽しめる」という高品質のタイを使用している。白身魚をすしにする場合は、最低でも2日は寝かせる（取材時のタイは４日）。

たい

博多たつみ寿司 総本店　福岡・中洲川端

タイは同店で人気の高い一品。柚子おろしや海ブドウなど、あしらいは季節ごとに変わり、お客を楽しませる。取材時はアンチョビとワサビ菜を合わせた。和と洋のテイストを加え、すしの新しい味わいを提案する。

真鯛のカラスミがけ

独楽寿司　東京・八王子市

無添加カラスミの味わいを最大限に生かすため、白身ながら旨味の強いタイと合わせたメニュー。塩味をやわらかく効かせ、スダチの爽やかさをプラスすることで、カラスミの風味をさらに引き立たせている。
※現在は販売していません。

レンコダイ

すし崇　長野・長野市

兵庫・津居山のレンコダイを、黄身おぼろに漬けてすしダネにした。取材時は2週間熟成させたもの。レンコダイは皮目を湯引きし、身に昆布を当てた状態で黄身おぼろに漬けることで、食感や風味の良さをより高めている。

松皮カレイ

鮨 島本　兵庫・神戸市

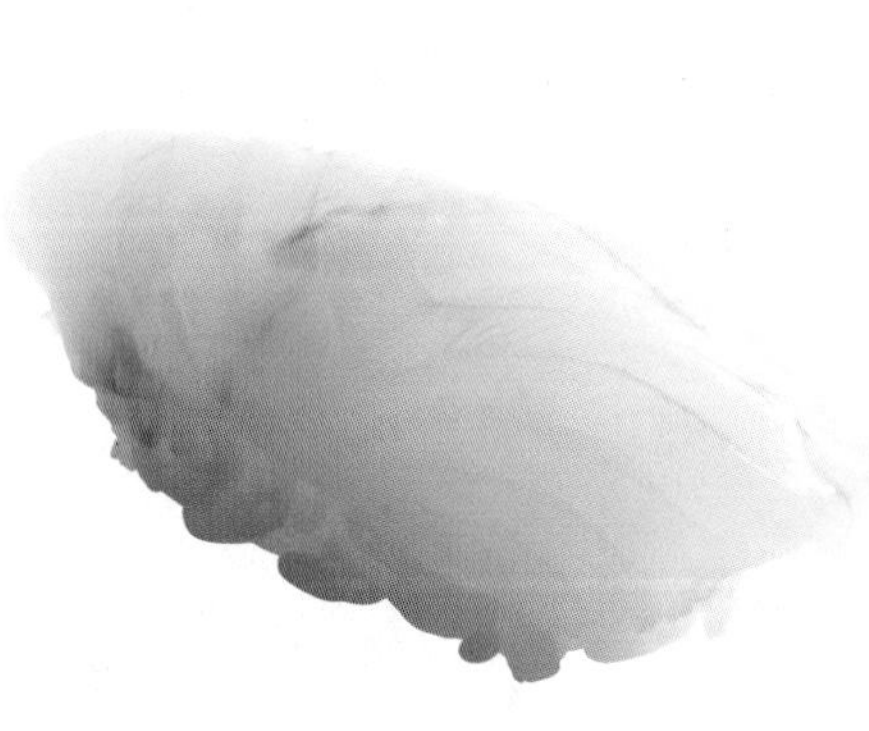

カレイの王様といわれる高級魚で、取材時は北海道産。立て塩をして寝かせてから切り付けている。オリジナルの熟成酢を合わせて作るすし飯はやさしい味わいで、どんなタネとも合わせやすい。

鮃

代官山 鮨 たけうち

東京・代官山

さく取りし、塩を振り、身を締めたヒラメを冷蔵庫で3日間かけて寝かせることで、旨味を濃縮させる。仕上げに「トリュフ塩」をひとつまみかけ、味わいと香りに変化をつけた。

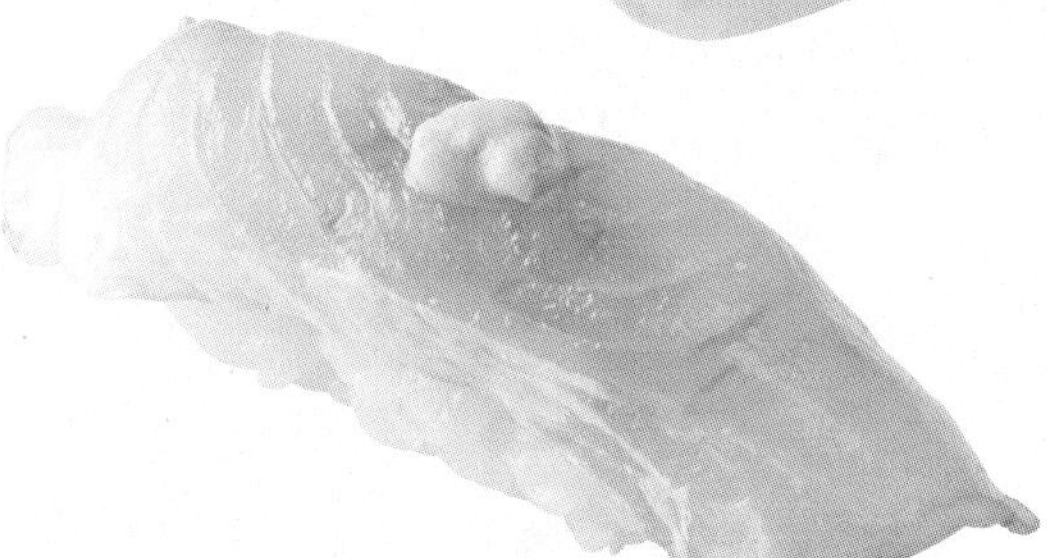

ヒラメ

江戸前・創作 さかえ寿司

千葉・稲毛海岸

ヒラメの握り2種。取材時は千葉外房大原産のヒラメ。上は、大葉をかませてヒラメを握り、湯通ししたヒラメの肝をのせる。吉野葛を使ったポン酢ジュレを添えて提供。下は、握る直前に煮切り醤油漬けしたヒラメを使用。島ずしをヒントに、和からしを天にのせる。和からしは、少しゆるめに。

鮃 昆布〆

鮨処 有馬

北海道・札幌市

取材時は積丹のヒラメ。重量1.5kgのものを使う。身とエンガワは数時間昆布〆して、エンガワは握ったすしの上にのせる。旨みの主張が強すぎず、ヒラメの味を引き立たせるものとして日高昆布を選ぶ。

生粒胡椒平目

独楽寿司

東京・八王子市

粒胡椒をそのまま瓶詰めにした生粒胡椒の香りに触発されて創作。生胡椒が白身に合うことは経験上わかっていたので、様々な素材を試し、胡椒の香りを生かしてくれるヒラメに出会ったという。

※現在は販売していません。

ヒラメのチーズごはん

御鮨処 田口

神奈川・川崎市

小麦粉にチーズのすりおろしを混ぜたものを、ヒラメにまぶし、両面を強火で1分焼くと調度よいレアの状態に。すし飯にはミモレットチーズを合わせる。女性が喜ぶ色合いにするため、ラディッシュを刻み、のせる。

甘ダイ

江戸前・創作 さかえ寿司

千葉・稲毛海岸

すし飯の上に甘ダイをのせた小丼。甘ダイは、店で一夜干しに。ウロコを油で揚げてから身を焼いて握る。わさびを添えて提供。

小ダイの昆布〆

都寿司本店

東京・日本橋蛎殻町

春先には春子鯛とも呼ばれるタイの幼魚。身はやや水っぽく、この水分を抜きたいと昆布締めにしてすしにする。薄く塩をして約15分、水分を拭き取ってから身の厚みを考慮し、真昆布または白板昆布で挟み、昆布締めに。1～2時間おいてから使う。

白甘ダイ

鮨 いしばし

大阪・茨木市

漁獲量の少ない高級魚で、取材時は愛媛県八幡浜産の産直もの。塩で締めてから利尻昆布で挟んで半日ほど寝かせたものを切り付けた。すし飯の上には木の芽をのせて香り付けを。取材時のにぎりおまかせコースの最初に提供された。

カスゴダイ

弘寿司

宮城・仙台市

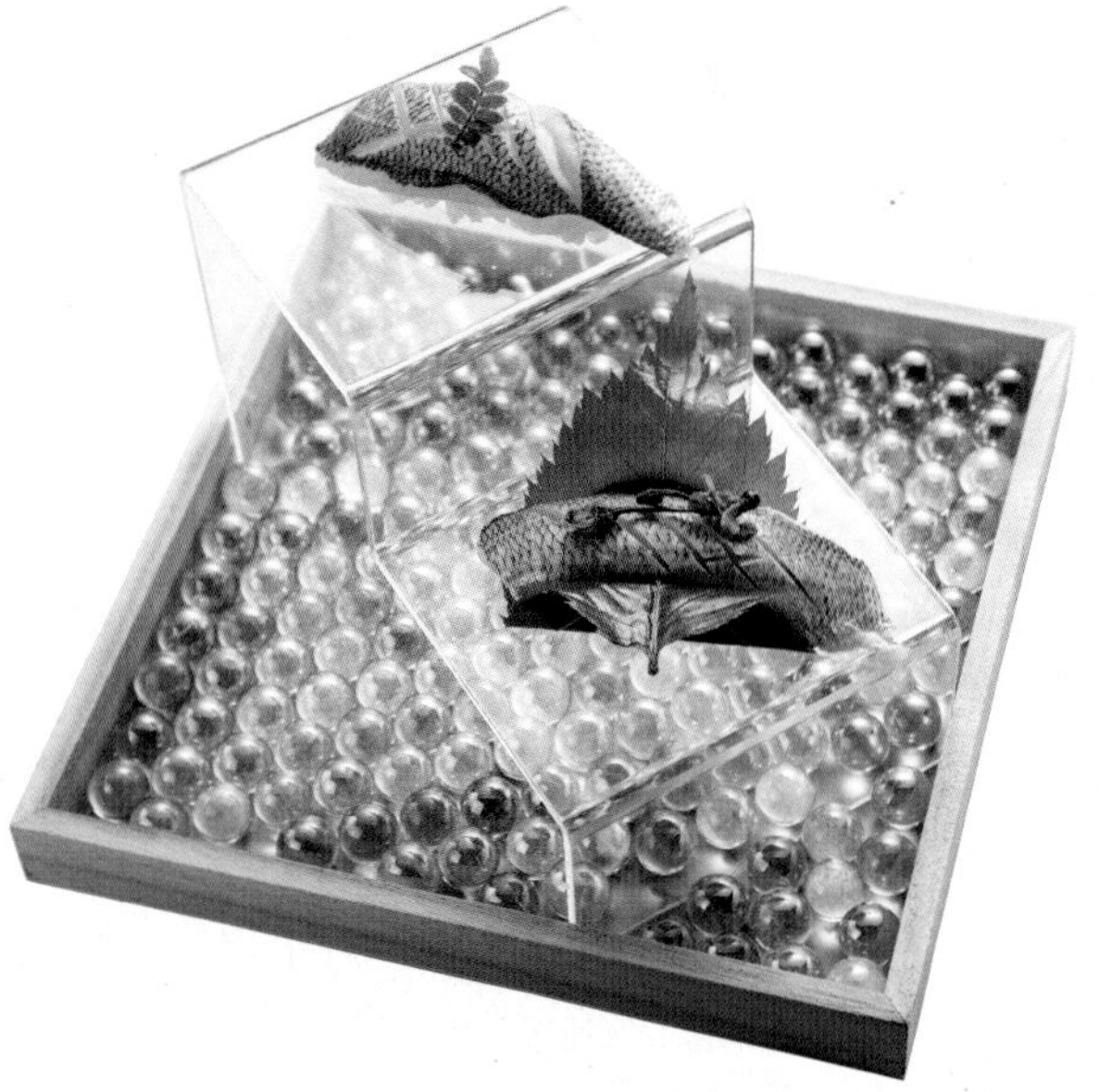

薬味を変えたカスゴダイ（春子鯛）のすし2種。カスゴダイは塩と酢で軽く締め、一つには塩漬けにした桜の花を（すしの下の桜の葉は飾り）、もう一つには山椒の葉をのせている。下に敷き詰めたビー玉は、上に盛ったすしが浮き上がって見える視覚効果を工夫している。

キス

鮨 島本

兵庫・神戸市

爽やかな印象で味わってもらおうと、すし飯の上に大葉を、天にはすだちを絞り、塩を振る。握る直前に皮目を炙り、香ばしさを添えた。取材時のキスは瀬戸内産。

ブリ

鮨 島本　兵庫・神戸市

ブリは脂ののった北海道産の天然ものを使用(取材時は羅臼産)。塩をして2日ほど寝かせてから切り付ける。霜降りのような脂ののった身に、振りゆずで爽やかな香りを添えた。

ヒラマサ

鮨 巳之七　福岡・薬院大通

腹ズリを使用する。歯ごたえのある部位であるため、3枚づけにし、食べやすいように工夫した。合わせる特製のゴマダレは、生の白ゴマを黒くなるまで炒り、擦ったもの。甘めの味醂と醤油で味付けする。

サワラ昆布締め

鮨 島本　兵庫・神戸市

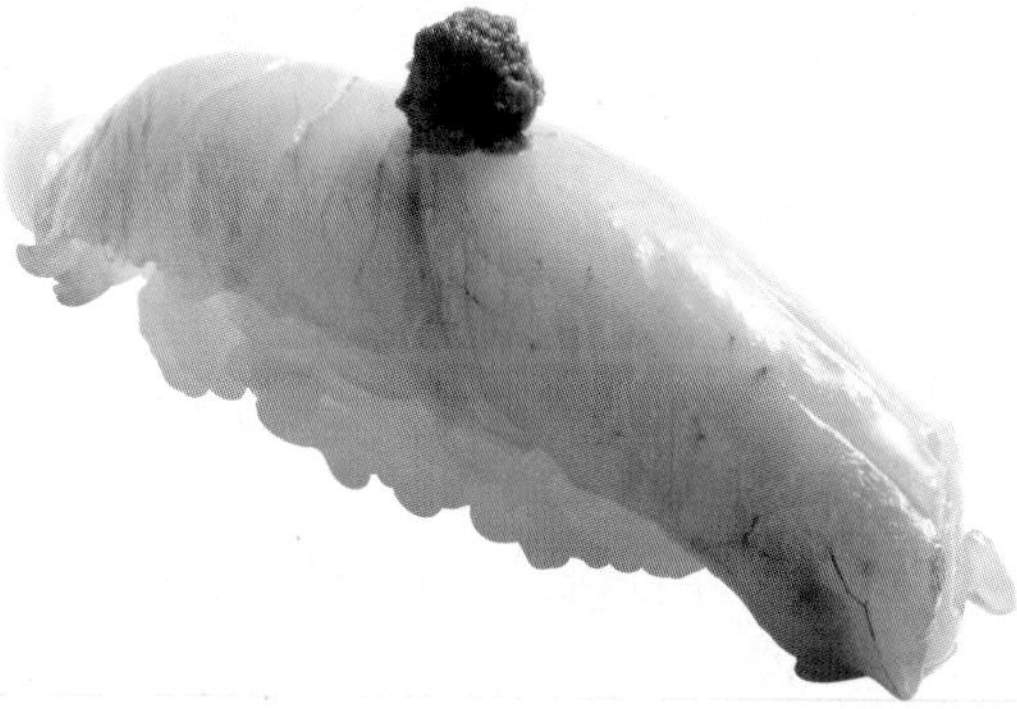

昆布で締めることによって、ねっとりとした食感を引き出している。「魚へんに春と書いてサワラ。字のごとく春が旬の魚だが、秋サワラの方が脂ののり方がいい」と店主。取材時は瀬戸内産の秋サワラを使用。煮切り醤油をぬり、あさつきのペーストを添える。

ひらす

博多たつみ寿司 総本店　福岡・中洲川端

ヒラマサの脂ののった白身を使う。これに合うよう、彩りも工夫し、赤・青唐辛子をアクセントに。唐辛子の下にはもろみと刻んだ葉ワサビが隠れる。

ブリの胡麻漬け

独楽寿司　東京・八王子市

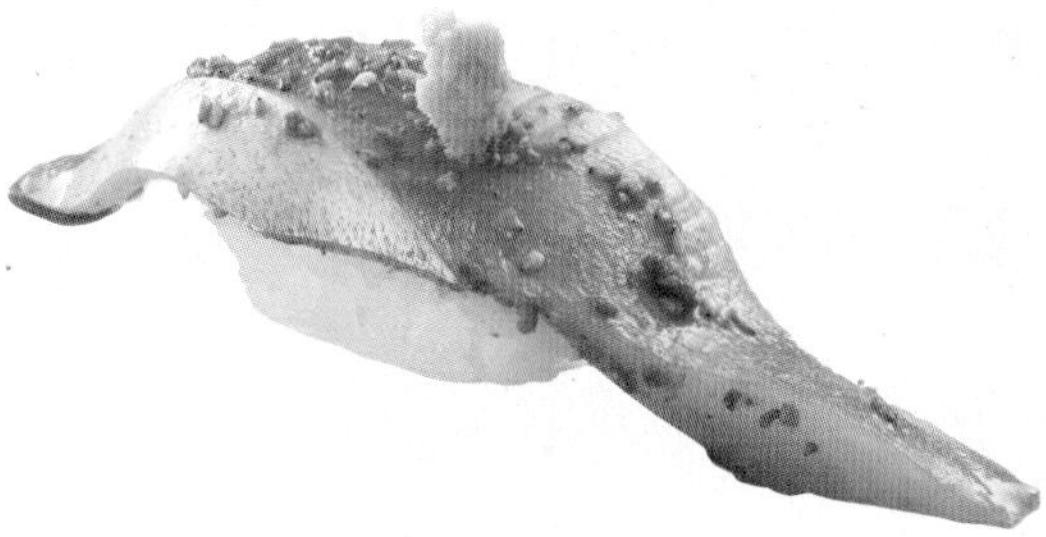

九州名物のゴマサバをヒントに、ズケにしたブリトロに香ばしいすりゴマをまぶした握りずし。あるTV番組で、料理開発担当者が南アフリカを訪れ、日本のすしの味を披露したときのメニューでもある。
※現在は販売していません。

サワラ

鮨 美菜月　大阪・北新地

燻製にかけたサワラのすし。水で湿らせた藁で燻して薫香を付けた。サワラは火が入りすぎないよう、塩でしめてから一晩冷蔵し、中心まで冷えたものを使う。単に燻すとエグ味になるので、薫香だけを付けるように工夫した。

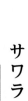

カンパチ

江戸前・創作 さかえ寿司

千葉・稲毛海岸

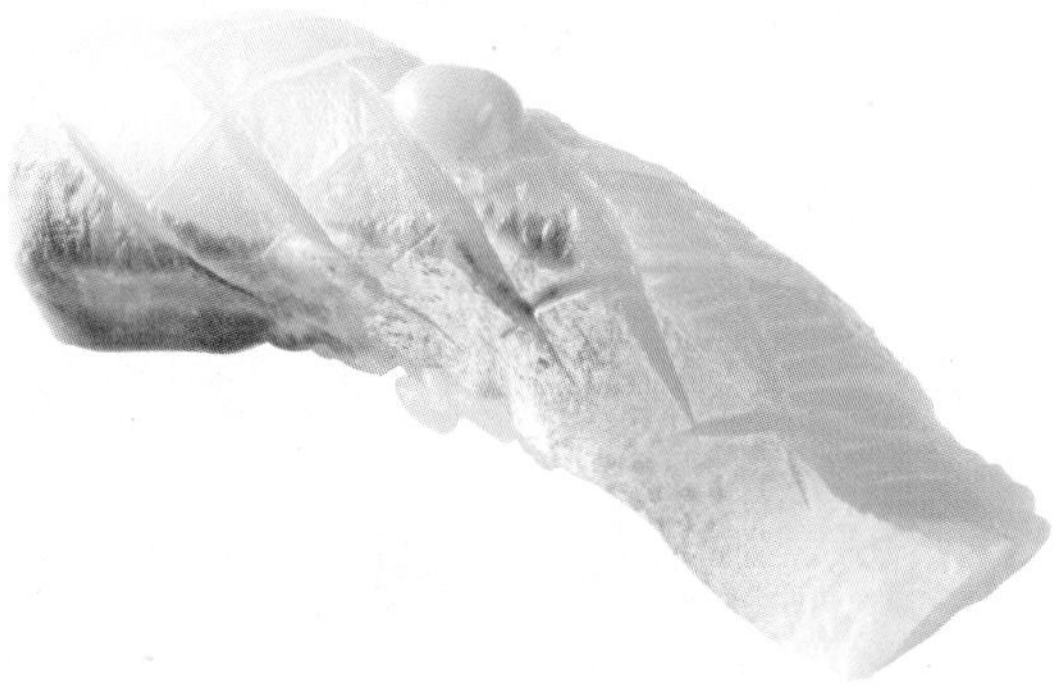

カンパチの味わいを楽しんでもらうために、あえて手を加えずにシンプルなにぎりずしに。酢味噌をのせて出す。

ハタ

弘寿司

宮城・仙台市

九州産のハタを使用。4日ほど寝かせて旨みを深めてからすしに。昆布と一緒に松前風に作ったワサビの茎、浅漬けにしたカブとサラダ南京、人参を星形に切ってのせ、アクセントにする。白身の弾力を考慮し、薄く切り付け、その分長さを取っている。

ショッコ

鮨 いしばし

大阪・茨木市

旬のタネとして用意された一種。高知県室戸岬産のショッコ。薄塩をして1日程度寝かせることで甘みが増して、すし飯と一体化する。白身に合わせて作るすし飯は甘さ控えめで、米酢ベースのまろやかな熟成酢を合わせている。

赤むつ

鮨処 ともしげ

宮城・仙台市

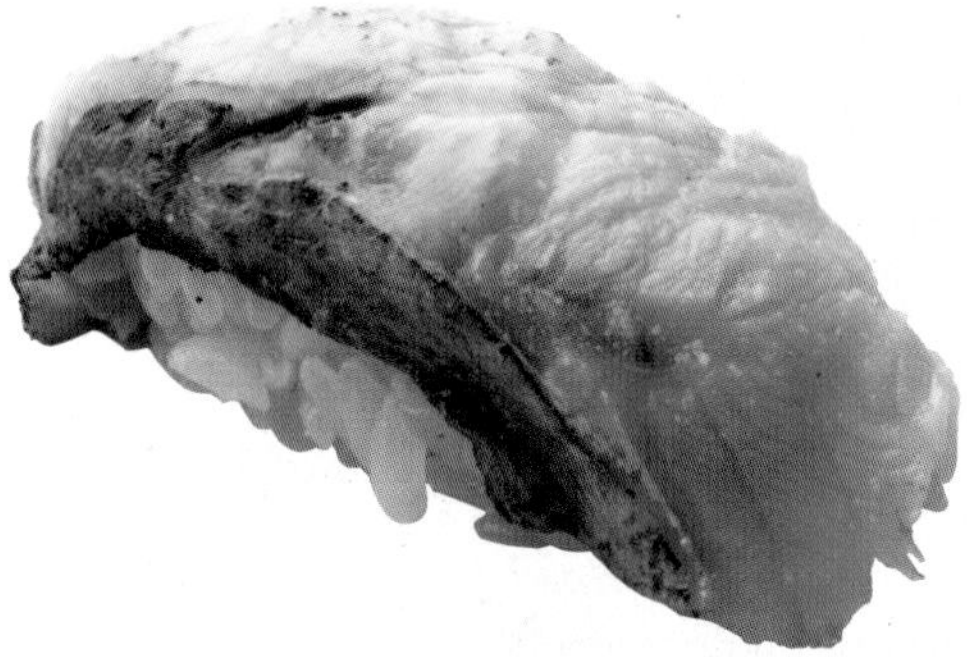

宮城・石巻にあがった脂ののった赤ムツを炙りにし、塩とすだちでさっぱりと味わう。柑橘はすだちやレモンを魚の特質に合わせて使い分けている。

シマアジ

江戸前・創作 さかえ寿司

千葉・稲毛海岸

シマアジは、皮目の部分に煮切り醤油をつけてからさっと炙る。粉醤油をふり、花穂をのせて提供する。

赤ムツの昆布じめ

キヨノ

福岡・福岡市

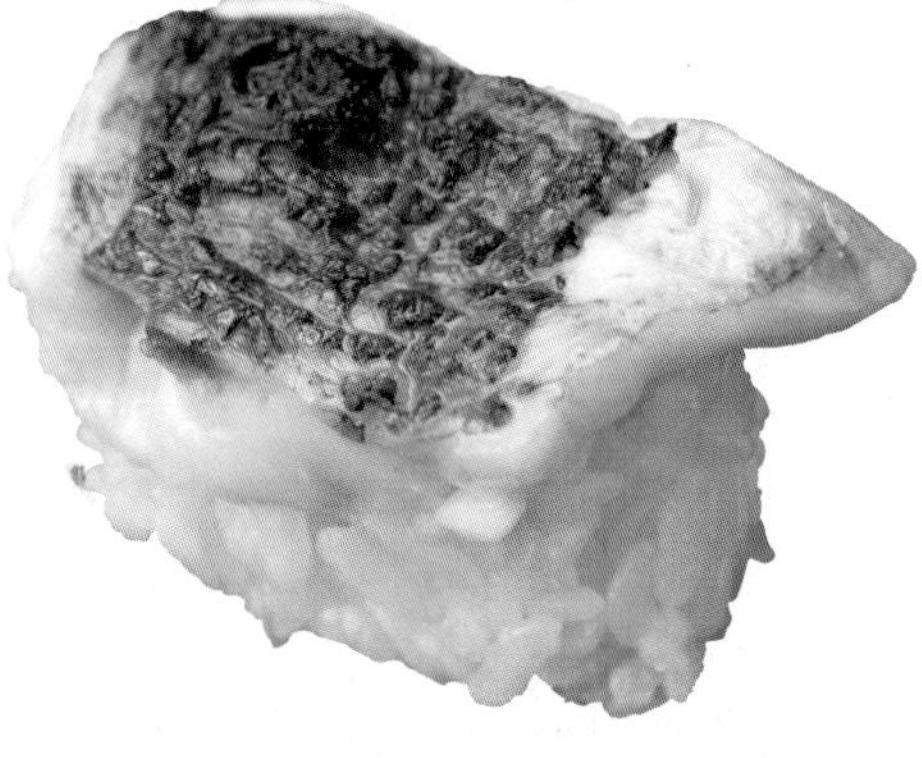

赤ムツは身がやわらかく、一般的な昆布じめでは身がつぶれてしまう。そこで、カマス同様に昆布粉と天然塩を合わせた"昆布茶"を強めにふって、1日置く。グリラーで身と皮目を香ばしく焼いて握る。

きんめの炙り

博多 たつみ寿司 総本店

福岡・中洲川端

キンメダイの切りつけを、片面だけ炙り、炙った面を下にして握る。皮は香ばしく身はほどよくレアの状態。ポン酢おろしと一味唐辛子を合わせ、さっぱりと味わわせる。福岡産の青ネギをあしらい彩りもプラス。

きんき炙り

すし屋のさい藤

北海道・すすきの

脂ののったキンキの皮目を焼き網で炙り、脂の旨さと香ばしさを味わってもらう。山ワサビと芽ネギでさっぱりと。塩、醤油どちらも合うため好みを聞いて提供。

金目ダイ

弘寿司

宮城・仙台市

金目ダイは皮を霜降りにし、半日ほど漬けて西京漬けに。白味噌の優しい甘みをプラスして、金目ダイをよりおいしく味わってもらえるようにした。緑と黄の2色の可愛らしい飾りは、塩とだしで浅漬けにしたキュウリとコリンキー。

カマスの炙り

キヨノ

福岡・福岡市

"昆布茶"と名づけた、昆布粉と当たり鉢で当たった天然塩を合わせたものをカマスにふり、冷蔵庫で3～4時間置いて昆布じめにする。切りつけて皮目を炙ってすし飯にのせ、梅肉と木の芽を。

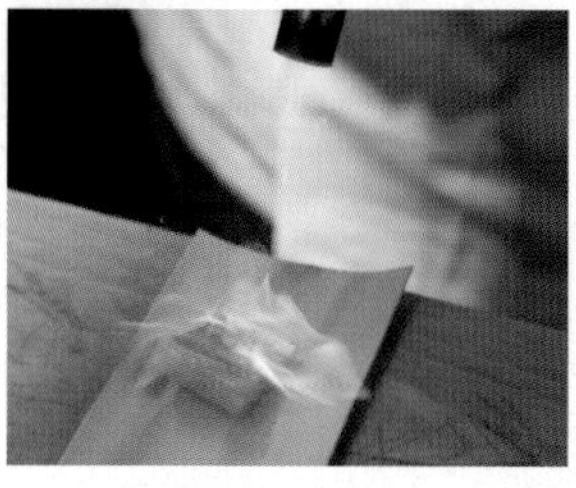

カマスの皮目をバーナーで炙り、香ばしく仕上げる。

喜知次《きちじ》

鮨処 有馬

北海道・札幌市

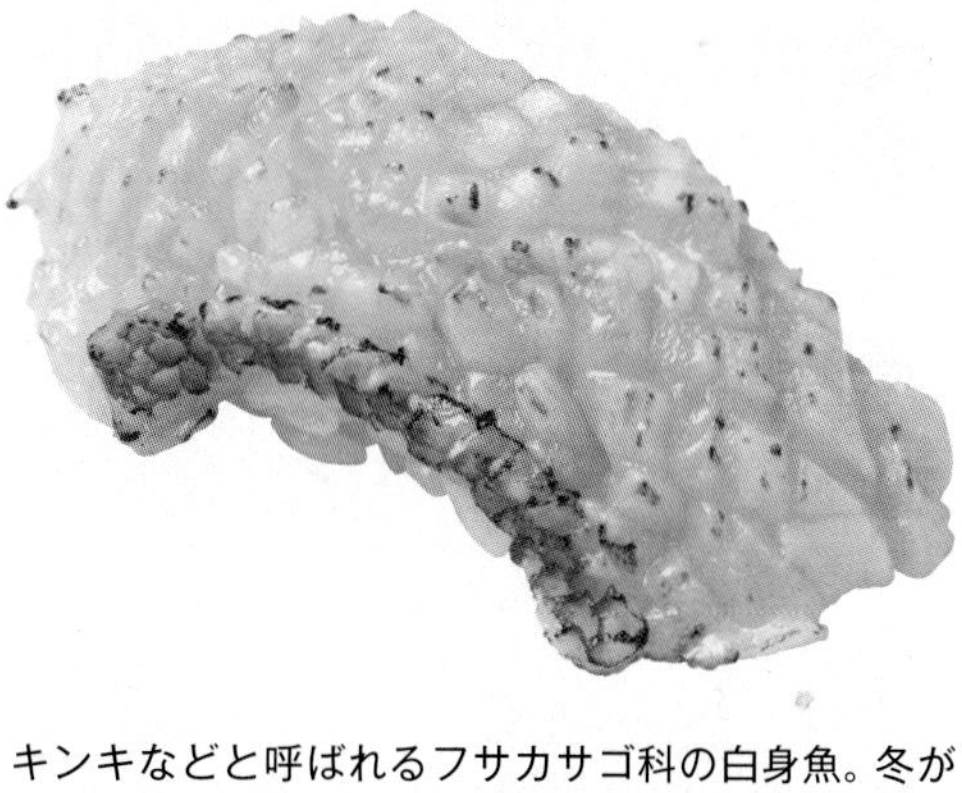

キンキなどと呼ばれるフサカサゴ科の白身魚。冬が旬で取材時は羅臼産のもの。軽くヅケにして鹿の子庖丁を入れる。表面を軽く炙って、身と脂の香ばしさや旨みをほどよく出している。

ノドグロの炙り

鮨 ふるかわ 麻布霞町

東京・六本木

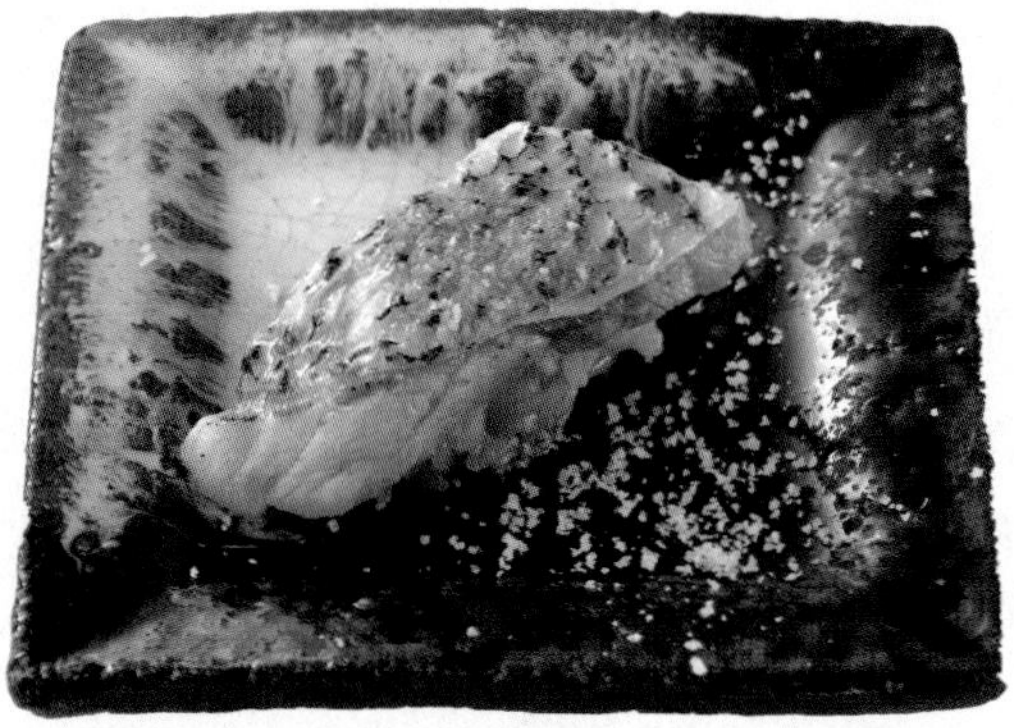

最初の一品として提供していたつまみをにぎりにアレンジ。脂の多いノドグロは、炙ることで香ばしい芳香を引き出す。トリュフ入りのオリーブオイル、トリュフ塩をかけ洋のエッセンスを加味した。

ノドグロ新子

鮨 島本

兵庫・神戸市

日本海でとれたノドグロの新子。通常のノドグロよりも小ぶりで、やわらかい脂ののり方になるよう締める時間も調節する。寝かせることで身も一段とやわらかくなる。直前に炙ってから握り、黒七味を添えた。

ノドグロ

鮨 いしばし

大阪・茨木市

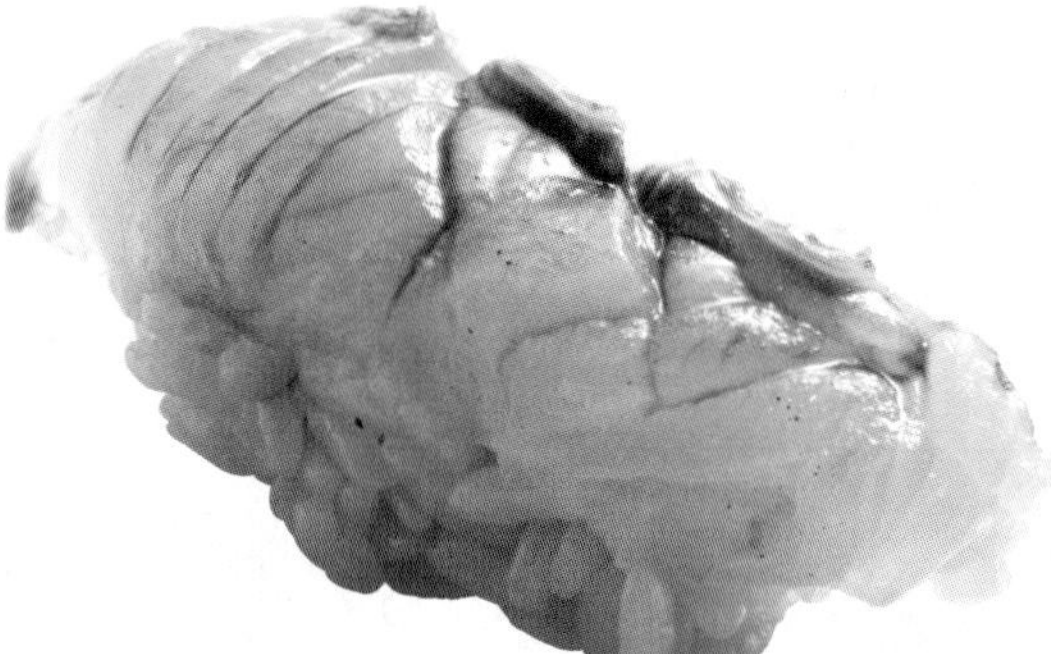

「日本海でとれるノドグロはブリのように脂のサシが入って最高においしいから」と、石川県能登産をはじめ北陸産を厳選。身はゆるいので塩で締めてから切り付け、提供直前に瞬時に皮目を炙って香ばしさを添える。

ノドグロ

弘寿司

宮城・仙台市

「焼き米」に漬けたノドグロのすし。焼き米は、まず米を真っ黒に焦げるくらいに焼く。3日ほど置いて良い香りになったら細かく崩して塩水と合わせて練る。それにノドグロを漬ける。焼き米の香りを纏ったノドグロは滋味深く、新しい味わいだ。提供時には、焼いた米をきな粉のような粉末状にしたものを振りかけ、さらに風味を高めている。焼き米は盛り付けの演出にも使用。

ノドグロ

鮨 島本

兵庫・神戸市

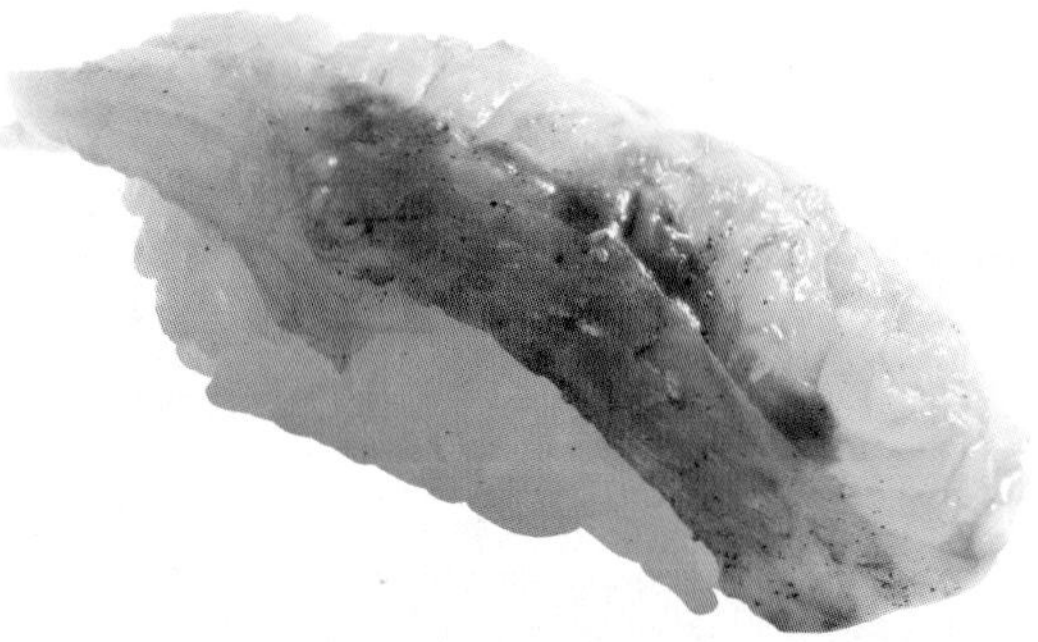

店で最も人気のタネ。握る直前に身を炭火で炙ることで脂を引き出すとともに、身から滴り落ちた脂と炭火が反応して起こるけむりで香りを付けている。「紅瞳」というブランド魚のノドグロで、塩で締めた後、昆布で4、5時間締めてから使用している。

のど黒炙り

紋ずし　東京・祐天寺

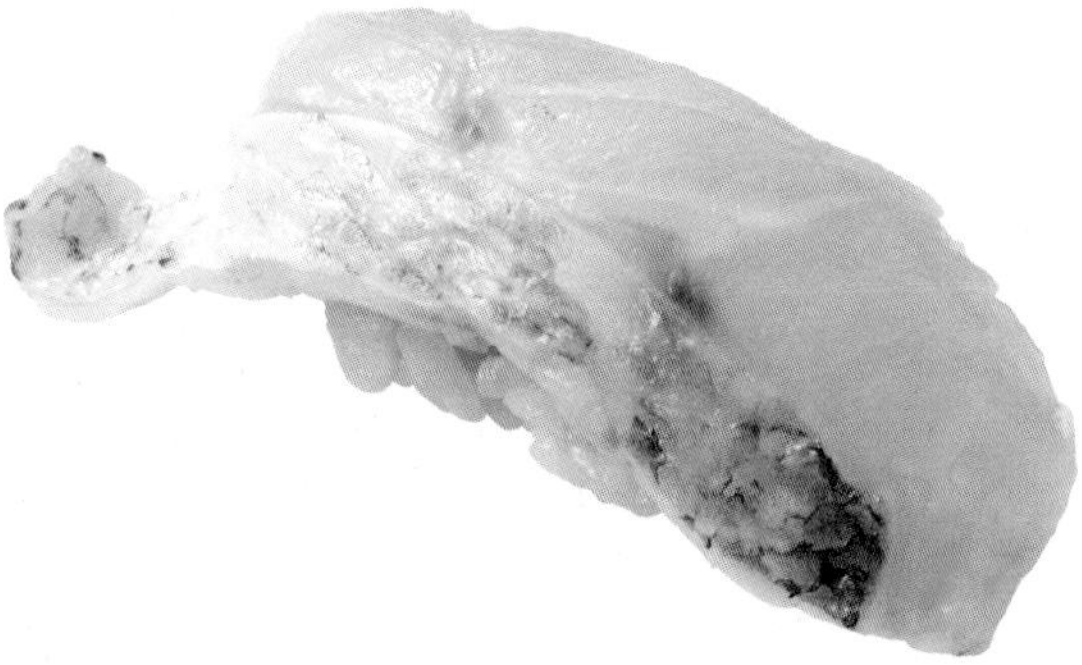

脂が強いノドグロは昆布締めと炙りの手法を組み合わせ、脂の旨さはそのままにくどさのないすしになるよう工夫。おろした身に薄く塩をして日高昆布で昆布締めし、余分な水分を抜き、身の旨みを凝縮。皮目を炙ることで皮目近くの旨みを引き出す。

肝のせ皮はぎ

紋ずし　東京・祐天寺

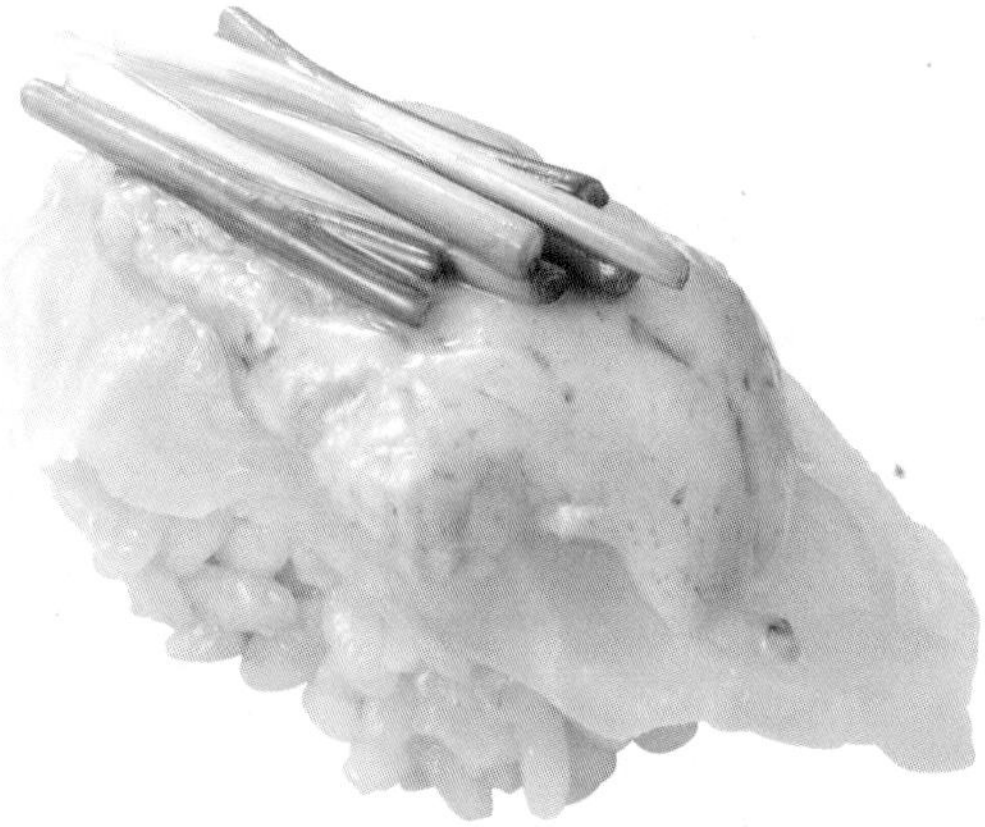

鮮度抜群のカワハギを使い、肝のおいしさも味わってもらおうと身にのせてすしに。淡白で上品な身に、肝のコクが加わることで贅沢な味わいが生まれる。薬味の鴨頭ネギを上にのせ、香りと食感をプラス。魚は豊洲市場に出向き、信頼する業者から仕入れる。

カワハギ 肝のせ

弘寿司　宮城・仙台市

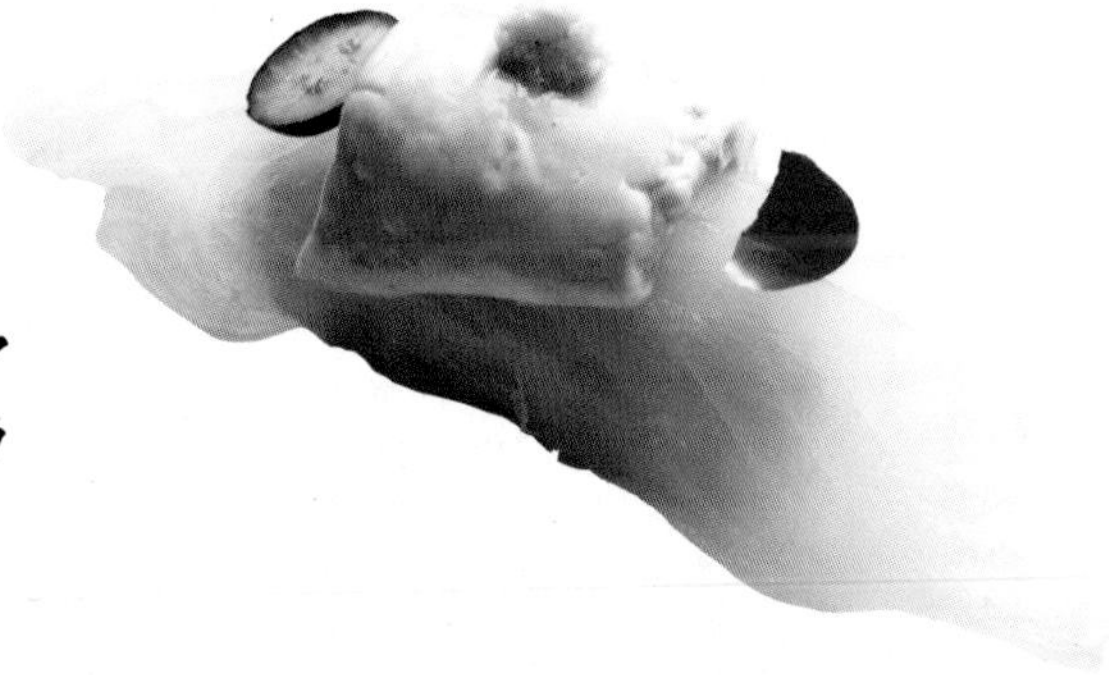

鮮度のいい地ものを使い、濃厚な旨みの肝と一緒に味わわせるすし。肝に甘みがあるため、すし飯は赤酢ですっきりと仕上げたものを。天にスライスしたブルーベリーをのせ、この酸味と醤油で食べてもらう。

アラ

キヨノ　福岡・福岡市

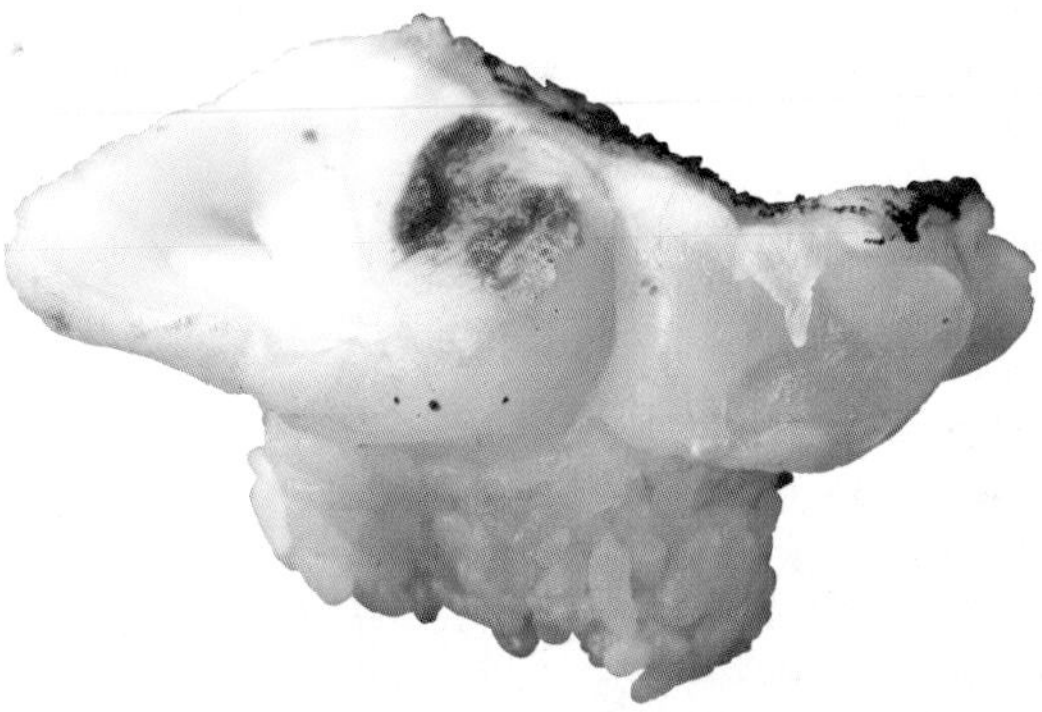

アラは身が厚くないため、波打つように竹串を打つ。酒と淡口醤油を合わせたものをスプレーで吹きかけ、皮目を焼いて香ばしさを出す。辛子明太子を漬け込む時に用いる粉末の明太子胡椒にニンニク、濃口醤油、淡口醤油を加えたものを塗り、味を添える。

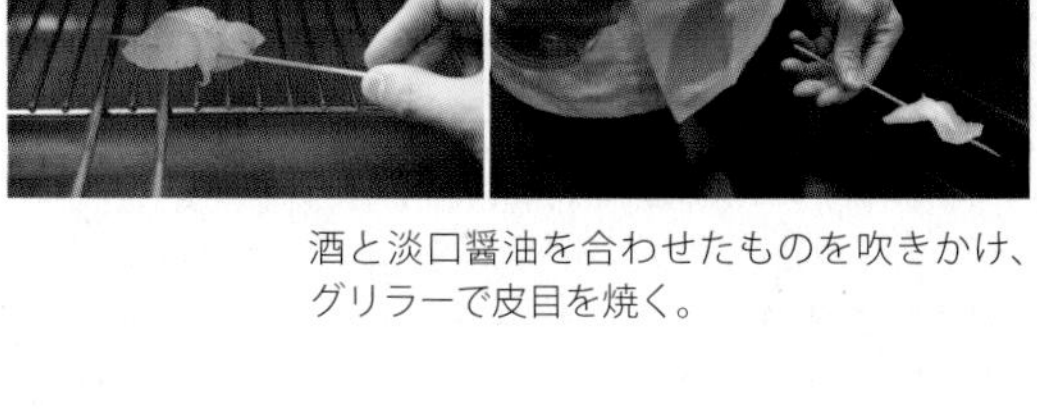

酒と淡口醤油を合わせたものを吹きかけ、グリラーで皮目を焼く。

カワハギ

鮨 いしばし　大阪・茨木市

白身は瀬戸内産の天然ものにこだわり、取材時のカワハギは兵庫県明石・二見産の活けのもの。すし飯の上に刻んだあさつきを、天にはカワハギの肝、もみじおろし、あしらいに芽ネギをのせ、ポン酢をかけて提供。

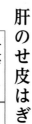

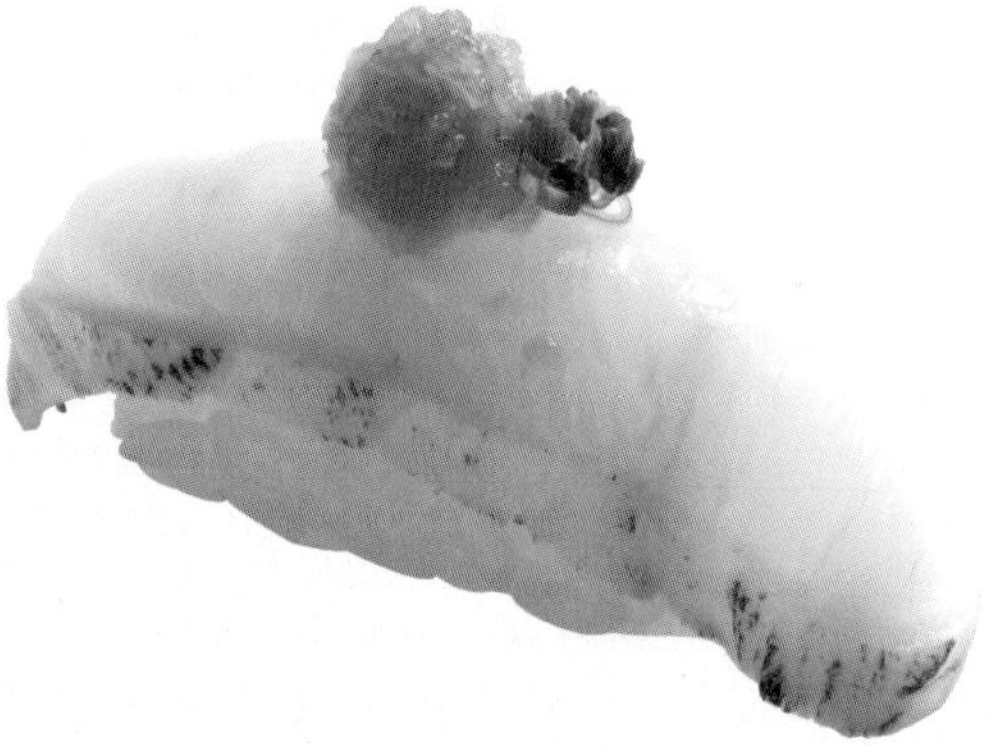

河豚たたき

鮨 島本

兵庫・神戸市

かたい身質のフグを、すし飯と合うようにやわらかくしてから切り付ける。塩をして2日寝かせた後、たたきにし、火が入った身を落ち着かせるためにもう1日寝かせている。煮切り醤油をぬり、すだちを絞り、刻んだあさつきとポン酢をふくませたもみじおろしを添えた。

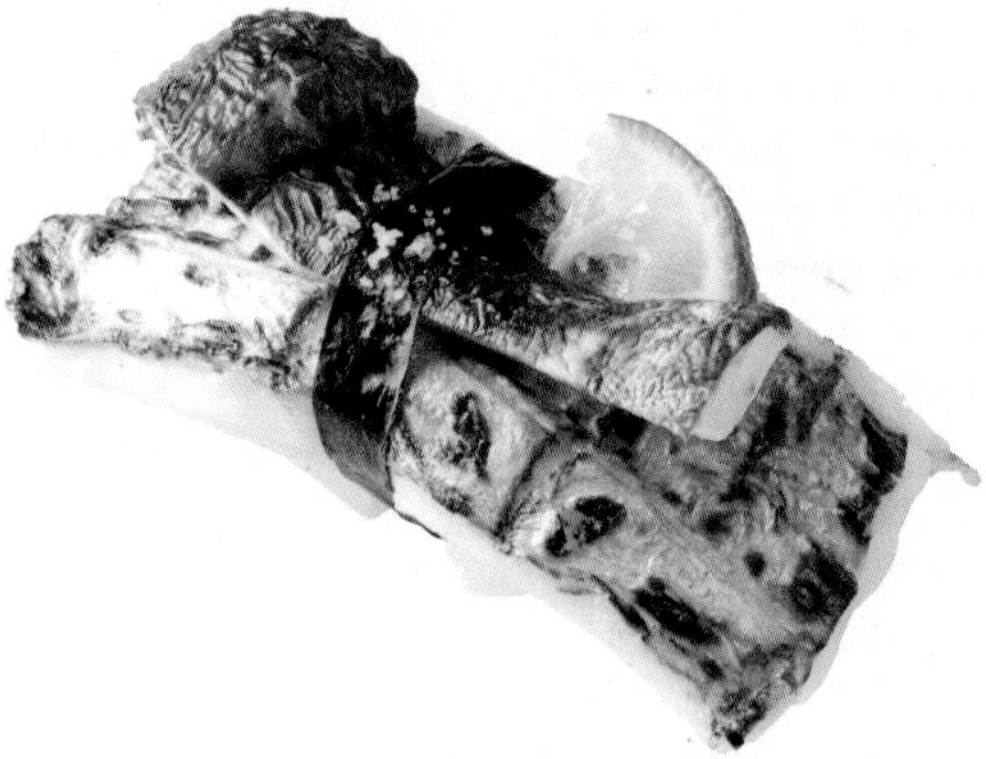

松茸と太刀魚

江戸前・創作 さかえ寿司

千葉・稲毛海岸

軽く炙った太刀魚と火をいれた旬の松茸を使った、贅沢な握りずし。千葉県船橋産の海苔でくるみ、松茸と太刀魚のハーモニーを楽しんでもらう。仕上げに塩を軽くふり、すだちを絞ってさっぱりと。

太刀魚のウニご飯

江戸前・創作 さかえ寿司

千葉・稲毛海岸

太刀魚とウニを使った贅沢な小丼。すし飯に北海道産のウニを加え、煮切り醤油を入れて味を整え、混ぜ合わせる。これを小丼に盛り、塩焼きにした太刀魚を盛る。わさびを天にのせ、すだちを絞って提供。

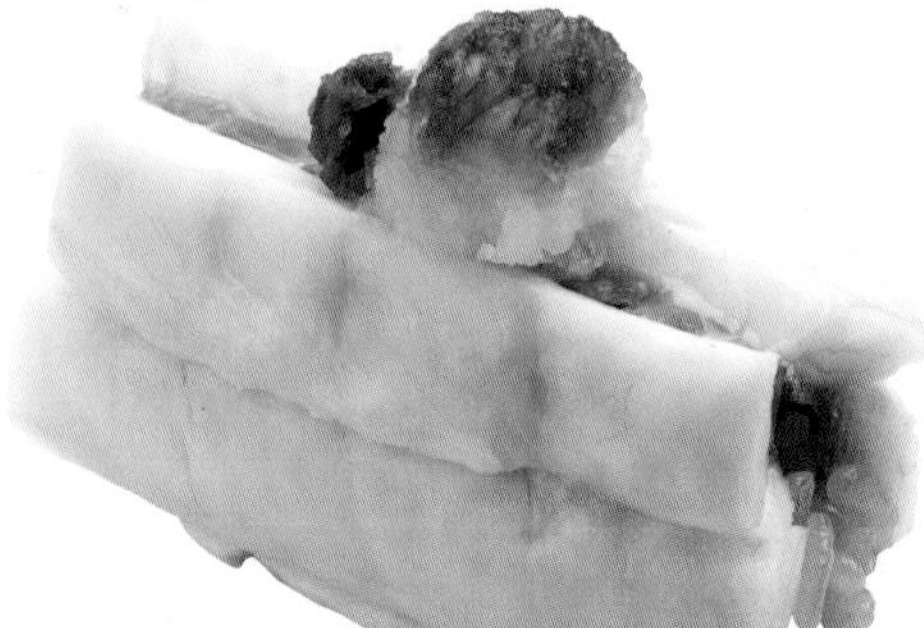

太刀魚

すし崇

長野・長野市

「太刀魚は皮目だけを焼くのではなく、ちゃんと身まで焼いた方がおいしいのではないか？」という探求心から生まれた太刀魚の「焼きずし」。提供直前に炭火で焼いてにぎり、大根おろしとアサツキの薬味をのせる。他にアマダイやブリの「焼きずし」の可能性も探っている。

太刀魚

弘寿司

宮城・仙台市

紅芯大根の大根おろしが見た目にも色鮮やか。太刀魚の皮目の部分の甘みを、紅芯大根の爽やかな風味が引き立てる。皮には包丁を入れ、焼いて香ばしさもプラス。「焼いて皮の光が無くなった分を補う」。そんな意味合いで金箔をあしらう。すし飯には赤酢を用いている。

ホウボウ

弘寿司

宮城・仙台市

宮城県の英雄・伊達政宗をイメージした昆布の飾りを、昆布締めにしたホウボウにあしらった。ホウボウは皮に独特なクセがあり、それが苦手も人もいるという。そこで、昆布締めにしてクセを消しながら、ホウボウのおいしさを味わってもらえるようにしている。

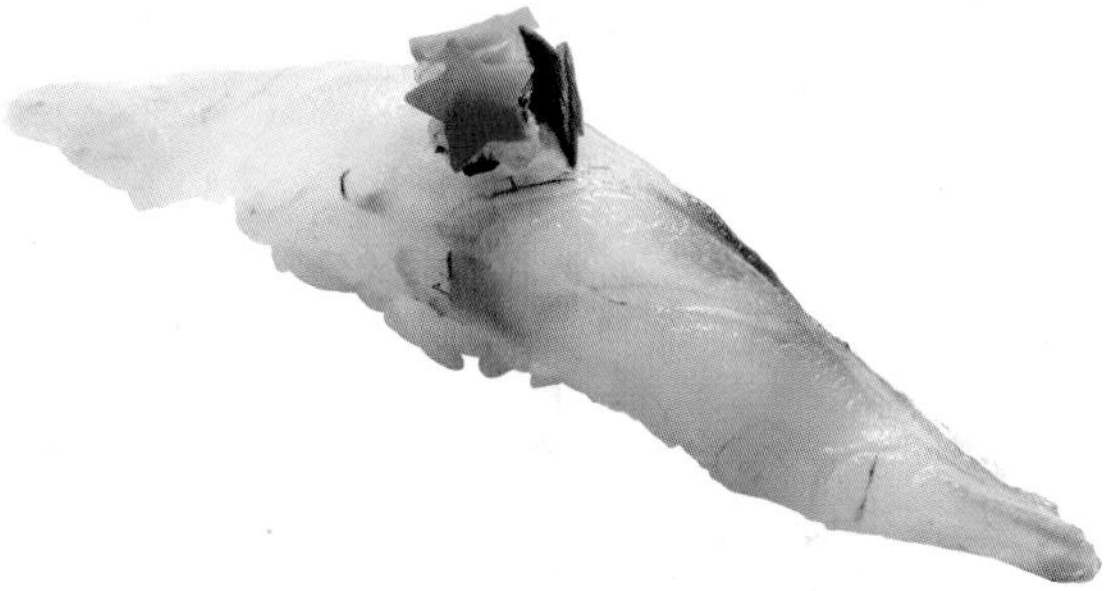

コチ

弘寿司

宮城・仙台市

松前漬け風の薬味をアクセントとしてプラス。松前漬け風の薬味は、細かく刻んだワサビの茎や昆布、大根で作る。キュウリとコリンキーは星型にカット。「魚と一緒に野菜も食べてもらえれば」という思いもあり、この提供法に。

黒ソイ

弘寿司

宮城・仙台市

薬味にブルーベリーと柚子の皮を用いた。ブルーベリーは薄くカットしてのせる。ブルーベリーと柚子の華やかな香りとともに味わう白身は、新感覚のおいしさだ。提供時には塩を振る。塩は、ほのかに炭の香りがする「竹塩」を使用。

チョウザメ

弘寿司

宮城・仙台市

「凄いすしを食べた！」と話の種になるような一品。チョウザメのすしに、キャビアとウニをのせて金箔をあしらい、器づかいでも高級感を演出。原価は1000円くらいかかるが、1200円前後のサービス価格で提供する。チョウザメは、適度に脂がのったものを使用。

光物のにぎりずし

光物のにぎりずしは、〝通《つう》〟が好み、店の評価を決めるすしといわれている。最近は生で提供される光物のタネも増えているが、酢〆の技術が真骨頂である。その酢も多様化し、従来の生酢に加え、柑橘類や洋酒系ビネガーを使うなど現代風の工夫も行なわれている。

コハダ

都寿司本店　東京・日本橋蛎殻町

酢締めの時間は魚の大きさや脂ののり、その日の気温によっても変わる。基本は塩30分弱、酢30分弱で、2～3日おいて脂を上手に抜きつつ味をなじませていく。酢はミツカンの粕酢を使用。個体の大きさにより、2枚づけにする。すっと縦に庖丁目を入れ、皮目の美しさを際立たせる。

コハダ

鮨 いしばし　大阪・茨木市

にぎりおまかせコースの中で、マグロの後に出す締めものの一種。コハダは塩と酢で締めてから、酢をなじませるため2日程度寝かせてから使用する。すし飯とタネの上には振りゆずを。取材時のコハダは石川県七尾産。

小肌

鮨 島本　兵庫・神戸市

塩と酢でほどよく締めたコハダを丸づけに。包丁を入れて片身を重ね合わせるように形作ったタネは、見た目の美しさはもちろん、厚みが増して食感も楽しめる。

小肌

鮨 ふるかわ 麻布霞町　東京・六本木

冬場のコハダは脂が多いことから、口のなかをさっぱりとさせる役割としてガリ、キュウリ、ゴマと合わせる。握らずに別添えにすることで、コハダだけをつまみとして、すし飯と合わせてなど、お客の好みで食べることを提案。

赤酢〆小肌

鮨 かの

東京・一之江

築地の光ものが得意な仲卸から仕入れる。肉厚で脂ののったコハダを赤酢で20～30分ほどしめ、半身ずつ2枚を重ねるように握る。すし飯は新潟・岩船産のコシヒカリを使用。羽釜で少量ずつ炊いて酢と合わせ、程よい温度で用いる。

小肌

御鮨処 田口

神奈川・川崎市

“甘酸っぱい青春の味”がテーマ。小肌を1尾開き、塩で15分、酢で20分しめる。片身づけで握り、皮面はガリ酢を混ぜた寒天ゼリーでコーティングする。砂糖をまぶした柚子の皮をあしらい、“甘酸っぱさ”のアクセントに。

コノシロ

鮨 美菜月

大阪・北新地

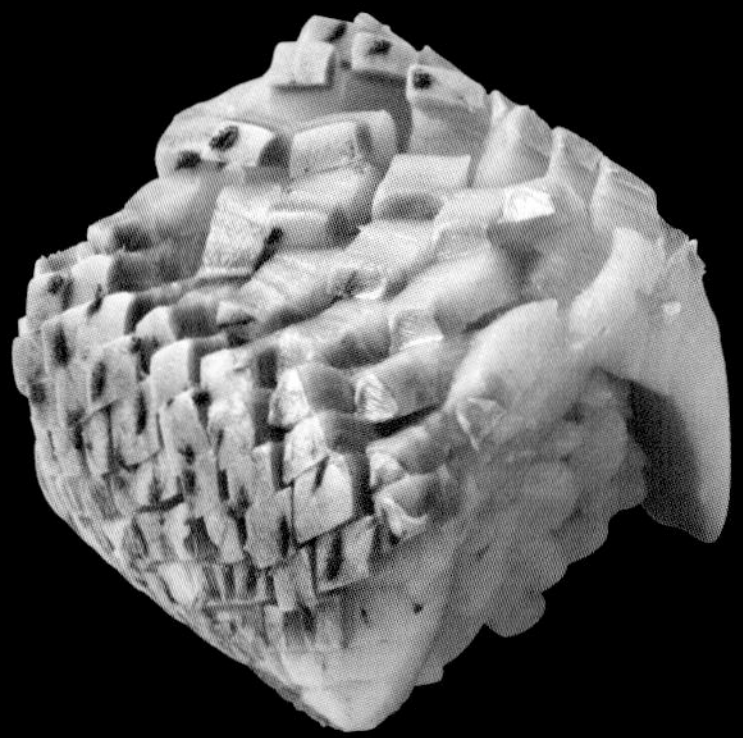

小骨が多いが味の良いコノシロを、骨を抜かずに食べられるよう考案した。塩をした後は割り酢に浸け、1～2週間かけて酢〆にし、骨までやわらかくする。身が大きく厚いので、鹿の子に庖丁をし、三つ切りにして握る。

コハダ

弘寿司

宮城・仙台市

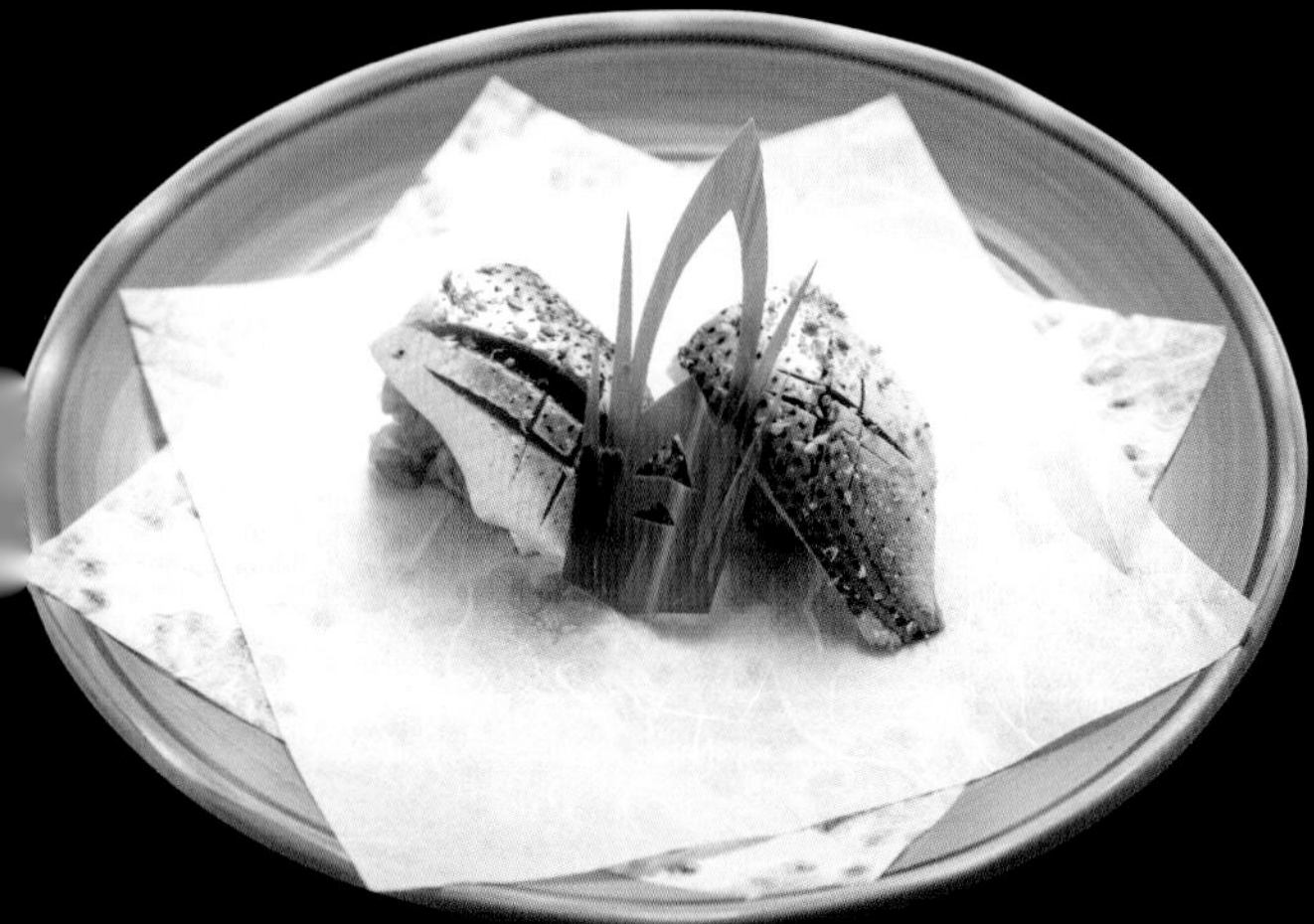

白ゴマを振って供する。熟成させた酢締めのコハダと、赤酢のすし飯のマッチングに、ゴマの香りが程よくアクセントを加えている。写真はコハダの身を半分にカットしてにぎり、2カンにした。品のある敷紙と笹の葉の飾りで、2カンのすしを見栄えよく盛り付ける。

こはだ

紋ずし

東京・祐天寺

きっちりと鹿の子庖丁を入れ、皮目の美しさを際立たせて握る。塩をして20分、米酢に20分程度漬けて酢締めに。これを１～２日寝かせて酢の尖りがなくなり、味が落ち着いてから使う。

生鯖のタタキ

鮨 ふるかわ 麻布霞町

東京・六本木

アジのタタキから着想し、生のサバを大葉、ネギと共に叩く。軍艦巻きにはせず、すし飯にかぶせるようにして握る。上から香川・小豆島産の大豆醤油、酒、味醂でつくる煮きり醤油をさっとかけて提供する。

サバ

鮨 美菜月

大阪・北新地

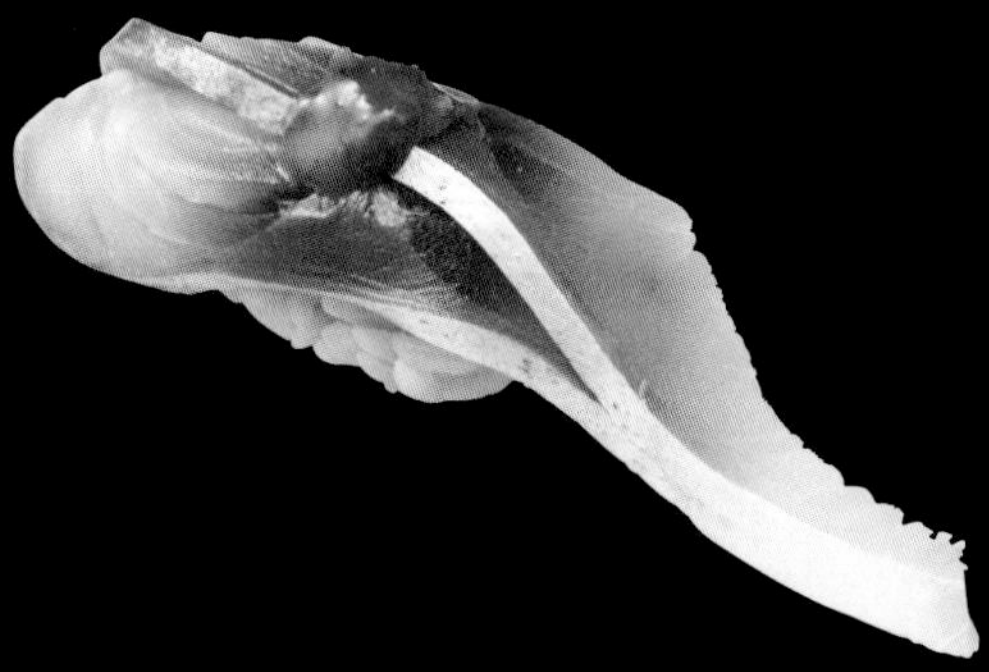

ご主人の出身地の香川では、味噌を自家製にする家庭が多いことから、味噌は自家製の「手前味噌」を仕込み、サバにのせた。サバはコノシロと同様、塩をした後、割り酢で1週間ほどしめたもの。八重づくりに切りつけて握る。

〆サバ

都寿司本店

東京・日本橋蛎殻町

塩でゆっくり締めてクセや水分を抜いてから、粕酢に漬けて30～40分ほど酢締めにする。時間は魚の状態や季温などによっても異なり、20分の時も1時間の時もあり、仕上がりの味にばらつきが出ないよう加減している。

〆鯖

鮨 巳之七

福岡・薬院大通

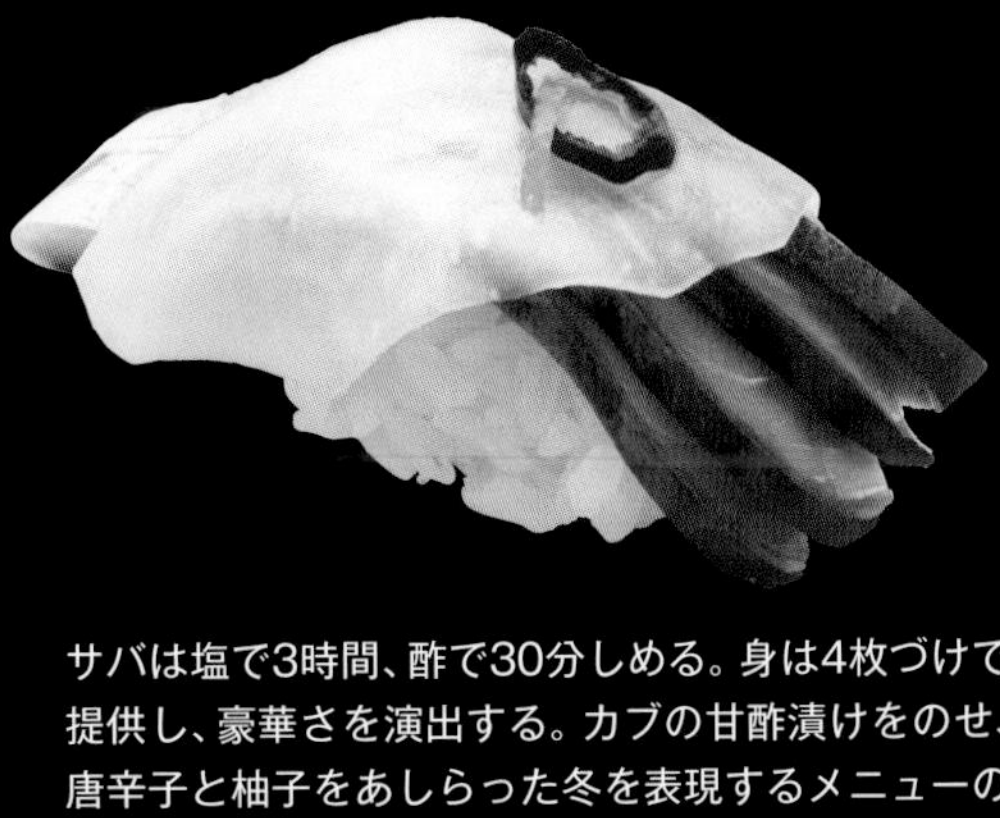

サバは塩で3時間、酢で30分しめる。身は4枚づけで提供し、豪華さを演出する。カブの甘酢漬けをのせ、唐辛子と柚子をあしらった冬を表現するメニューのひとつだ。

関さば

紋ずし

東京・祐天寺

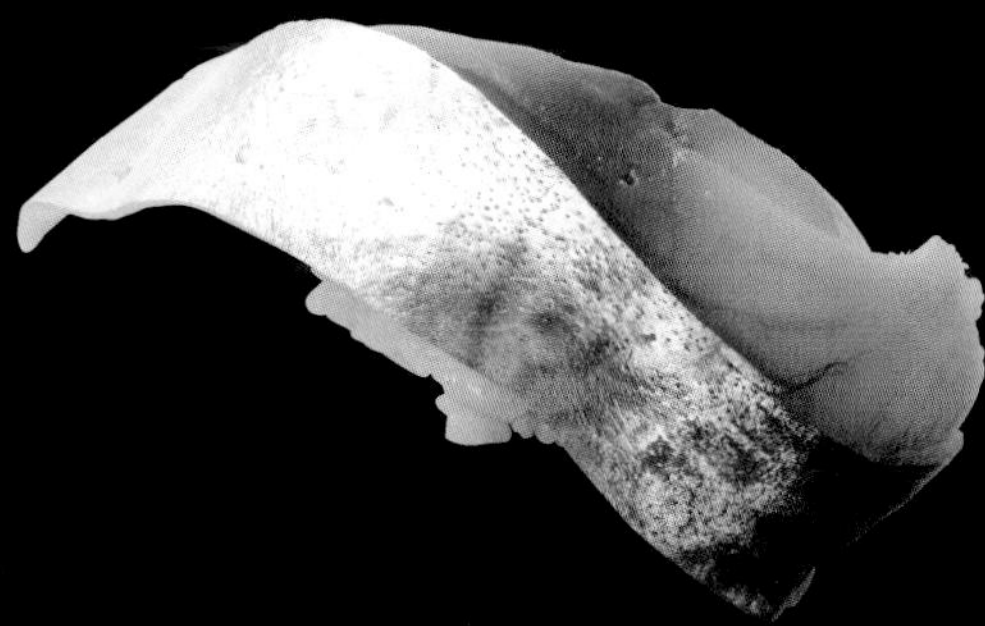

大分の佐賀関で水揚げされる「関さば」は生食のできるブランドサバとして人気。同店では、脂のりがよく、身質のしまった関さばを浅めに酢締めにして旨みを引き出す。締める時間は個体によって変わるが塩20分、酢20分程度が目安。

金華さば

鮨処 ともしげ

宮城・仙台市

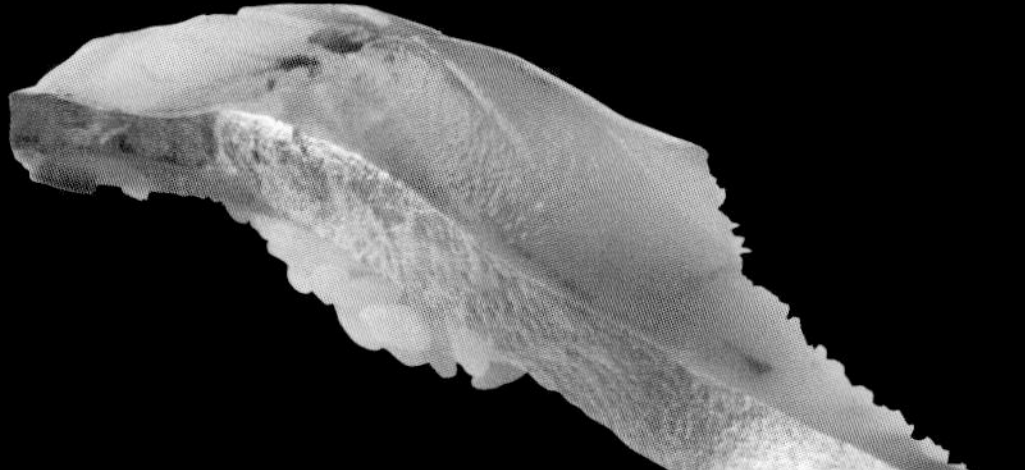

ブランド魚として名を馳せる金華山沖のサバ。脂がよくのり、塩で2時間ほどしっかりしめてから、酢で10分ほどしめる。酢は白菊酢と赤酢を合わせたもの。2日ほど寝かせて味がなじんでからにぎりにする。

とろろサバ

独楽寿司

東京・八王子市

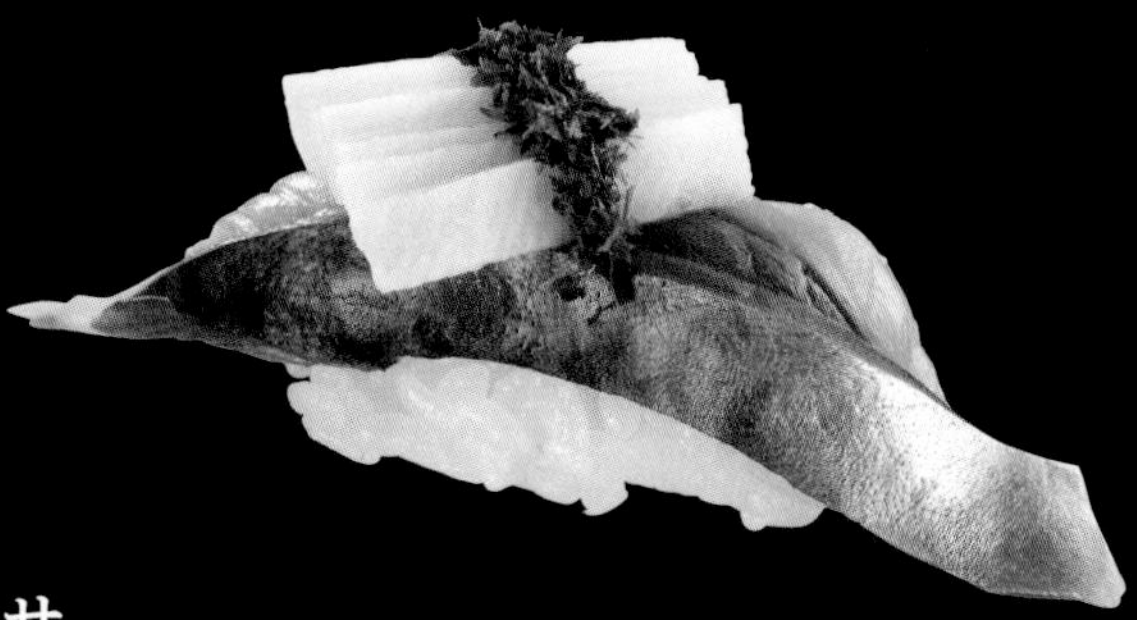

意外にも相性がよいという、サバと長芋を組み合わせた創作ずし。シャキシャキとした千切りナガイモの食感が心地よい。青ノリの香りが海と山の素材をまとめ、彩を添えている。
※現在は販売していません。

サバ

江戸前・創作 さかえ寿司

千葉・稲毛海岸

サバの握り2種。取材時は千葉県館山産のサバ。塩で１時間ほど締めたものを握る。上は、醤油とザラメで照りを出した白板昆布をサバに合わせて切り、サバと握る。仕上げに青のりをふりかける。下は、薄皮をつけたままのサバを使う。煮切り醤油で軽く下味をつけてから皮の部分を炙って握る。切り胡麻をふって提供。

サバの棒寿司

すし崇

長野・長野市

にぎりずしとはひと味違ったおいしさが楽しめると、お客に喜ばれているサバの棒ずし。にぎりずしと同じ赤酢のすし飯を使いながら、かんぴょうや煮椎茸で甘みをプラスし、ガリの風味をアクセントにしている。サバは鹿児島産で、締めサバにしてから棒寿司にする。

〆サバ

キヨノ

福岡・福岡市

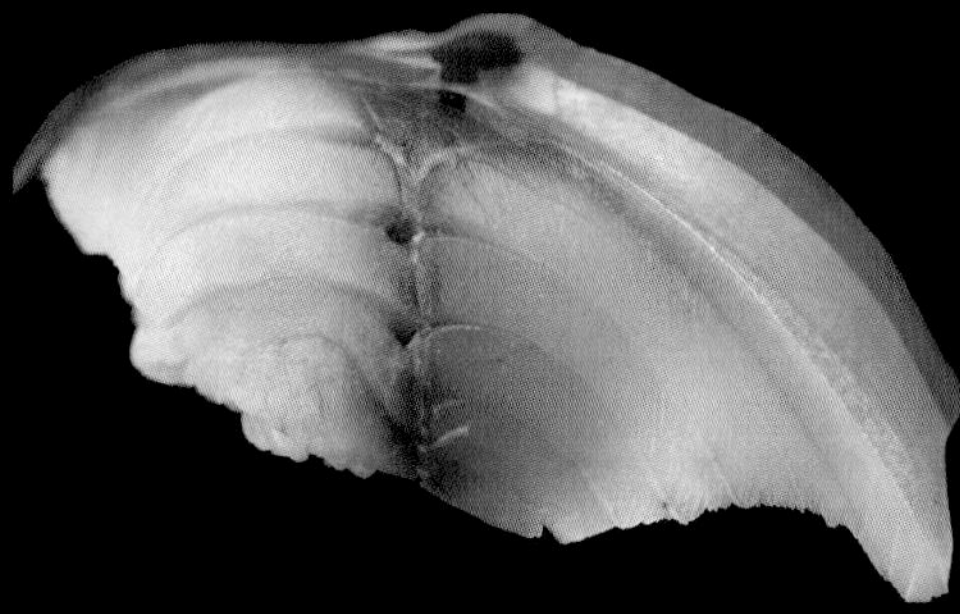

サバは袋状にし、ワサビとすし飯を詰めて握り、"竹炭胡椒"、白板昆布をのせる。白板昆布は、だし昆布、酢、塩、濃口醤油、淡口醤油、砂糖、水を鍋でひと煮立ちさせた"松前酢"に１日漬けて作る。

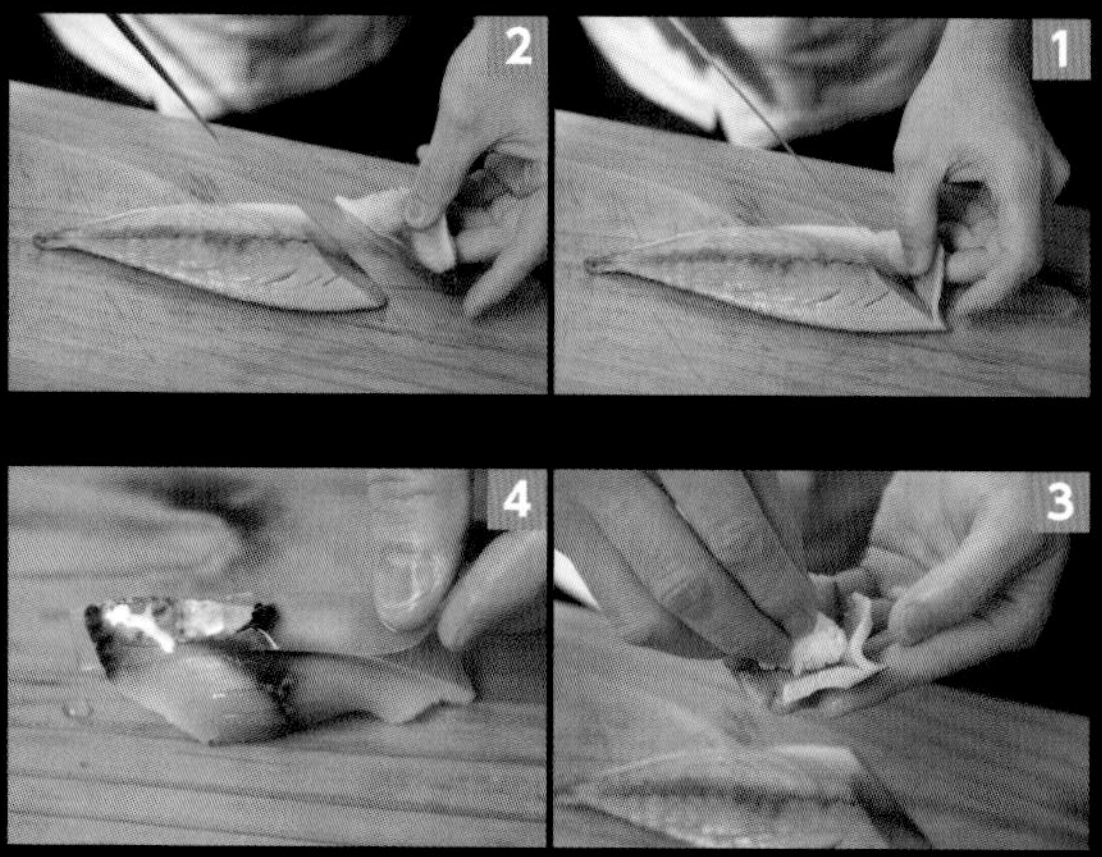

サバは塩と酢で各40分しめ、一度、切れ目を入れてから切りつける。

サバを開いてすし飯を入れて握り、"竹炭胡椒"、白板昆布をのせる。

アジ

鮨 いしばし

大阪・茨木市

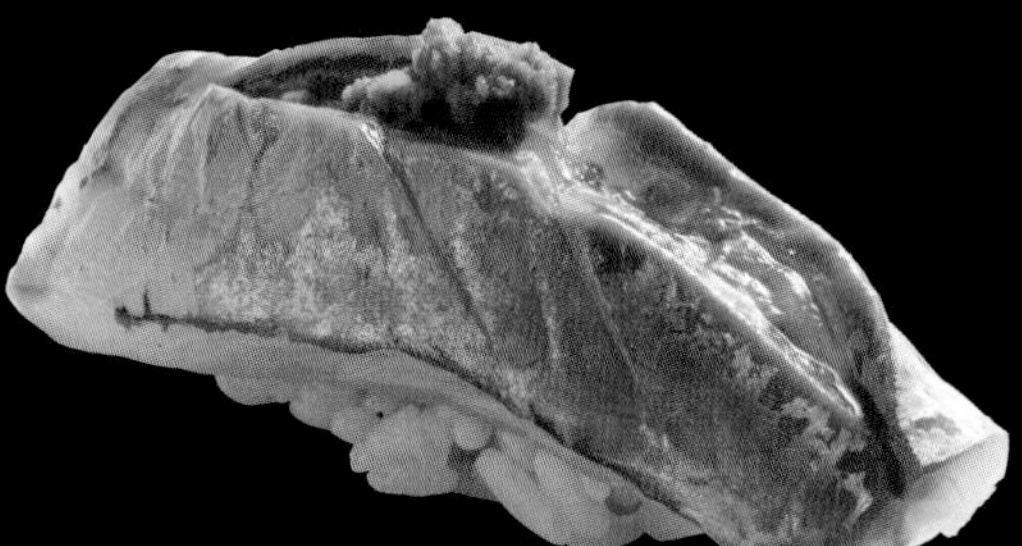

脂ののった新鮮なアジは生で握る。すし飯の上に刻んだあさつきを、天には大葉、青ネギ、生姜をすり合わせたペーストをのせ、風味を添える。取材時は和歌山県加太産のアジ。

アジ

都寿司本店

東京・日本橋蛎殻町

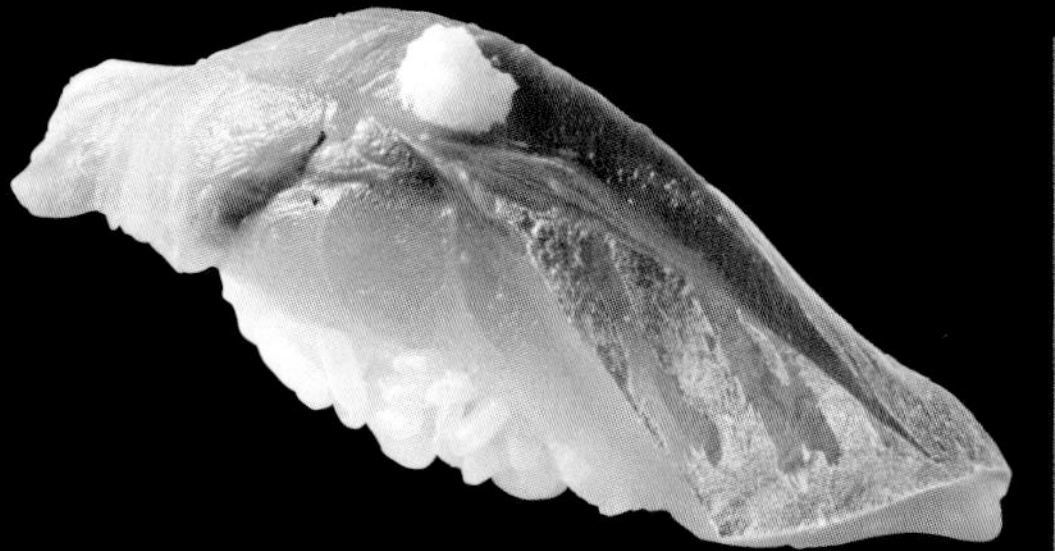

アジはおろし身に軽く塩をして５分おき、酢水で洗ってからすしに。酢で締めることはせずに素材のよさを活かしている。取材時のアジは“トロあじ”でも知られる山口県仙崎産のマアジを使用。

アジ昆布締め

鮨 島本

兵庫・神戸市

アジの身から出る水分を吸収し、味を濃縮させるために昆布締めをする。取材時のアジは、脂ののった淡路島産のトツカアジ。煮切り醤油をぬり、あさつきをすりつぶした薬味をのせる。

鯵

代官山 鮨 たけうち

東京・代官山

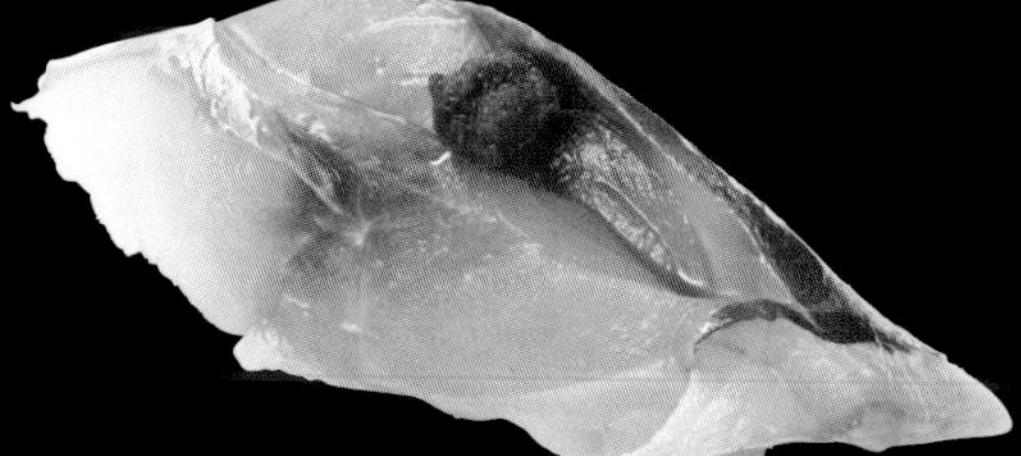

築地から仕入れる新鮮なアジを生のまま握る。取材時は鹿児島産のもの。タネとすし飯の間に大葉を仕込む。アサツキとおろし生姜をすり鉢で細かくすりこんだペーストをのせ、青魚の脂を爽やかに食べさせる。

鯵の青唐 なめろう軍艦

独楽寿司

東京・八王子市

真アジの脂とマッチする青唐辛子味噌を使ってなめろうに仕上げ、アクセントに梅チップを散らしている。なめろうの味わいを生かすため、風味の強い海苔ではなく、キュウリで巻き爽やかに仕上げた。
※現在は販売していません。

あじ

鮨処 ともしげ

宮城・仙台市

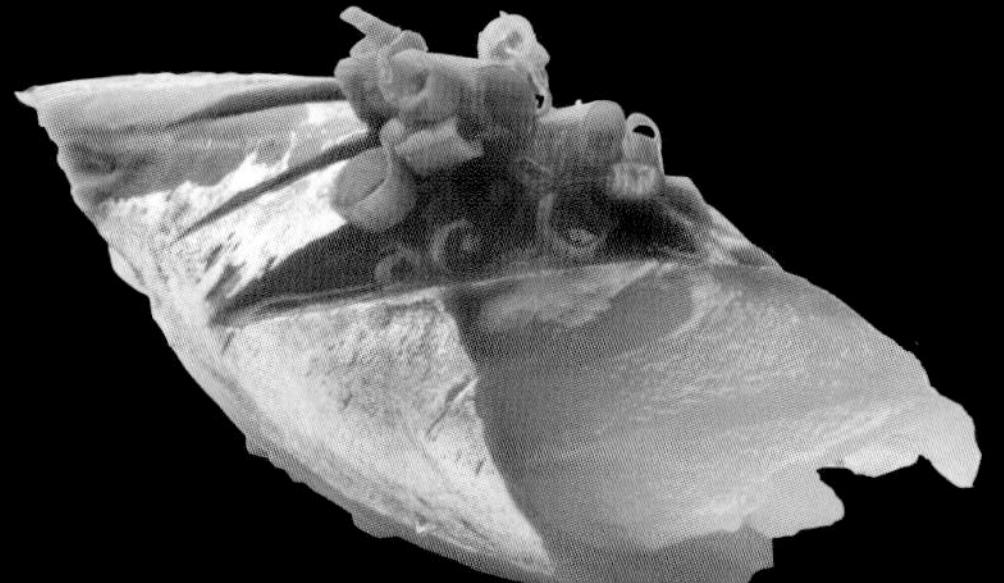

アジは西のほうが断然おいしいと、仕入れるのはもっぱら西のもの。撮影時は脂がよくのった長崎県仙崎産。しめずに生で握り、煮きりで提供する。煮きりは濃口醤油と酒、味醂、カツオだしを合わせて煮切り、2日ほど寝かせている。

イワシ

鮨 島本　兵庫・神戸市

「脂ののり方が全然違うから」と、イワシは北海道産を厳選。塩と酢で締めてから4日ほど寝かせることで、よりとろっとした食感を引き出す。大きく切り付けた身には、残った小骨を切るために細かく包丁を入れる。仕上げに煮切り醤油をぬり、おろし生姜をのせた。

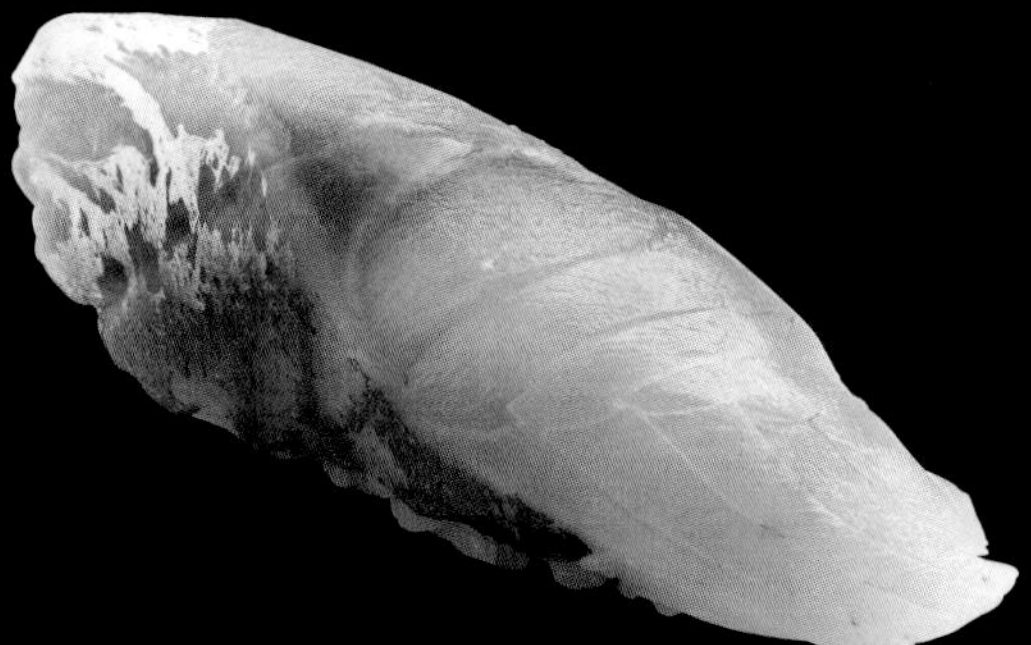

アジ

すし崇　長野・長野市

「脂がのっていて、身も締まっている。噛んだ時の旨みに特長がある」という鹿児島産の釣りアジを好んで使っている。そのおいしさを引き立てるために、ワサビもひと工夫。ワサビに柚子胡椒を合わせ、爽やかな香りをプラスしている。

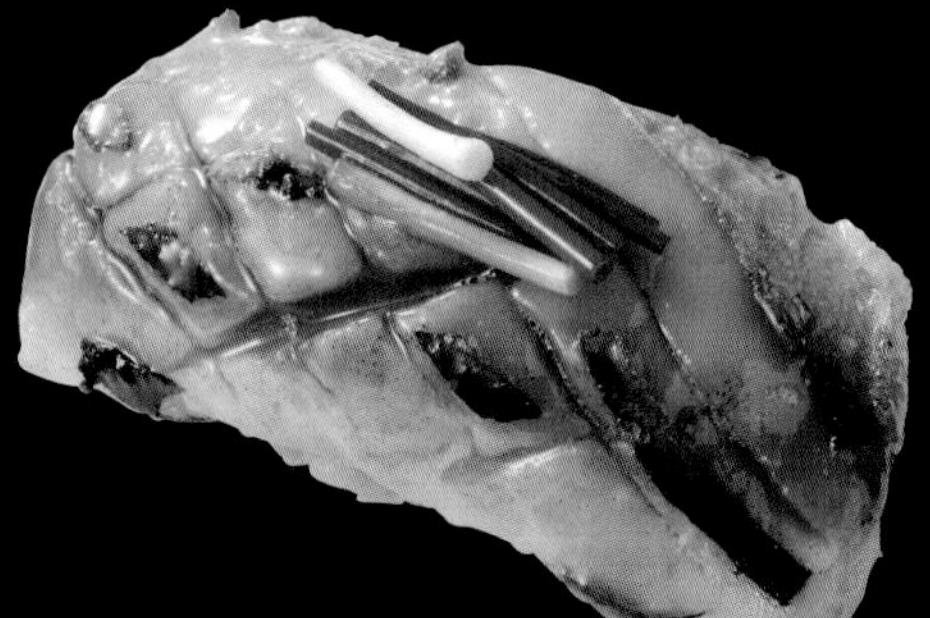

炙りいわし

紋ずし　東京・祐天寺

江戸前の鮮度のいいイワシを仕入れ、生を炙りにする握りのほか、酢締めにして押しずしやつまみのマリネにするなど様々な楽しみ方で提供する。握りは鹿の子庖丁を入れ、表面を炙り、余分な脂やクセを抜いて風味よく。鴨頭ネギを天にのせる。

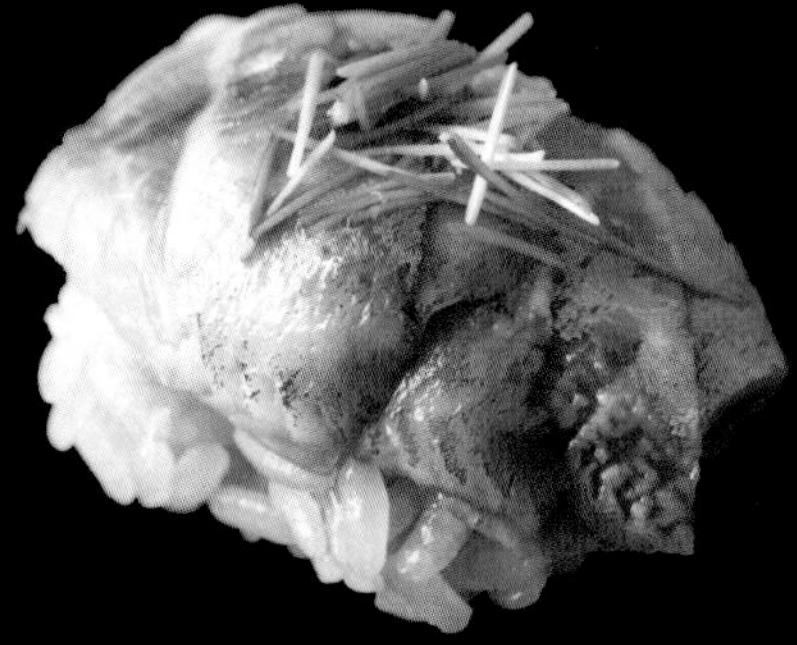

いわし

鮨 かの　東京・一之江

取材時は函館産のもの。開いたイワシを薄くそぎ切りし、これを５枚ほど重ねて握る。薄く切ることで小骨も断ち切れて食べやすくなり、層に重なった身の食感も楽しい。カウンター越しに手渡しで提供する。

イワシ

すし崇　長野・長野市

北海道産のイワシ。取材時は2枚の切り身を1カンのすしに。イワシは小骨が多いので、細かく包丁を入れる。上にのせた薬味は、すり鉢ですって香りを立たせたアサツキに、生姜を混ぜたもの。風味に力強さがあり、イワシによく合う。

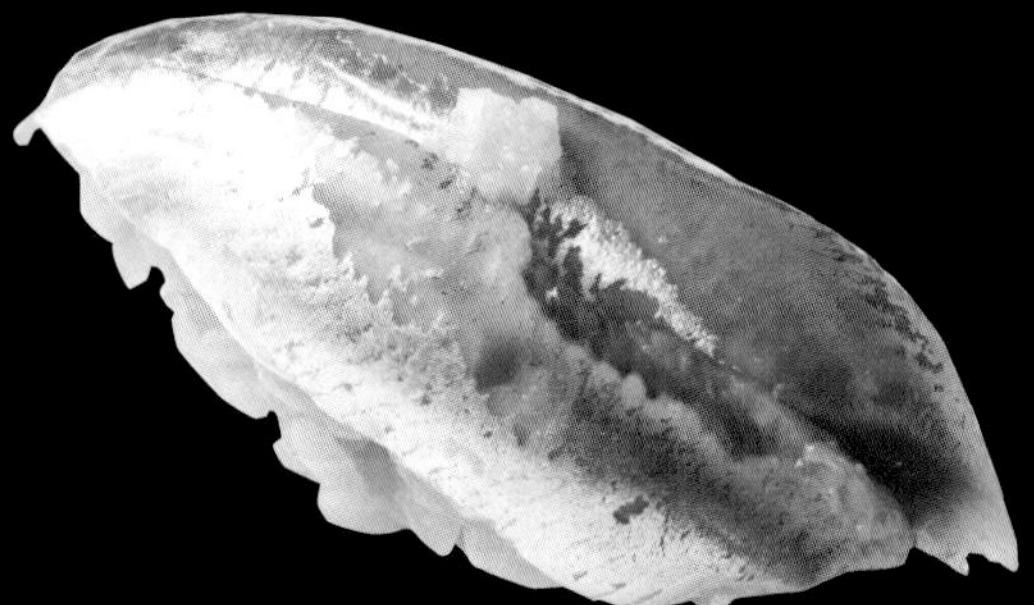

イワシ

鮨 美菜月　大阪・北新地

ネギと生姜の薬味だが、口にすると不思議なことにニンニクの香りがする。ネギと生姜を一定の割合で合わせて味付けすると、ニンニク風の香りになる中華料理にヒントを得た薬味で、ニンニクを敬遠しがちなお客にも好評。

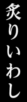

鰊

鮨処 有馬

北海道・札幌市

取材時は紋別産のニシン。冬場は産卵前のため脂ののりがよい。10〜15分ほど酢〆して握る。芽ネギと生姜を刻んだ薬味を上にのせ、青魚の旨みを引き立たす。北海道ならではの一品として、本州のお客から人気が高い。

サンマ

江戸前・創作 さかえ寿司

千葉・稲毛海岸

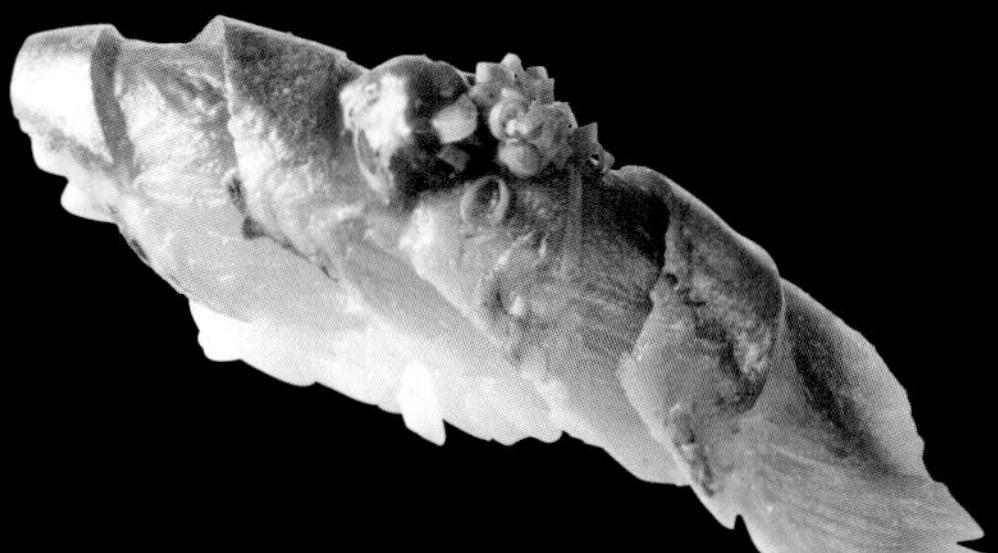

サンマは酢締めしたものを使う。薄切りにし、4枚を重ねるようにして握る。焼いた肝に、バルサミコ酢を加えて軽く煮つめたものを、天にのせる。イタリアンの味わいも取り入れたオリジナル。

サヨリ

江戸前・創作 さかえ寿司

千葉・稲毛海岸

サヨリが一番おいしいとされる10〜11月に提供して人気のにぎり。サヨリの大きさに合わせて細長く切った大葉をサヨリに貼るようにのせ、端からくるくる巻いて円筒状に仕上げる。これを半分に切って握る。ポン酢、すだちを天にのせる。サヨリの皮の串焼きを添えて提供。

新サンマ

鮨 いしばし

大阪・茨木市

脂ののった旬の新サンマは生で握る。すし飯の上に刻んだあさつきを、天にはサンマのワタ醤油をのせる。このワタ醤油は、サンマの腹ワタとすった生姜を合わせ、醤油で味を調え、湯煎で少し固めたもの。

カマス

鮨 巳之七

福岡・薬院大通

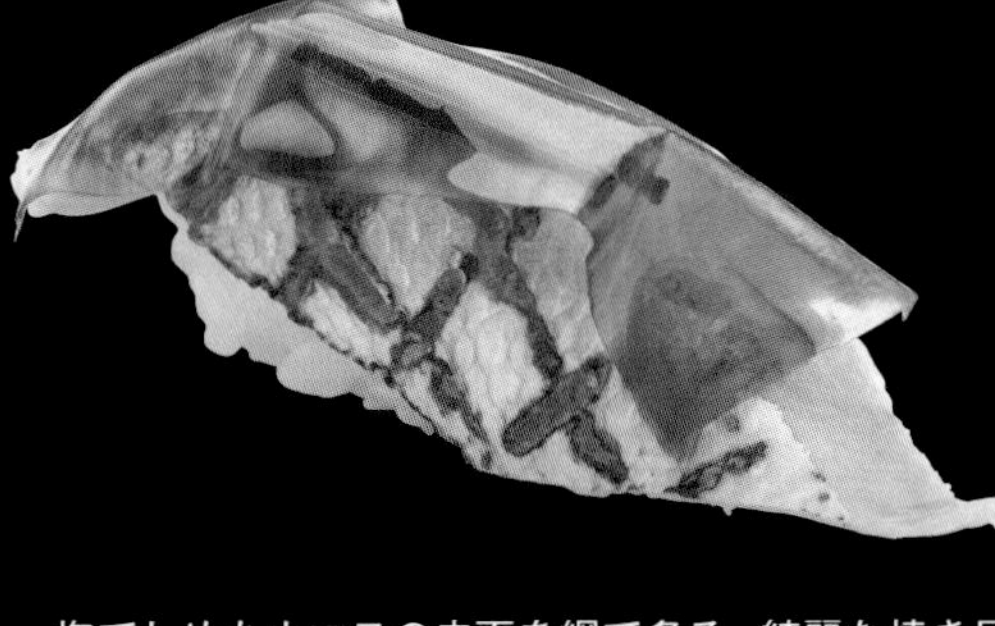

塩でしめたカマスの皮面を網で炙る。綺麗な焼き目を付けるとともに、硬くて食べにくい皮を柔らかく、食感良く食べてもらう。鴨頭ネギと甘く煮た白板昆布をのせる。

さんま肝ソース

紋ずし

東京・祐天寺

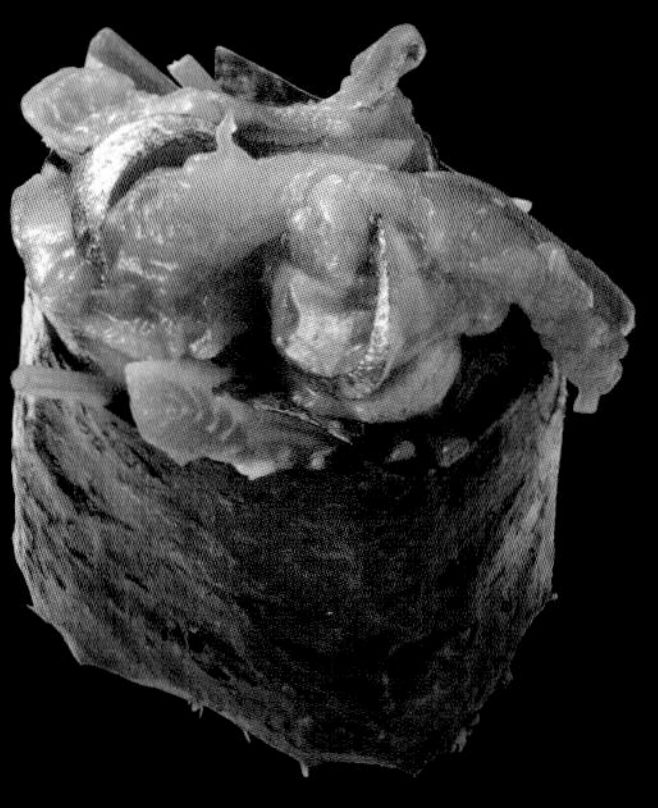

肝のほろ苦さをソースにし、細切りにした身を和えて軍艦に。肝はニンニク、生姜、白味噌、ナンプラー、オリーブオイルと一緒に煮詰める。臭みがまったくなく、濃厚な味わいは酒の肴によく合い、お造りのサンマには肝ソースを別添えにして提供する。

イカ・タコのにぎりずし

イカやタコは大衆的なすしダネと捉えられるが、産地や季節によって味わい深く、魅力的なタネである。生だけでなく、炙りダネ、煮物ダネとしても人気がある。醤油の他に塩で、さらに薬味の工夫でいろいろな楽しみ方ができるすしダネである。

いか

博多たつみ寿司 総本店

福岡・中洲川端

鹿の子に庖丁を入れる。玄界灘の波の様子に見立て、福岡のすし店らしさを打ち出す。ハチミツで漬けた梅のペーストと細かく刻んだラディッシュを合わせ「女性が喜ぶ可愛い」仕上げに。

イカ

鮨 美菜月

大阪・北新地

イカの身は、噛み切ることで味が出てくる特性から考案したすし。口腔内でのすしの大きさと咀嚼回数との関係で、3回噛んで30回噛んだときと同じ効果があるよう、ごく細い蛇腹に庖丁を入れてから握る。ゴマをふる。

アオリイカ

弘寿司

宮城・仙台市

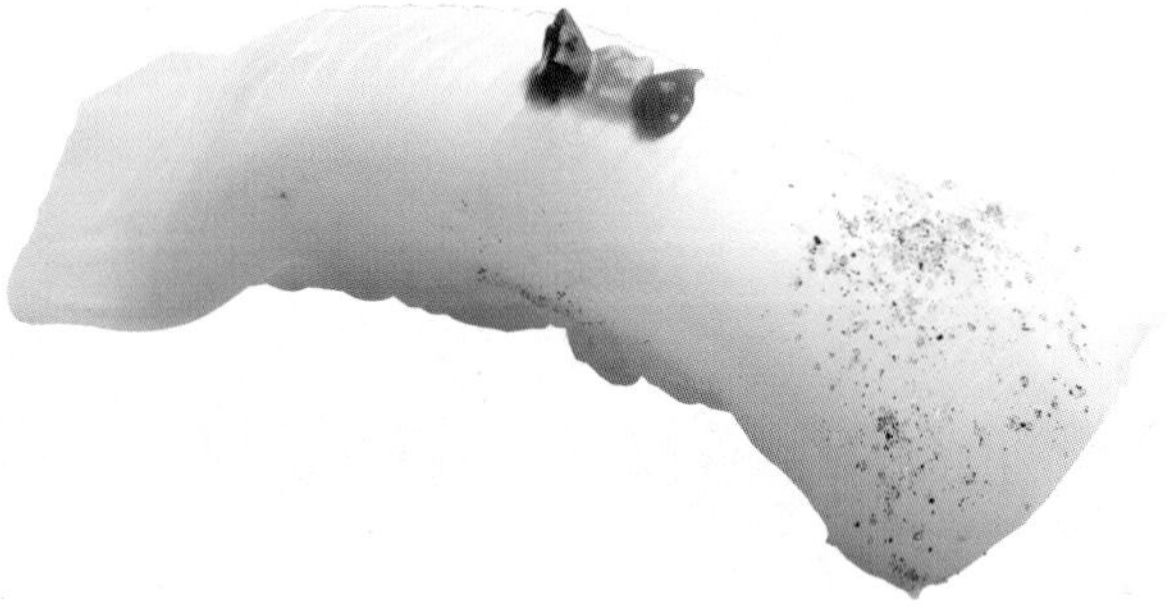

繊細なイカの味わいを、青梅、赤梅、紀州梅と3種の梅の香りと竹塩で引き立てる。魚介の旨みを引き出すために少し香りを足すという、同店の個性が活きたすし。竹塩は竹の炭と塩を焼き込み、すり鉢ですってふるいにかけたもの。

やりいか

鮨処 ともしげ

宮城・仙台市

細く入れた庖丁目に対し、斜めに深く切り込む庖丁の技が冴えるにぎり。表面を炙るとその身がくるりと立ち、目にも美しい。伊豆大島の焼き塩とレモンを絞りかけ、身の甘みを引き出して提供する。

イカ

鮨 巳之七

福岡・薬院大通

取材時は福岡・鐘崎沖で獲れたヤリイカを使用。エンペラ、胴、皮と吸盤を取り除いたゲソ、軟骨を食べやすい大きさに切り合せた。胴のねっとりした食感に、その他の部位のコリコリした食感が広がり、イカの全てを楽しめる。炭塩をふり、提供。

スミイカ

鮨 島本

兵庫・神戸市

ひと塩して1日半寝かせてから切り付けている。取材時は瀬戸内産の新子で、「同じスミイカでも新子は独特の食感が楽しめます」と店主。身のやわらかさに驚かされる一カン。

スミイカ

都寿司本店

東京・日本橋蛎殻町

イカは時季によって、スミイカ、白イカ、アオリイカ、ヤリイカなどを使い分ける。スミイカは秋を迎えると身も厚く甘みや旨みが強くなる。ねっとりとした身を食べやすくするため、斜めに隠し庖丁を入れて握る。薬味はおろし生姜ですっきりとすすめる。

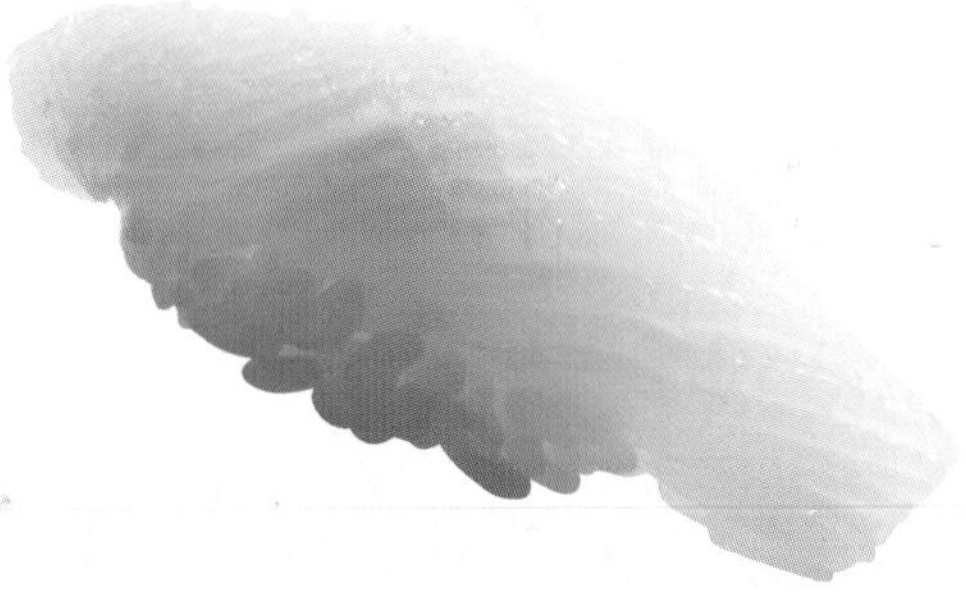

ヤリイカ

鮨 島本

兵庫・神戸市

ヤリイカの甘みを引き出すために裏表合わせて3方向に細かく切れ目を入れている。食べたときにすし飯と一緒にほぐれる効果も。甘みを感じられるよう、すだちを絞ってから塩を振って提供。身の水分を抜きながら1日半寝かせたタネを切り付けている。

ヤリイカ

江戸前・創作 さかえ寿司

千葉・稲毛海岸

ヤリイカのにぎり2種。上は見た目も華やかに見えるように隠し包丁を入れ、塩をふり、すだちをのせて提供。塩は広島・呉の海人の藻塩。下はヤリイカの糸づくり。ヤリイカを細く線状に切っていく。それをさらに細かく刻み、刻んだ大葉を加えて混ぜあわせる。これをすしダネにして握る。塩、ゴマをふる。取材時は神津島産のヤリイカ。

スルメイカ シャインマスカット添え

独楽寿司

東京・八王子市

人気のシャインマスカットをすしにしたい、しかも誰もが知っている人気素材と組み合わせたい、というコンセプトを元に、試行錯誤を繰り返して完成させた握りずし。シャインマスカットの爽やかな味わいが、スルメイカの淡白な味わいとマッチしている。

※現在は販売していません。

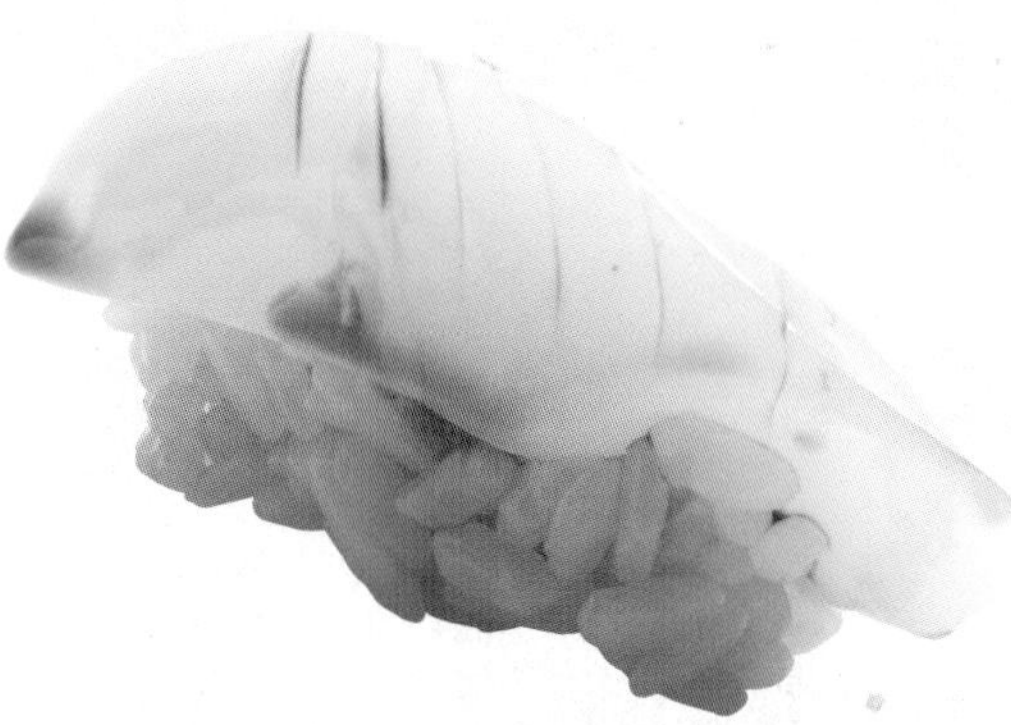

スミイカ

鮨 いしばし

大阪・茨木市

活けのものはイカそのものの味よりも歯ごたえの方が勝って感じられるため寝かせてから使う。取材時は淡路島産のスミイカで、3日間寝かせたもの。寝かせることにより甘みも増す。香り付けにのりをかませて握る。

水ダコ

弘寿司　宮城・仙台市

静川（三陸）の水ダコを使用。皿の左にあるのはヒマラヤの黒い塩の塊で、お客自身に削って振りかけてもらう。硫黄のような独特の香りがある塩で、水ダコによく合う。水ダコの上にのせている薬味は、干したタクワンを唐辛子とともに漬け込んで刻んだもの。

赤イカの印籠詰め

すし崇　長野・長野市

最近は提供する店が少ないだけに、かえってすし通などにも好評な「印籠詰め」。取材時は赤イカを使い、中に詰めるすし飯には煎りゴマ、かんぴょう、煮椎茸、エビのおぼろを混ぜ込んでいる。他にヤリイカを使い、時にはヒイカを用いた「小さな印籠詰め」も作る。

生ウニとイカ

キヨノ　福岡・福岡市

上に被せたヤリイカの下から生ウニがうっすら透けて見え、ワサビの彩りも加わり、見た目の美しいすし。イカを薄く切ることでウニと一体感のある味を工夫。

煮蛸

鮨 ふるかわ 麻布霞町　東京・六本木

つまみとして提供するタコの柔らか煮をすしダネとして提供。柔らか煮に煮ツメをかけ、すし飯を別添えに。タコのつまみ、タコのすしと一度で二度楽しめる。すし飯にのせた柚子が、香りのアクセント。

市松イカ

御鮨処 田口　神奈川・川崎市

富山産のヤリイカに切り込みを入れ、正方形に切りそろえた海苔を射込んでいく。さらに乾燥させた生海苔をのせ、磯の香り豊かな一品に。

エビ・カニのにぎりずし

エビは世界で3000種類あり、食べられるもので20種類あるといわれる。カニもズワイガニ、毛ガニといった本来の種類に加え、最近はブランドガニも増えている。それぞれの美味しさを活かした握り方や提供の仕方をし、お客の舌をとらえている。

天然車えび

紋ずし

東京・祐天寺

車エビは天然ものを使用し、1尾60g程度のものを仕入れる。取材時は熊本天草産。茹でた車エビは芝エビで作るオボロをかまして握る江戸前の仕事をきっちり守る。頭は半分に割って食べやすく、カリカリに焼いて添える。

車エビ

代官山 鮨 たけうち

東京・代官山

活けのまま仕入れたエビを、提供時にしめる。沸騰した鍋に身を入れるが、すぐに火を弱め茹でる。1分15秒という茹で時間にこだわり、仕上がりは半生の状態。表面のふわっとした食感と芯のプリプリ感が楽しめる。

車エビ

すし崇

長野・長野市

「黄身おぼろ」に漬けて熟成させたすしダネも用いる。黄身おぼろの材料は酢、砂糖、卵。火入れをして酢の酸味を飛ばした黄身おぼろに漬けて、素材にじんわりと味を入れていく。取材時の車エビは3週間熟成。噛むごとに車エビの甘みが染み出てくるような味わいだ。

海老パクチー

独楽寿司

東京・八王子市

見るからに食欲をそそられる、まるでタイ料理のように蒸しエビとパクチーを組み合わせた創作ずし。大きめサイズのブラックタイガー「ジャンボエビ」は食べ応えがあり、パクチーとの相性のよさはご存知の通り。

※現在は販売していません。

車エビ

博多たつみ寿司 総本店

福岡・中洲川端

使用するクルマエビはお客の目の前で殻をむき、生のまま握る。味付けは、大豆レシチンにゆず酢を加え泡立てたもの。エビの頭は素揚げにし、丸ごと一尾を味わってもらう。

車エビ

キヨノ

福岡・福岡市

熱湯に落として色出しした車エビは包丁の峰で叩いて味を染み込みやすくして、調味液に1～2分浸ける。

車エビは茹でて色出しし、氷水に取って殻をむく。包丁で叩いて紹興酒ベースの調味液に浸け、エビの甘みを引き立てる。布巾で水気を取り、すし飯にのせて本ワサビを。

牡丹海老

鮨処 有馬

北海道・札幌市

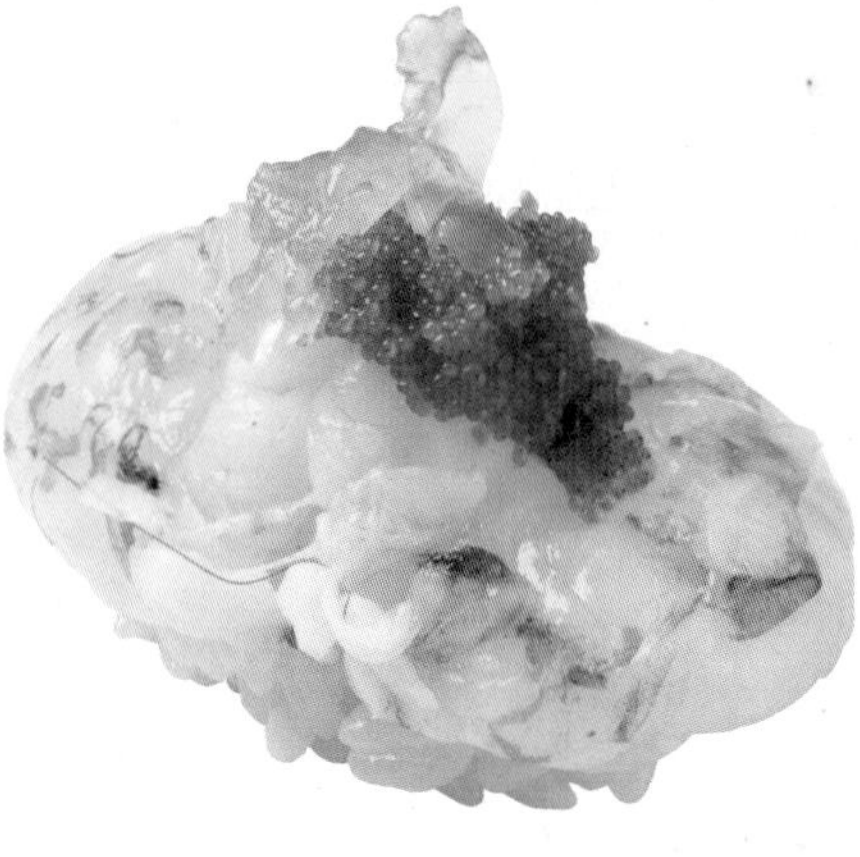

北海道南西部・噴火湾の子持ちボタンエビ。活けのまま仕入れ、身を軽く湯引きしてすしにする。唐子に握ったすしの上には卵と、頭部の目の奥にある旨みの強い身をのせており、ひと手間かけて価値を高める。

ボタンエビ

弘寿司

宮城・仙台市

“エビonエビ”として話題のすし。地のボタンエビにエビの卵、さらに素焼きにした小さなエビをのせる。ねっとりとした身に卵のプチプチ感と濃厚な旨み、カリカリの香ばしさを1カンに重ね、多層的に楽しませる。

甘エビ

江戸前・創作 さかえ寿司

千葉・稲毛海岸

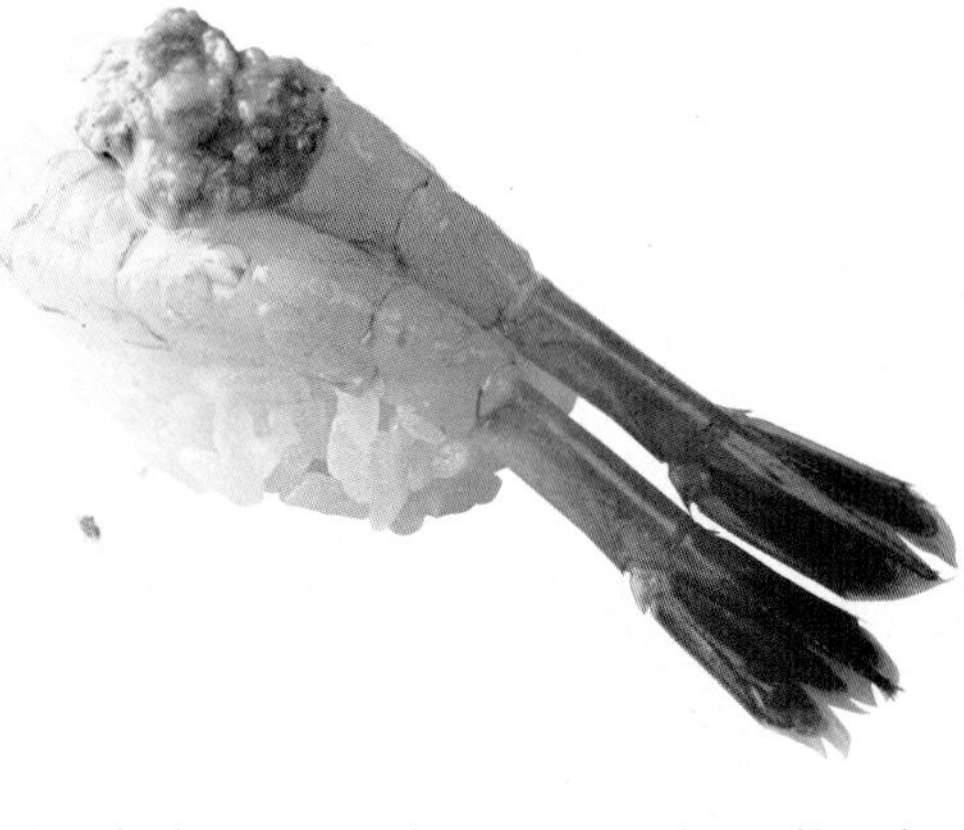

甘エビの殻をとり、丁寧に下処理して握る。甘エビの味噌に煮切り醤油、レモン汁を加える。混ぜ合わせ、旨みと甘みを引き出すために軽く煮詰める。これを天にのせる。仕上げにすだちを絞って、さっぱりと。

ボタンエビ

鮨 美菜月

大阪・北新地

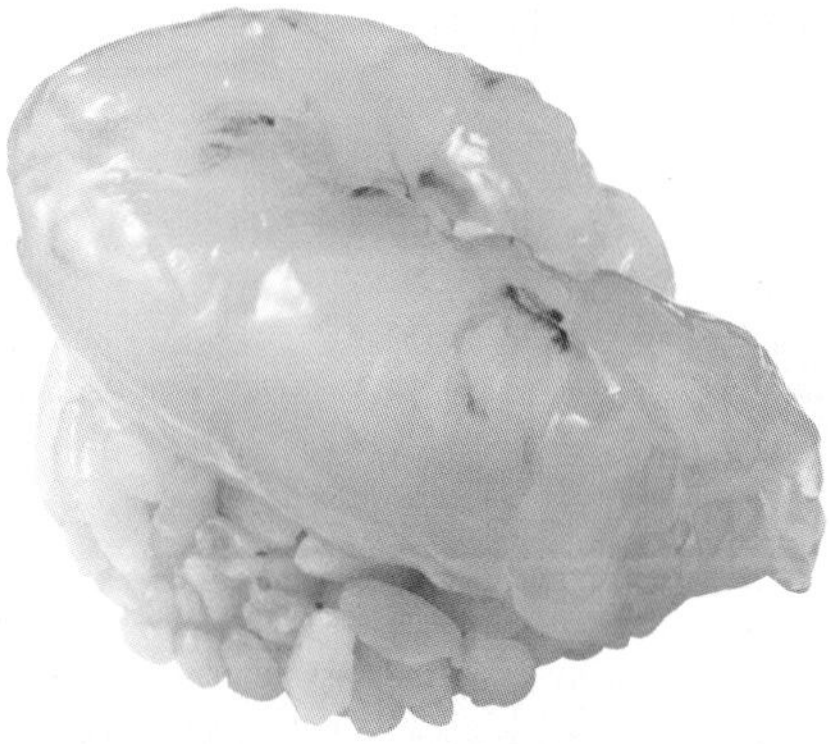

食べ進んだお客に出すすし。ボタンエビは頭、脚、殻と尾を取り、だし醤油に漬けてから握る。シャリはあえて温かいものに替えて、冷たいタネと温かいシャリで、ボタンエビの温度による味の変化を楽しませる。

甘エビ

鮨 いしばし

大阪・茨木市

特有のねっとりとした身を生かすため生で握る。天にのるのは甘エビの卵と味噌。この味噌は、甘エビの頭から絞り出した味噌を濾してから湯煎で少し固めたもの。甘エビは日本海でとれたものを使うことが多い(取材時は福井県三国産)。

毛蟹

鮨処 有馬

北海道・札幌市

茹でた毛ガニの身をほぐし、カニミソとともに混ぜておいたものを握る。北海道ならではのすしとして目的客を集める。すし飯の米はあきたこまちを使用。北海もののすしダネの風味に合うよう合わせ酢を調味している。

雲丹蟹ごはん

代官山 鮨 たけうち

東京・代官山

ボイルした北海道産の毛ガニの身の上に、塩水バフンウニをのせた。ウニの上にはカニミソとキャビアをのせ、煮きり醤油を合わせる。見た目も素材も贅沢な一品だ。

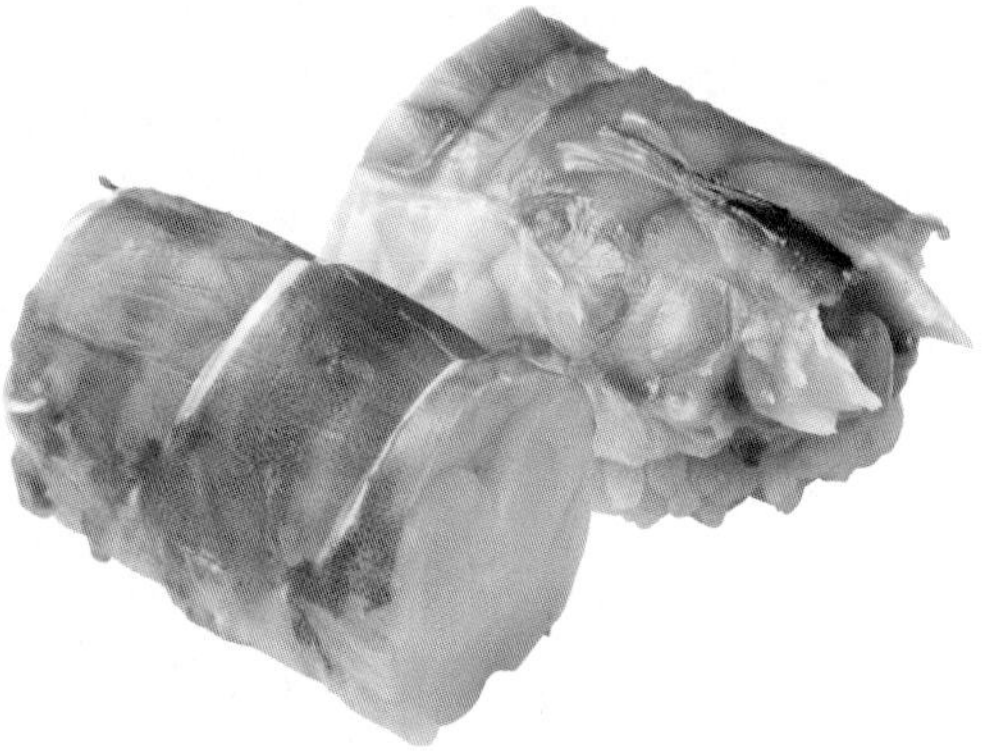

足赤エビ

鮨 美菜月

大阪・北新地

ミソの新鮮な味わいを楽しませるため、ミソのある頭のみを握り、身はつまみとしてそのまま出す。ミソは時間と共に劣化するので、仕入れたてをすぐにボイルして冷蔵。取り出して1時間半ほど置き、室温に戻してから握る。

白エビ

代官山 鮨 たけうち

東京・代官山

"富山湾の宝石"と言われる白エビを専門業者から直接仕入れる。すしダネとして10～13尾使う。白エビの甘みを味わってもらうため、塩味には少量のキャビアを合わせる。仕上げにすだちをかけ、爽やかな口当たりに。

白えび

紋ずし

東京・祐天寺

近年、市場に出回るようになった白エビは富山の特産として知られる。優しい甘みが特徴で、この甘さを活かし、昆布締めにしてほどよく水分を抜き、旨みものせてすしに。だし昆布では旨みが強すぎるため、白板昆布でむき身を挟み、2日ほど寝かせる。ねっとりとした身の食感も人気。

毛ガニ

鮨 島本

兵庫・神戸市

厳選する北海道産の活けの毛ガニで作るすし。塩茹でした毛ガニの身をほぐし、酢のジュレと和えてすし飯にのせる。甘めに仕上げた特製のジュレがカニのうまみを引き立てている。皿に盛り、花穂紫蘇を飾って目でも楽しめる一品に。

ワタリガニ

弘寿司

宮城・仙台市

清涼感のあるガラスの器を使い、ワタリガニのはさみも飾って、お客の目を楽しませる。ガラスの小皿にすし飯とワタリガニの身を盛って供し、スダチを絞って味わってもらう。ワタリガニは衛生面から一度冷凍したものを使用。

セコガニ

鮨 島本

兵庫・神戸市

セコガニの身、味噌、卵を使った贅沢な一品。すし飯と合わせ、煮切り醤油とすだちで味を調えてからひと口大に成形し、木の芽を添える。カニのうまみがギュッと詰まったすし。セコガニがとれる11月から2ヵ月弱にわたり提供。

毛蟹

すし屋のさい藤

北海道・すすきの

北海道に来たからにはカニをというお客に人気のすしダネ。浜茹での毛ガニを握り、ミソものせ、身の甘味、ミソの濃厚な味を1つのすしで味わってもらう。

ズワイガニ

弘寿司

宮城・仙台市

ズワイガニの身の上に、薄くスライスしたアスパラガスをのせている。赤と緑の色のコントラストが美しく、味わいの相性も良い。ズワイガニとアスパラガスの間には、自家製マヨネーズをしのばせて、若い人向きのおいしさを工夫している。

回転寿司、
The
New
Style
あらゆる業態のお客様をお手伝いいたします
回転寿司店舗、国内外7,000店越の納入実績
ADWS 寿司皿自動洗浄ライン
皿の漬け置き・洗浄・選別を自動化
かるベア
軽量簡単催事用コンベア
特急レーン
席まで商品を特急トレーが搬送
自動精算システム OAISO3
皿に近づけ価格を瞬時に読み取り
ISHINO GROUP
JAPAN
21世紀の食文化を拓く・・・・石野グループ
北日本カコー株式会社
TEL 076-277-1230
FAX 076-277-3101
http://www.ishino-group.com
石野グループ

ウニ・イクラ・珍味のにぎりずし

ウニやイクラは軍艦巻で提供するすし店が主流だったが、今、にぎりずしにしたり、小鉢で提供するなど新しい魅力をつくり出してきている。アン肝や白子といった珍味類のすしも、提供法や調理法にいろいろな工夫を加え、お客に喜ばれている。

ウニ

鮨 美菜月

大阪・北新地

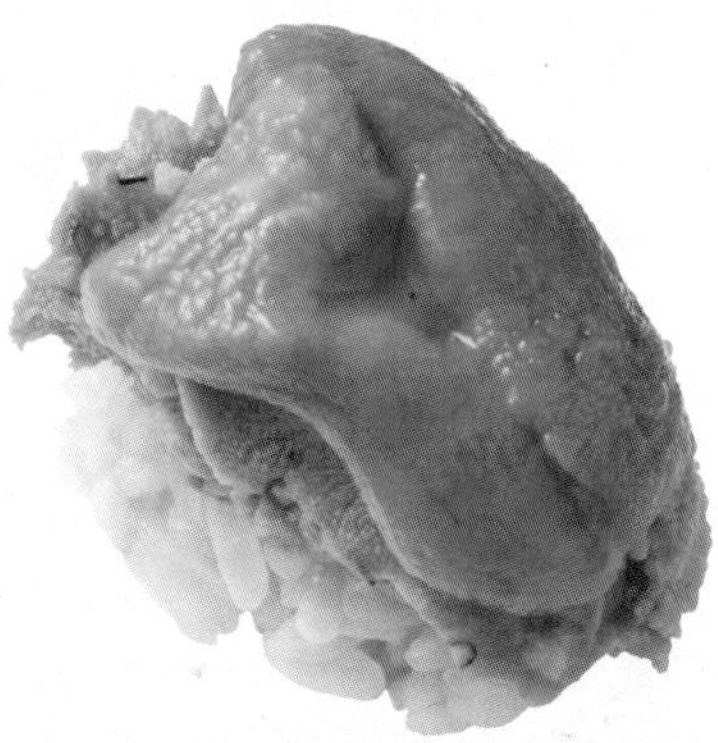

常時4種、夏期には8～9種類のウニを揃える同店。ここでは、コクのある北海道産バフンウニと、味わいの強い徳島産ムラサキウニの2種類を組み合わせ、お互いの足りないところを補い、より魅力の高いすしに仕上げた。

ウニ

鮨 ふるかわ 麻布霞町

東京・六本木

皿全体に削った岩塩をふりかけ、フォトジェニックな一皿に。ウニに塩を合わせることで、ウニの持ち味である甘みが引き立つ。塩にはミネラルや鉄分が多く、塩辛さのないアンデス山のピンク岩塩を使用する。

うに

鮨処 ともしげ

宮城・仙台市

撮影時は北海道産の箱物のバフンウニを軍艦巻きに。夏場には地元のムラサキウニを使い、殻から取り出した身とすし飯を混ぜて殻に戻し、醤油をちょっとたらして食べてもらう。これが人気を呼んでいる。

ウニ

都寿司本店

東京・日本橋蛎殻町

粒の立ったウニは握りに、粒がややとろけたウニは軍艦巻きにと、状態によってすしの形は変える。取材時は北海道産のバフンウニ。鮮やかな黄金色が目にも美しい。

ウニ

すし崇

長野・長野市

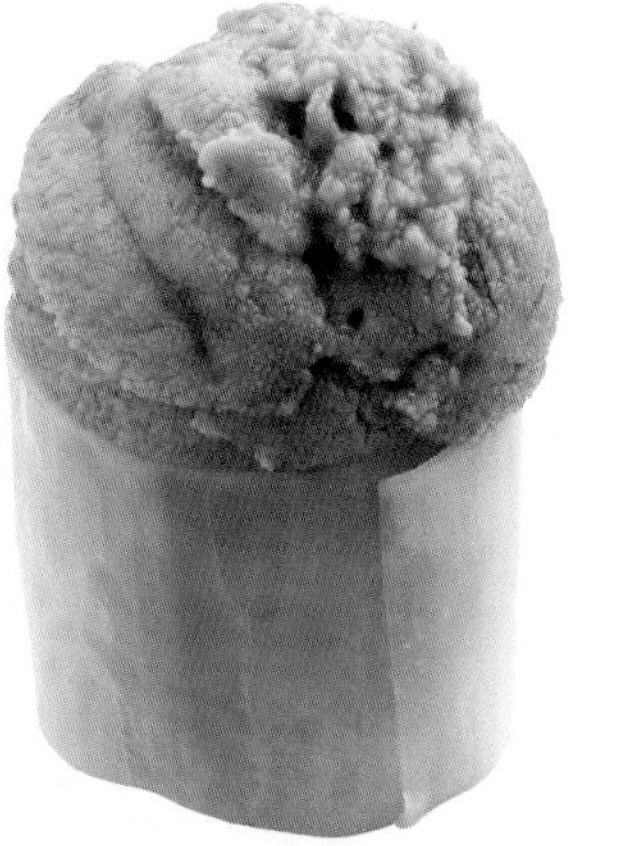

修業先の「翡翠巻き」のスタイルでウニを提供。すし飯をキュウリで巻き、その上にウニをのせる。キュウリは皮を剥いて青臭さを除くことで甘さが立ち、ウニの香りも引き立つ。ウニの滑らかさと、キュウリのシャキシャキとした食感の対比も楽しめる。

筋子

代官山 鮨 たけうち

東京・代官山

季節で内容が変わる同店を代表するにぎりメニューのひとつ。1時間、塩漬けした鮭のスジコに煮きりを合わせ、上から柚子の皮をすりおろし振りかける。濃厚なのにさっぱりとした味わいだ。

イクラ

鮨 美菜月

大阪・北新地

イクラを温度玉子と見立ててつくった蒸しずし。日本料理の技法を活かし、昆布だしで生臭くないイクラができるようになった時に考案。温度を上げても生臭みが出ないので、蒸しずしにして提供することが可能になった。

イクラ

江戸前・創作 さかえ寿司

千葉・稲毛海岸

すし飯に有塩バターを溶かし、さらに少量の醤油を加えてバター醤油風味に。その上に、北海道根室産のイクラをたっぷり盛った小丼。イクラの上にわさびをのせて出す。

イクラ

鮨 島本

兵庫・神戸市

筋子をほぐす際に湯を使うことなく、水もほとんど使わずに指でほぐすことで本来の味を生かしつつ、立て塩に漬けてねっとりとした食感を引き出す。仕上げに煮切り醤油をぬり、振りゆずで香りを添えた。北海道中標津町の『川村水産』の筋子を好んで使用している。

あん肝のにぎり

代官山 鮨 たけうち

東京・代官山

茨城県沖であがったアンコウの肝を塩でしめて、甘めの煮汁とともに蒸し器にかける。蓋を完全に閉めず、低温で火を通していくことがポイント。16gを贅沢に握っていく。

イクラ

すし崇

長野・長野市

「味噌たまり」の地に漬けた、香り豊かなイクラを軍艦巻きに。地は味噌たまりの他に日本酒や昆布、アゴだしを合わせており、取材時のイクラは2週間漬けたもの。同店は、魚は全国各地から仕入れ、一方で、味噌たまりやくるみ醤油などの調味料で地元の名産品を使っている。

あん肝

鮨 島本

兵庫・神戸市

酒肴や巻きものでも提供するタネ。北海道余市産のアンコウの肝を好んで使用している。肝は臭みをとる処理をした後、甘辛く炊き上げる。仕上げに煮ツメをぬり、振りゆずで香りを添えた。ねっとりとクリーミーなあん肝が口の中に広がり、目もほころぶ。

あん肝

鮨 ふるかわ 麻布霞町

東京・六本木

あん肝の上にすし飯、たくあん、おかか、トビコをのせ、ポン酢をかける。あん肝を下、すし飯を上にのせることで、すし飯を食べた後もあん肝を酒肴として楽しむことができる。

助子の握り

御鮨処 田口

神奈川・川崎市

取材時は北海道・噴火湾産のスケソウダラを使用。カツオ節と真昆布からとった一番だしに淡口醤油と味醂を合わせ、助子を煮る。握る前にある程度、形を作っておくと握りやすい。

フグの白子

博多たつみ寿司 総本店

福岡・中洲川端

トラフグの白子を25g使用。白子は醤油と酒で作った漬け醤油に2時間漬け込む。白子とすし飯の間には海苔をはさみ、クリーミーな味わいを引き立たせる一方、鴨頭ネギやポン酢大根おろし、紅葉おろしをのせ、濃厚な味をさっぱりとさせる。

アナゴのにぎりずし

アナゴは代表的な煮物ダネ。名物、売りものにしている店も多い。煮方も独自の方法を施し、個性を発揮している。煮つめや塩で提供するのが一般的だが、天に添える薬味に変化をつけたり、生ダネで握るなど、バラエティーのある味づくりが行なわれている。

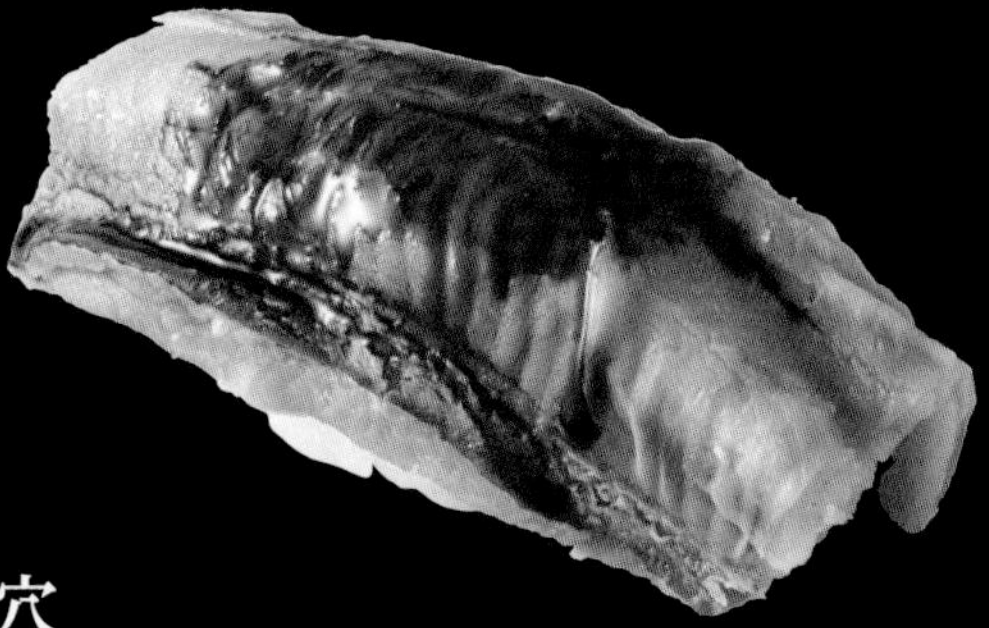

穴子

都寿司本店
東京・日本橋蛎殻町

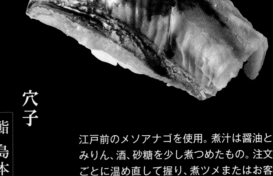

江戸前のメソアナゴを使用。煮汁は醤油とみりん、酒、砂糖を少し煮つめたもの。注文ごとに温め直して握り、煮ツメまたはお客の好みに応じて塩で味を仕上げる。生臭みが出ないよう煮汁は継ぎ足しせず、その都度合わせている。

穴子

鮨 島本
兵庫・神戸市

「脂ののり方が全然違うから」と、対馬沖でとれるアナゴを厳選。薄味のだしで煮る、提供前に蒸し上げる、炙る、という3段階の調理を施している。アナゴの煮汁で作った煮ツメをぬり、山椒を振って提供。

アナゴ

弘寿司
宮城・仙台市

アナゴは脂がのってくると皮目が黒くなる。しっかりと脂ののった黒皮のアナゴを使い、酒と塩、味醂、焼いた中骨を加えてさっと白煮にする。頭側は軽く炙って握り、旨みのより強い尾側は炙らず握り、提供する。

穴子

鮨 かの
東京・一之江

店の人気メニュー。築地の穴子専門店から脂ののった"上穴子"を仕入れる。丁寧に煮た後、提供前に備長炭で炙って香ばしさを。半分に切ってツメを塗り、片方は塩ワサビ、もう片方は山椒をかけて味の違いを楽しませる。

あなご

鮨処 ともしげ
宮城・仙台市

素材のよさを味わってもらうため、醤油と味醂、酒で調える煮汁はさっぱりとしている。アナゴの煮汁は冷凍し、次にアナゴを煮るときにも使用することで、旨みが増す。炙った香ばしさもまたアナゴ本来の味わいを引き立てる。

煮穴子

博多たつみ寿司 総本店
福岡・中洲川端

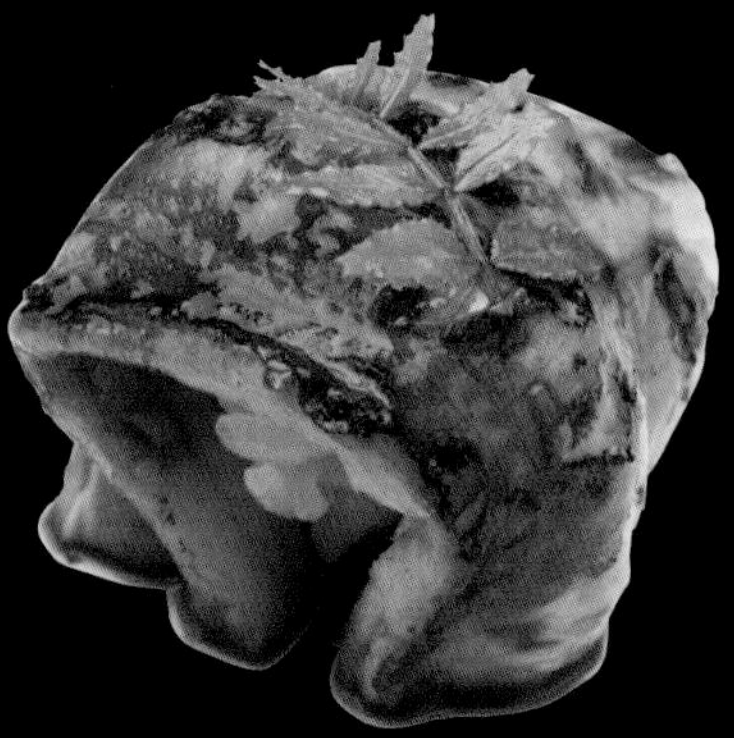

アナゴの半身を贅沢に使用する。取材時は1カンに長さ12㎝のもの使い、すし飯を包むように握る。アナゴは提供前に皮面を軽く炙り、香ばしさをプラスした。仕上げに木の芽をあしらう。

穴子の甘えびペースト炙り

御鮨処 田口
神奈川・川崎市

煮アナゴの上に、甘エビのペーストを塗り、オーブンで3分焼く。甘エビのペーストは淡口醤油、砂糖、酒で味付けしてある。焼き上がったら甘エビの卵をあしらい、バーナーで卵を炙って焼き目を付ける。

穴子の塩糀漬け

御鮨処 田口
神奈川・川崎市

地元・神奈川の小柴港で獲れるアナゴを開いて水洗いし、ぬめりを取ってから、生のまま一晩、塩糀に漬けておく。提供時にオーブンで表面に焼き目が付くくらい火を通す。彩りにオクラをあしらう。

生穴子

鮨 巳之七
福岡・薬院大通

取材時は500ｇにもなる姪浜産のアナゴを使用。鮮度にこだわり、握る数時間前まで生きていたものを使う。タイのワタの塩辛とカツオの酒盗を黄身で練った"酒盗餡"をのせる。

生穴子

博多たつみ寿司 総本店
福岡・中洲川端

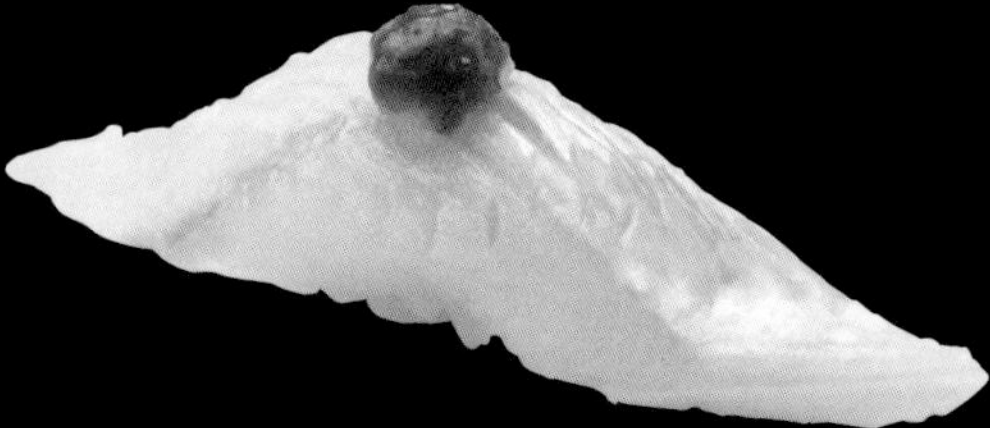

朝獲れのアナゴを生のまますしに。タイの肝を細かく叩いたものに、塩と酒を加え1週間寝かせた"鯛のわたの塩辛"を合わせる。

玉子焼き

甘みのある玉子焼きは、デザートのように仕上げに食べる客が多い。大きく分けると、すり身などを入れて焼く伝統の薄焼き玉子と、だしを加えて焼く厚焼き玉子に分かれる。それに加えて形を変えたり、調理法に変化をつけ、魅力アップを図っている。

玉子焼きの巻きずし
すし崇 長野・長野市

江戸前の玉子焼きで作る巻きずし。卵にホタテ、タイ、芝エビのすり身とヤマトイモを合わせた生地を、炭火の遠赤外線も使って焼き上げる江戸前の玉子焼きを、子供客がいる場合などは巻きずしにして提供している。

玉子ミルフィーユ
御鮨処 田口 神奈川・川崎市

“本格デザート”になるすしを開発。卵液にはリンゴのすりおろしと砂糖、淡口醤油で味を付ける。玉子は側面に切り込みを入れ果物を挟む。取材時はイチゴとキウイ。すし飯は卵白のメレンゲの下に射込んでいる。

玉子
都寿司本店 東京・日本橋蛎殻町

鞍かけにした美しい玉子は、卵に魚のすり身とエビのむき身を加え、よく攪拌したのち、時間をかけてじっくり焼き上げる伝統の仕事を踏襲。しっとりと焼き上がった玉子を鞍かけで握り、食べやすく半分に切る。ほどよい甘さで〆のすしにふさわしい味。

玉子
代官山 鮨 たけうち 東京・代官山

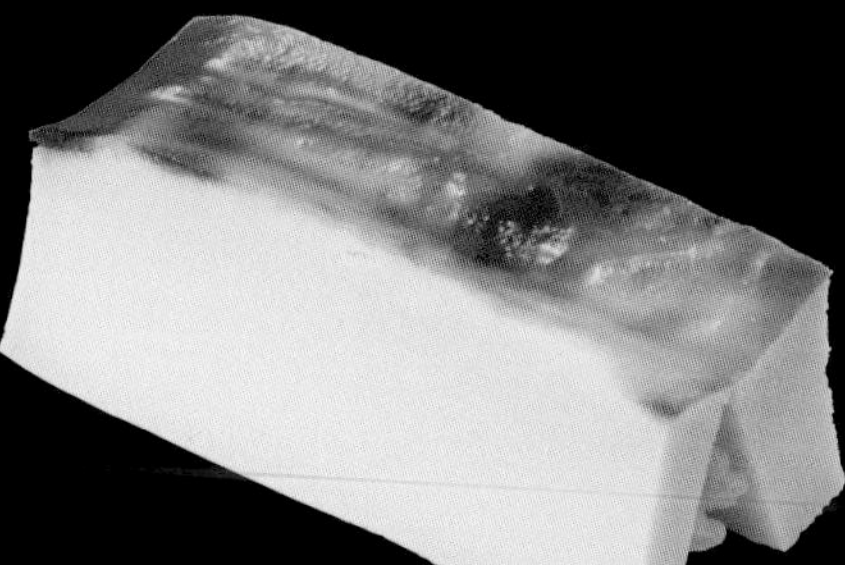

コースの最後にデザート感覚で食べてもらう。銅板で弱火でじっくり火を通していくため、スフレのような滑らかな食感になる。同時に表面は炭火で1時間焼き、綺麗な焼き目をつけ、すし飯を射込む。

たまご
博多 たつみ寿司 総本店 福岡・中洲川端

玉子の味付けは醤油と砂糖のみとシンプル。玉子の巻き目に添って切れ目を入れ、中央を斜めにカットすることで飾りを施す。すし飯は射込みで少量挟み、海苔を巻く。これを半分にカットして提供する。

貝類のにぎりずし

すしダネに使う貝の種類は多い。アカガイ、ミルガイ、アオヤギ、ハマグリ、ホタテ、アワビ…といった馴染みのある貝類のほか、全国各地に独特な貝類があり、それぞれ人気が高い。生ダネ、炙り、煮物ダネ…など、味わい方もいろいろあり、面白い。

赤貝

鮨処 ともしげ

宮城・仙台市

宮城・閖上のアカ貝は、身とヒモをにぎりと軍艦巻きでそれぞれ提供。身は縁に飾り庖丁を美しく入れ、貝のコリコリとした食感を味わってもらう。ヒモをのせる軍艦巻きには有明産のやわらかい海苔を使用。香りに少しネギをのせる。

赤貝

弘寿司

宮城・仙台市

香り高い地ものアカ貝を使い、さっと薄いだし醤油にくぐらせてから握る。細切りのキュウリと白ゴマをアクセントに。同店のすし飯は甘みを入れた白酢、甘みを入れない赤酢の二種を用意し、アカ貝には白酢を使う。彩りに銀箔を散らす。

帆立

鮨処 有馬

北海道・札幌市

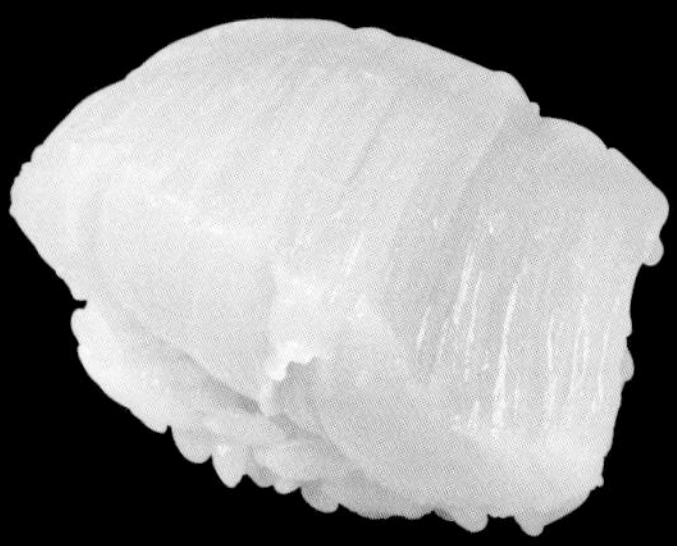

名産として知られる北海道・野付の天然ホタテ。貝柱を手で割いたものをそのまま握る。大ぶりな貝柱の半分を1カンに使い、さらにすし飯とホタテの間に海苔をかますことで、肉厚なホタテの味をより引き立たたせる。

煮ホタテ

都寿司本店

東京・日本橋蛎殻町

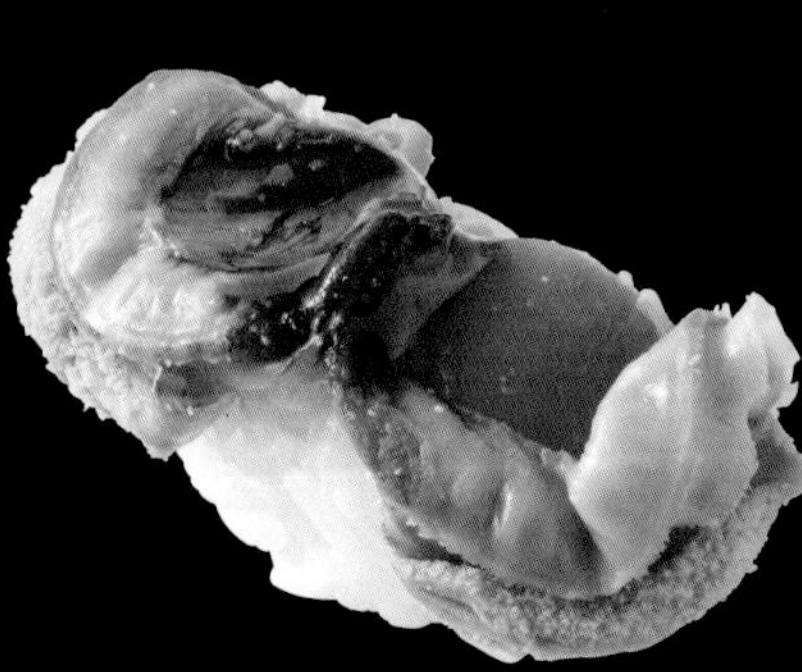

煮ホタテも古い仕事の一つで、小ぶりのホタテを使い、さっと煮て煮汁に漬け込んでおく。同店では生のホタテもすしにするが、手をかけたすしダネを好む人も多いという。漬け込みのホタテは身を横半分に開いて握り、煮ツメをぬって供する。青森県陸奥産のホタテを使用。

生搾りホタテ

独楽寿司

東京・八王子市

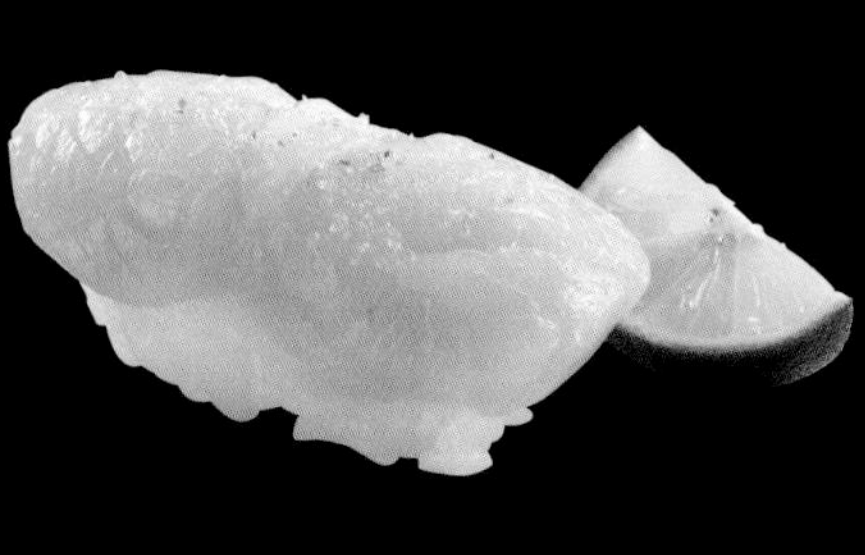

生搾りサワーの感覚で、そのまま柑橘を搾って食べるカルパッチョのようなすしが発想の出発点。試行錯誤の結果、新鮮なスダチの果汁がホタテの甘みを引き立てることを発見。酒の味わいを生かすつまみとしても人気に。
※現在は販売していません。

煮鮑

博多たつみ寿司 総本店

福岡・中洲川端

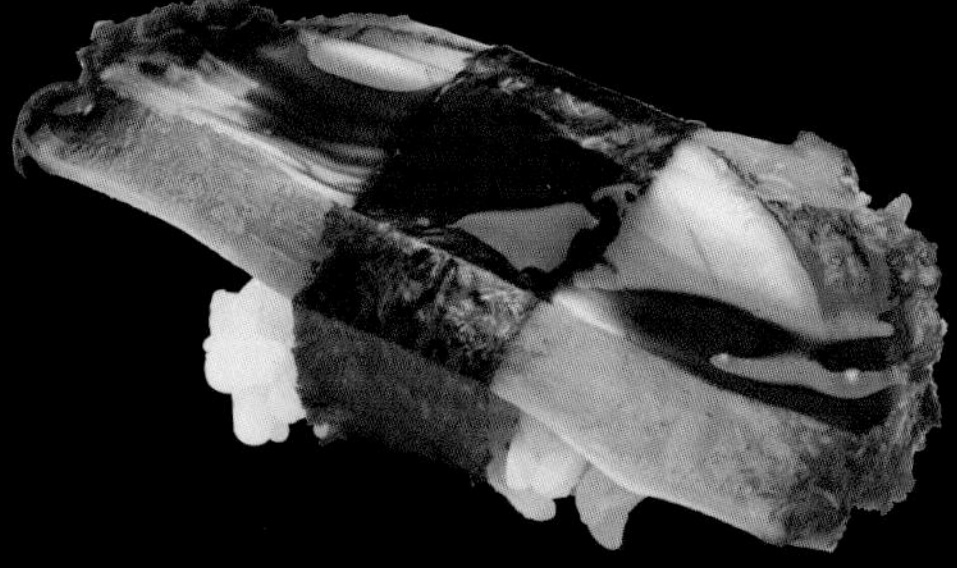

玄海灘のアワビを13g使用。濃口醤油、砂糖、酒、味醂とともに5時間かけて低温でじっくりと煮る。提供時には表面に細かく切れ目を入れ、食べやすく、後から塗る煮ツメがしっかりと染み込む工夫を施す。

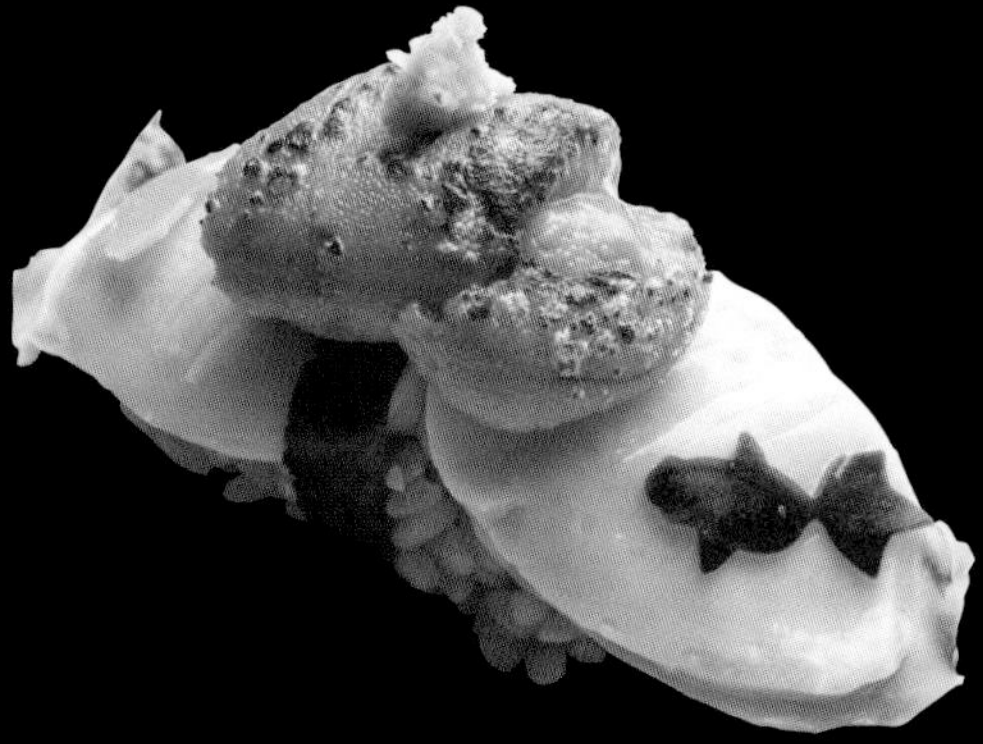

宮城産のエゾアワビを使用。甘みを使わない赤酢のすし飯で握り、ウニに塩をふる。震災後、身がやせていると感じたアワビに何か補おうと、海の中でエサが同じウニをのせたところ、その相性のよさで定番となった。

アワビ

江戸前・創作 さかえ寿司

千葉・稲毛海岸

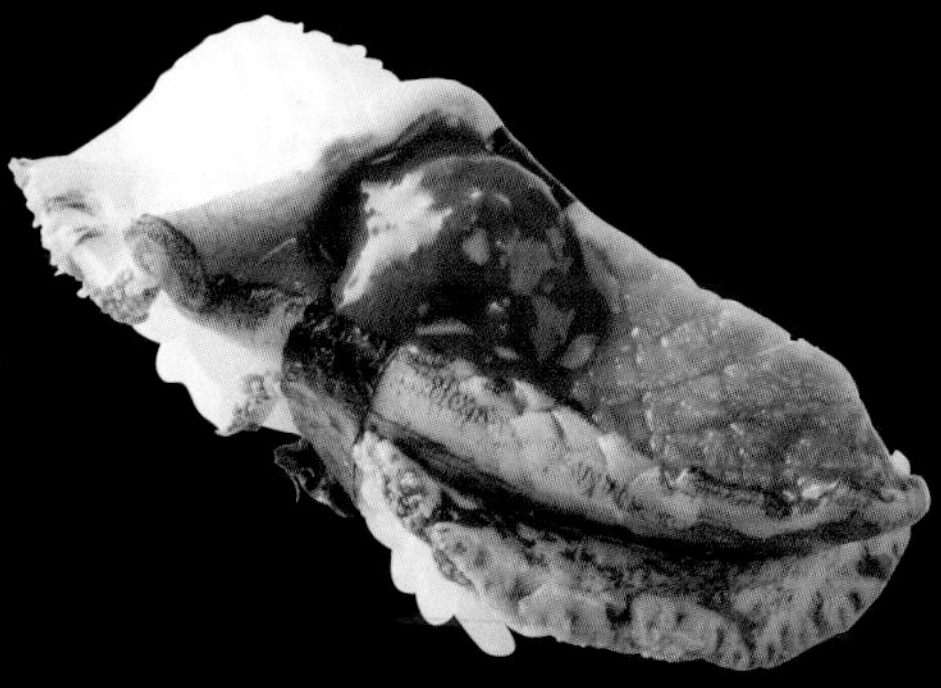

北海道産のエゾアワビを使用。アワビに細かく包丁を入れて握る。アワビの肝、北海道産白味噌、土佐酢を混ぜ合わせて、アワビの天にのせる。食べやすように細くカットした海苔２枚でくるむようにして提供。

椎茸と昆布でだしを引き、沸騰させた中にアワビを入れて２分炊く。切りつけてすし飯にのせてギュッと押し、一緒に炊いたアワビの肝、海苔の佃煮をのせる。

焼きずし 【アワビ・蒸しエビ・ウニ】

弘寿司

宮城・仙台市

常連客向けに、ちょっと変わったすしを出したいときに作る。アワビの殻にアワビ、蒸しエビ、ウニ、高菜漬けを混ぜたすし飯を盛り、香ばしく焼き目をつけ、焼

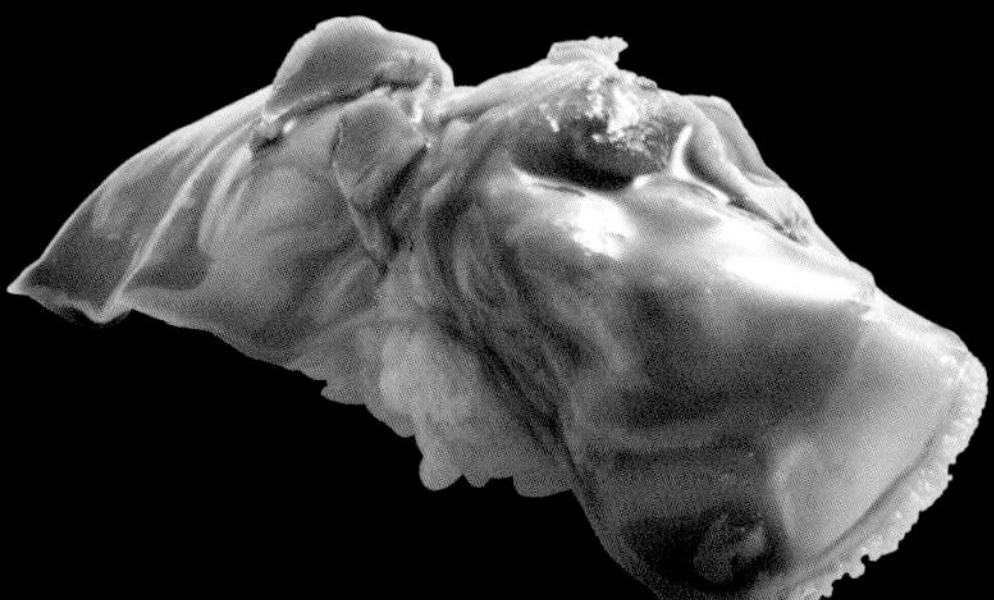

煮ハマグリ

鮨 いしばし

大阪・茨木市

ハマグリの煮汁に淡口醤油、砂糖、料理酒を入れて煮浸し用のだしを作り、半茹でにしたハマグリを入れて一昼夜漬け置く。身がかたくならないよう、中にじんわりと火を入れていく作業だ。仕上げに煮ツメをぬって提供。

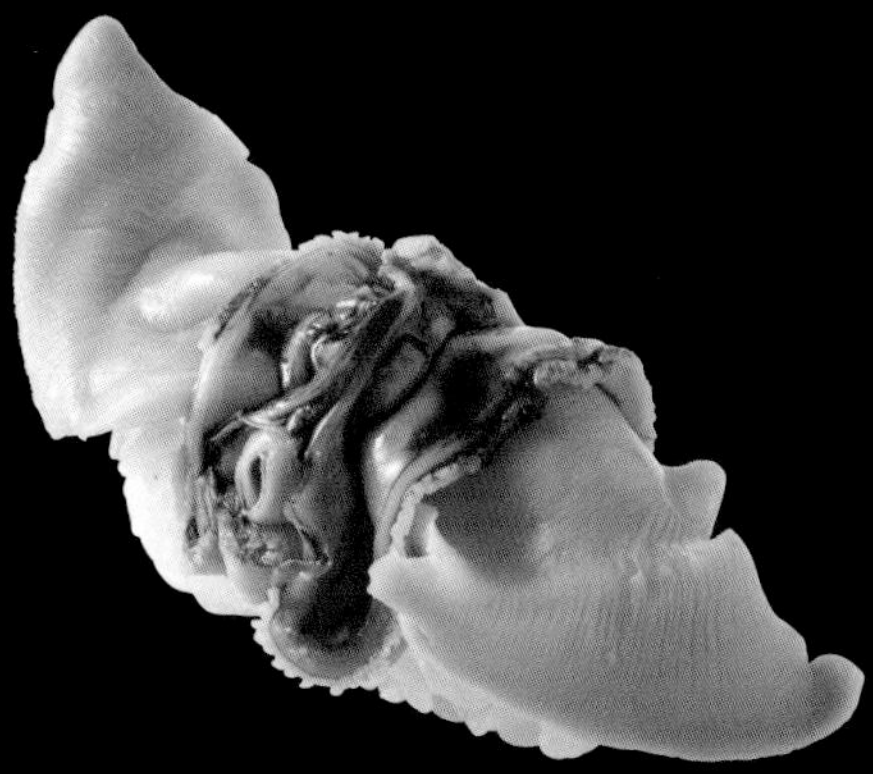

煮ハマグリ

都寿司本店

東京・日本橋蛎殻町

伝統的な煮物ダネのひとつ。ぷっくりと身の厚いハマグリを使い、身が固くならないようさっと煮て、煮汁に漬ける"漬け込み"にする。煮汁は穴子、ホタテともにほぼ同じ配合で、醤油とみりん、酒を同割に砂糖で甘みを調整する。

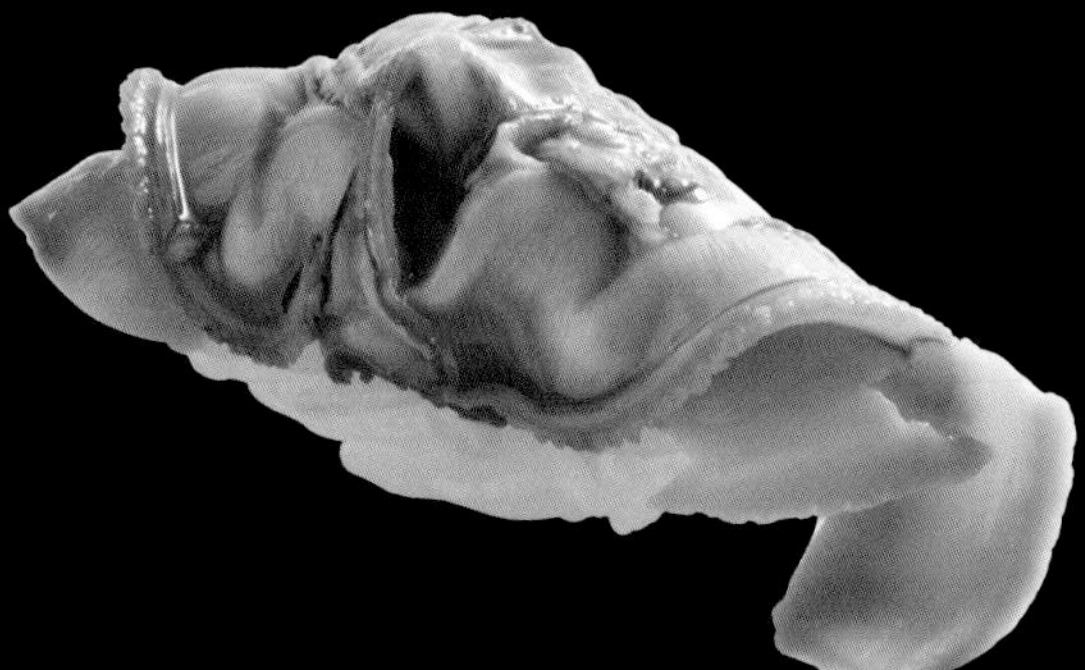

煮ハマグリ

鮨 島本

兵庫・神戸市

身がかたくならないよう完全に煮るのではなく、ハマグリの煮汁で作った温かい地に数時間漬け込むことで身に火を入れる。食べたときにゆずが香るよう、天ではなくすし飯の上にゆずをすっている。仕上げに煮ツメをぬって提供。

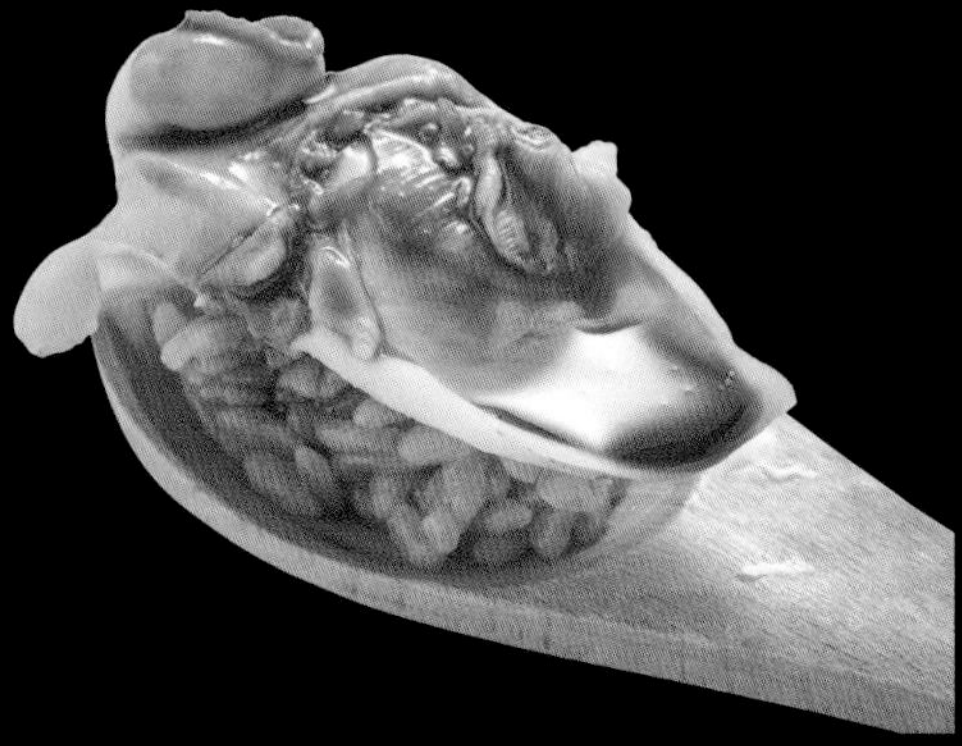

ハマグリ

弘寿司

宮城・仙台市

ハマグリを煮るのではなく、焼いてタレをかける。焼いたハマグリならではの心地よい食感を楽しめる。海苔の風味は必要ないため、軍艦巻きにはせず、木のスプーンにのせて提供している。

ハマグリ

すし崇

長野・長野市

茨城・鹿島灘の天然のハマグリを使用。ハマグリは、スチームコンベクションオーブンを使うことで、「以前は出せなかった食感を出せるようになった」という。日本酒と水の同割でさっと茹でた後に、スチコンを使って30〜40分、低温で火入れをする。

吸付きはまぐり

紋ずし
東京・祐天寺

ハマグリは「漬け込みではなく温かい状態で出したい」と、注文が入ってからさっと煮上げて握る。ハマグリを煮る煮汁は湯に酒と塩を加えたもの。ハマグリのだしが溶け込んだ煮汁は茗荷や貝割れ菜、柚子を加えてお椀にし、すしに添えて出す。煮立てのハマグリは身もふっくら。温かいうちに握り、煮ツメをぬる。ハマグリのおいしさを余すところなく味わってもらう趣向が人気。

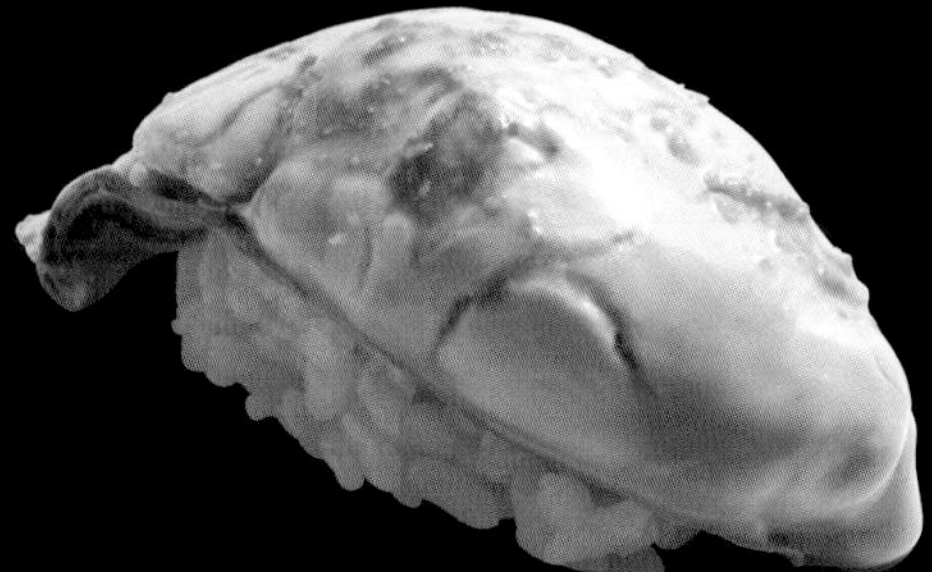

煮カキ

鮨 いしばし
大阪・茨木市

カキの身がかたくならないよう、炊くのではなく煮浸しにする。加熱用のカキを使い、熱湯をかける作業を4回程度行うことで、生のようなとろける食感のカキができる。ゆずをすり、すだちを絞り、煮切り醤油をぬって提供。取材時のカキは北海道仙鳳趾産。

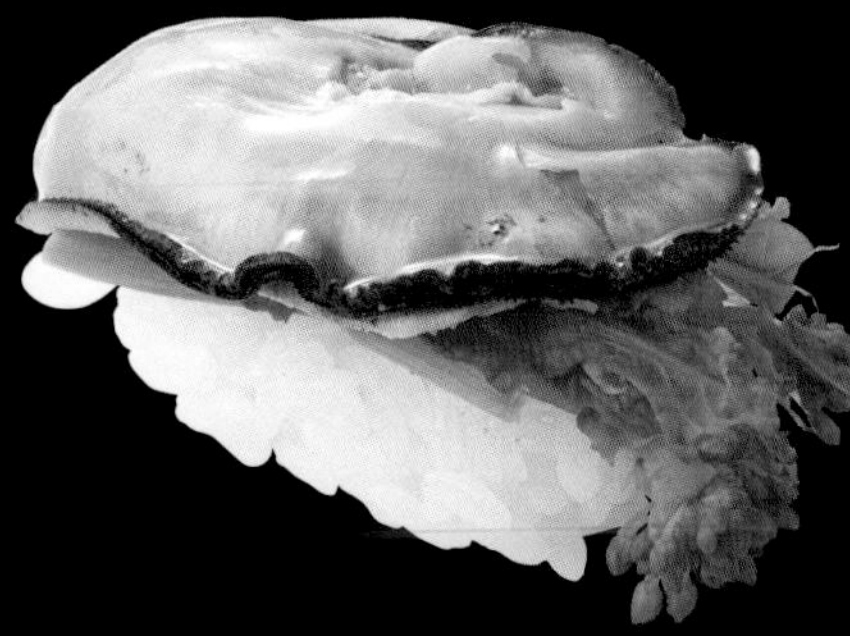

カキの菜の花ペースト

御鮨処 田口
神奈川・川崎市

春の訪れを感じさせる1カン。北海道産のカキを丸ごと1個白ワインで蒸し、半分に切りつけ握る。蒸し時間は身の大きさによって変わるが、取材時は6分。すし飯の間には塩ゆでし、下味をつけた菜花をはさむ。

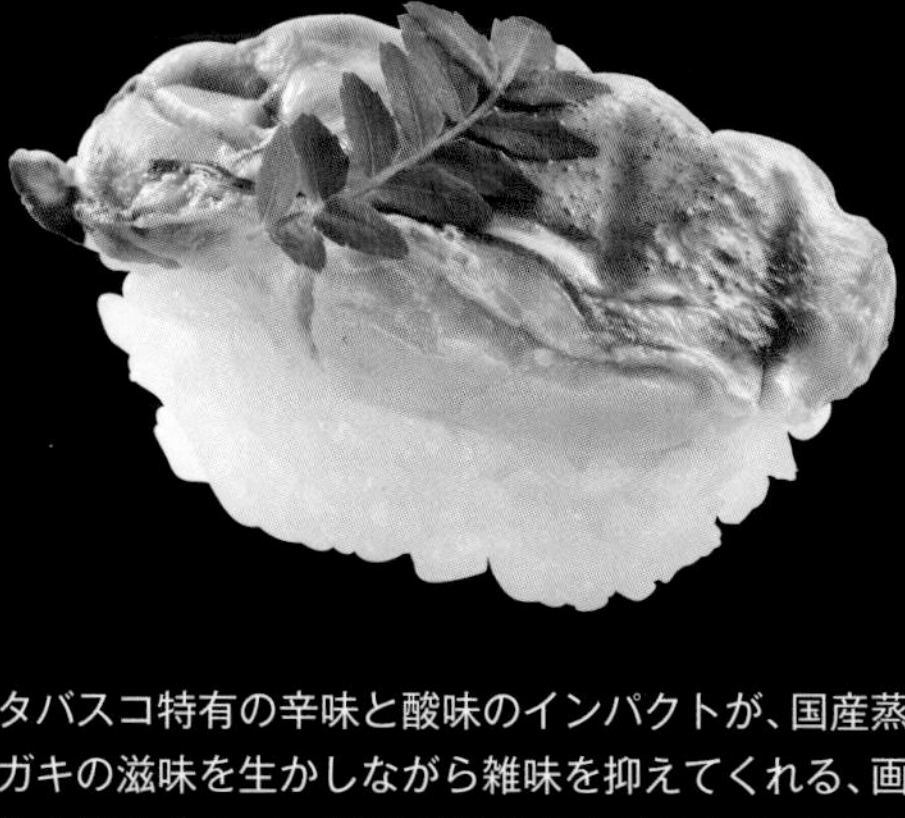

タバスコオイスター

独楽寿司
東京・八王子市

タバスコ特有の辛味と酸味のインパクトが、国産蒸しガキの滋味を生かしながら雑味を抑えてくれる、画期的な組み合わせ。煮切り醤油のまろみと木の芽の香りが、味わいをより複雑なものにしている。
※現在は販売していません。

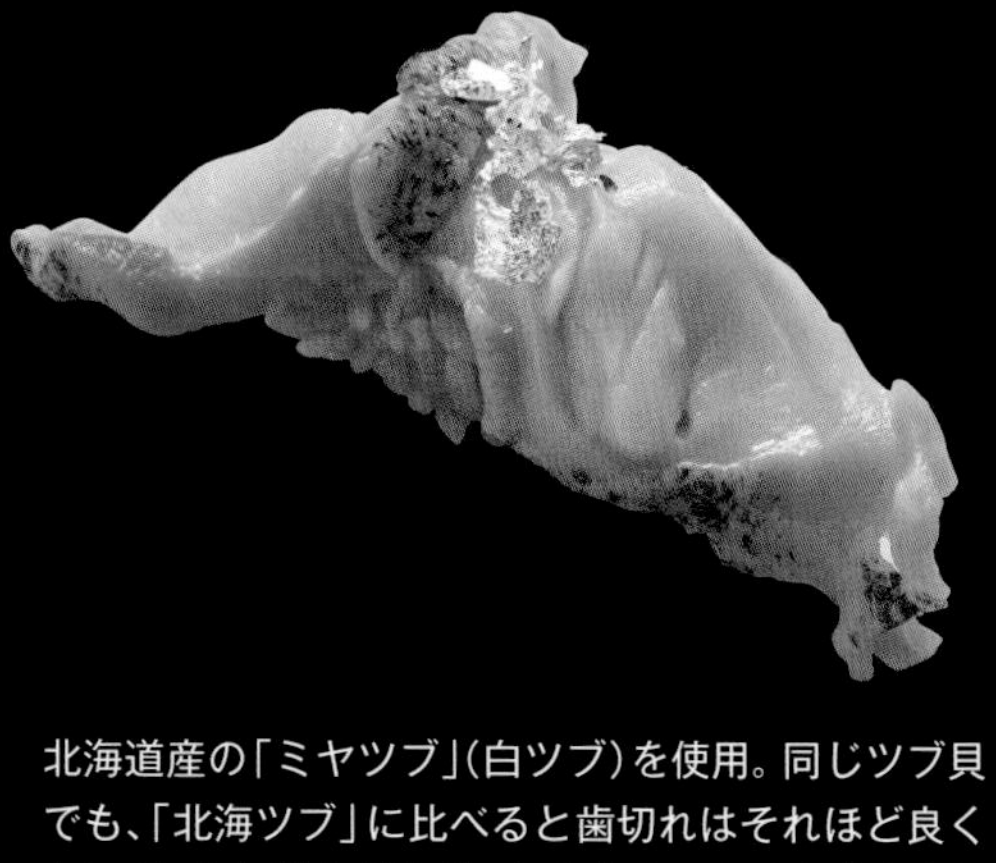

ミヤツブ

弘寿司
宮城・仙台市

北海道産の「ミヤツブ」(白ツブ)を使用。同じツブ貝でも、「北海ツブ」に比べると歯切れはそれほど良くないが、身に弾力があり、噛み応えのある食感を楽しめるという。華やかさを加えたい時には、金箔だけでなく銀箔もあしらう。

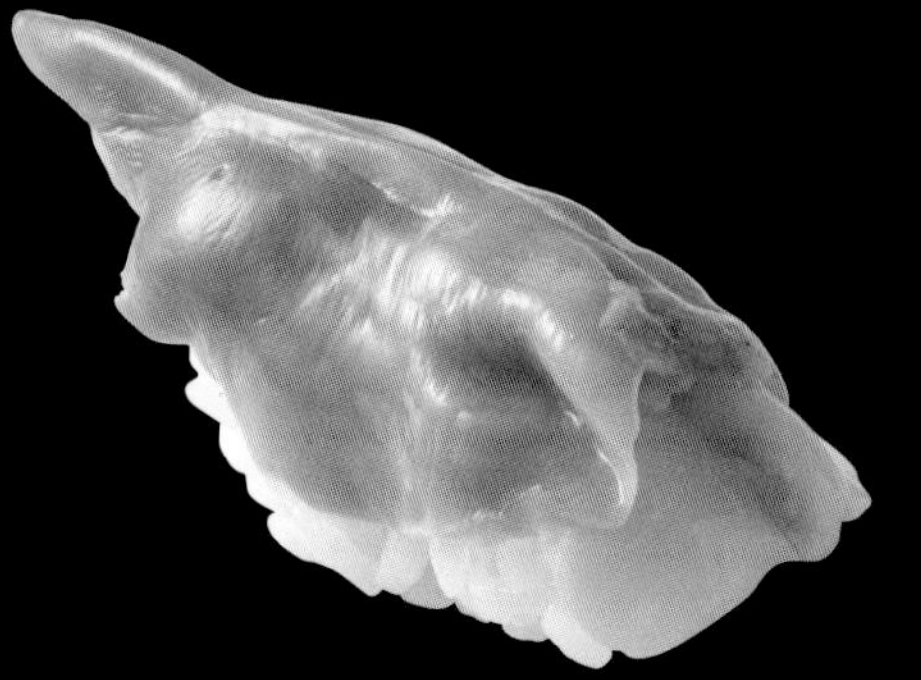

アオヤギ

都寿司本店　東京・日本橋蛎殻町

独特の磯の香りと貝特有の歯応えが好まれるアオヤギ。さっと酢で洗うことでクセが抜け、香りよく仕上がる。活きのよさを表現するように先をはねらせて形のよいすしに。

タイラ貝

すし崇　長野・長野市

愛知・知多半島のタイラ貝。活きが良いタイラ貝を厳選している。保存の際は冷え過ぎると貝が弱ってしまうため、温度管理にも細心の注意を払い、タイラ貝ならではの食感と風味を堪能してもらえるようにしている。スダチと塩で仕上げて供する。

ホッキ貝の焼きずし

弘寿司　宮城・仙台市

貝の殻にすし飯とすしダネを合わせたものを盛り、下から焼いて香ばしい焼き目も味わってもらう。写真はホッキ貝で、ラディッシュと三つ葉で彩りの良さも工夫。他にタコやアワビなどの「焼きずし」も提供している。

小柱

鮨 島本　兵庫・神戸市

「このすしはタネの仕入れがポイント」という店主。小柱の中でも粒の大きい「大星」と呼ばれる種類を北海道から仕入れている。コリコリとした食感が楽しい一カン。

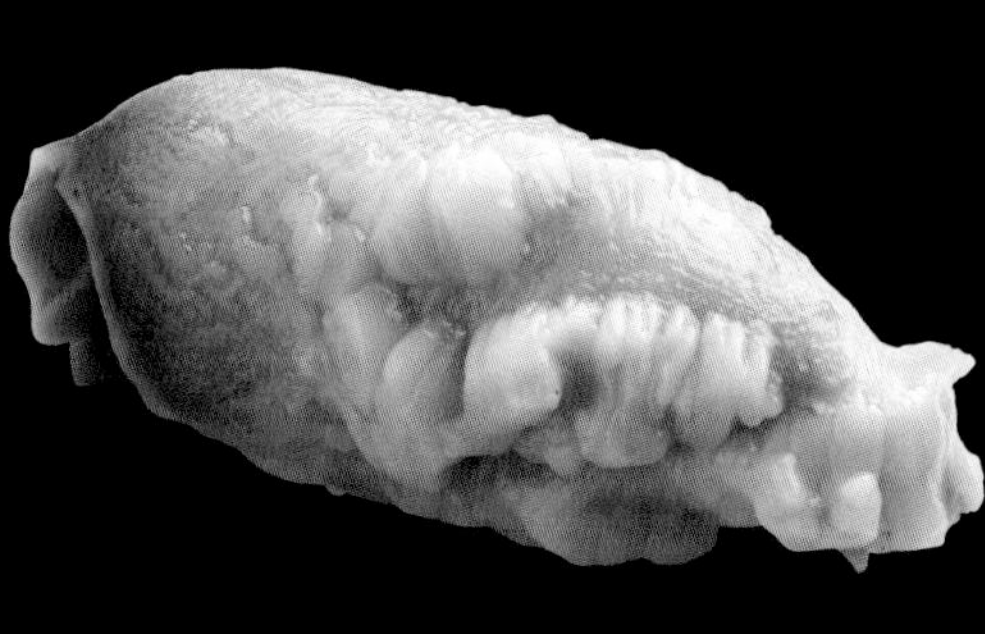

ホッキ貝

すし崇　長野・長野市

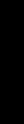

流通が良くなったことから、長野でも使えるようになったという北海道産（取材時は苫小牧産）のホッキ貝。鮮度が良いので、その瑞々しさや磯の香りを損なわないように低温で火入れをしてすしダネにする。同店のすし飯は、赤酢を使用。

その他のにぎりずし

にぎりずしは、常に時代の中で進化している。従来の魚介に加え、クジラや牛肉、馬肉などの肉類、野菜や山菜といった新しいすしダネを使う。さらに、シャリも粒コンニャク米やおからを混ぜ合わせた米を使うなど低糖質化を図ったすしも現れている。

ミンククジラ

弘寿司
宮城・仙台市

クジラの中でもクセが少なく、クジラ初心者でも食べやすいミンククジラを使用。上には浅漬けにした山イモをのせる。浅漬けにしてイモの臭みを抜くひと手間をかけている。他に生姜の醤油漬けものせて、ミンククジラのおいしさを引き立てる。

クジラ赤肉

弘寿司
宮城・仙台市

ミンククジラのやわらかい赤肉をにぎりに。クジラの中でもミンククジラは小型でクジラ特有の臭みが少なく、すしにも向く。さらしネギをのせて生醤油でさっぱりと。

馬刺しトリュフ

独楽寿司
東京・八王子市

本場・イタリア産のトリュフペーストの風味を生かした創作ずし。馬刺しは「小シモ」と呼ばれる自然なサシが入った希少部位を使っている。トリュフペーストは、人気商品の「トリュフ茶碗蒸し」の素材として継承されている。
※現在は販売していません。

ミンククジラ

すし崇
長野・長野市

ミンククジラは、サクの状態でまわりを湯引きしてから醤油の地に漬けて、中をしっとりと柔らかい状態にしてからすしにする。柔らかい食感を楽しんでもらうために、固い繊維が無い部分を選んで使うようにもしている。

牛とろにぎり

紋ずし
東京・祐天寺

昨今の肉ずしブームよりずっと以前、二十数年前から二代目の金子弘之氏は「すしに肉が合う」と牛肉をすしに。現在は、脂が甘く、肉質のやわらかい前沢牛をすしにする。取材時はミスジの部位。直火で炙ることで脂がとろけ、すし飯とのなじみもよくなる。

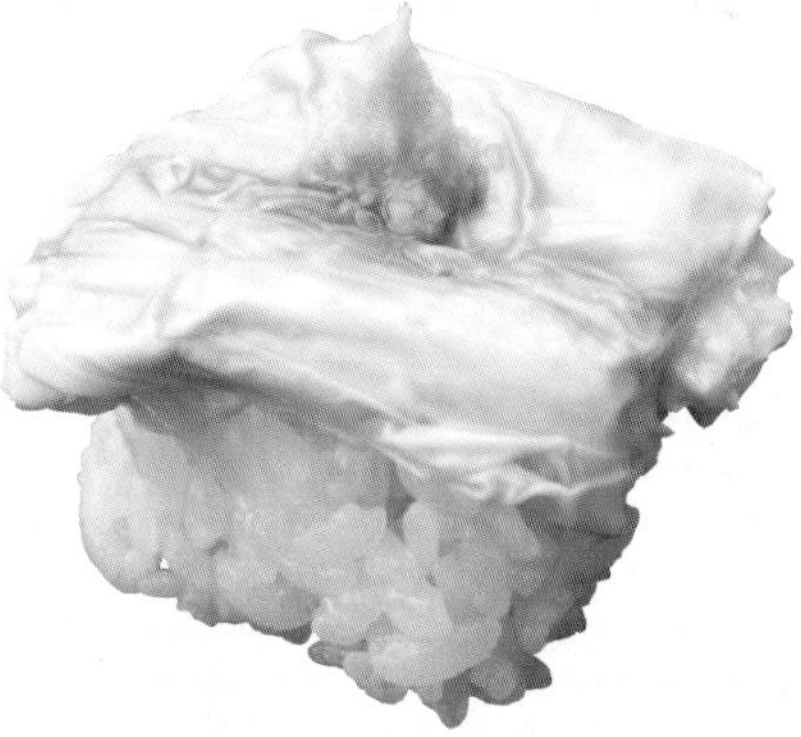

生湯葉

キヨノ

福岡・福岡市

生湯葉をタネに用いたヘルシーなすし。生湯葉をすし飯にのせ、煮きりを塗る。ワサビは上に添え、視覚的な彩りにも。

シラウオ昆布〆

鮨 美菜月

大阪・北新地

歌舞伎の科白「月も朧に白魚の…」をもじって、昆布ではなくおぼろ昆布を合わせて洒落たすし。シラウオは、立て塩に浸けてからおぼろ昆布で挟んで1日寝かせ、味を入れ、おぼろ昆布と一緒に握る。シラウオは青森産。

イタリア風納豆軍艦

独楽寿司

東京・八王子市

イタリア産パルミジャーノチーズの濃厚な味わいを堪能できる軍艦巻き。同じ発酵食品の納豆が旨味のハーモニーを生み、バジルがアクセントに。それぞれの素材の味を生かすためマヨネーズではなくうずらの卵をソースがわりにのせている。
※現在は販売していません。

天ぷら握り

鮨かど

愛知・名古屋市

人気の高い天ぷらを、にぎりにも活用(左から、「きす天握り」148円、「野菜天握り」88円、「えび天握り」198円)。独自にブレンドした打ち粉を使うことで、すし飯の上にのせてもサクッと軽い口当たりが長持ちする。

キスの昆布締め

鮨匠 岡部

東京・白金台

浜名湖産で淡白な味わいのキスは塩を振った後、昆布で数時間締めている。中央に切り込みを入れて開き、おぼろをあしらう。粒コンニャク米「ビューティー米」を混ぜた低糖質のすし飯は赤酢とも好相性。

車エビ

鮨匠 岡部

東京・白金台

塩と甘酢で締めた才巻エビを使い、中央に甘いおぼろをあしらう「唐子づけ」は伝統的な江戸前ずしの技術。おぼろは芝エビのすり身と卵黄、砂糖、みりんを材料に仕込んでいる。

シャコ

鮨匠 岡部

東京・白金台

江戸前ずしの技術を踏襲し、茹でたシャコは濃口醤油、みりん、砂糖、酒を合わせて煮詰めた汁に3～4日漬け込む。珍しい子持ちのシャコは岡山産。煮ツメをぬって提供する。すし飯は「ビューティー米」入りの低糖質。

コハダ

鮨匠 岡部

東京・白金台

塩で水分を抜き、酢で締めてうまみを加えたコハダは中央に切り込みを入れ、おぼろをあしらう。昆布締めのすしダネと大豆たんぱく質のおから酢飯は好相性。すし10カンのうち、おから酢飯のすしを2～3カン提供。

エボダイ

鮨匠 岡部

東京・白金台

エボダイは塩と酢醤油でそれぞれ30分ずつ締めたもので、中央に飾り包丁を入れて身をのぞかせた。口に含んだとき、おから酢飯が崩れ、ほんのり酸っぱいエボダイのうまみが合体する。

いなりずし

鮨匠 岡部

東京・白金台

昔ながらの稲荷ずしを、糖質オフのすしにアレンジ。油揚げを甘辛く煮て、玉子焼きをかませ、おから酢飯を包み、俵型に仕立てる。甘辛い油揚げが、おから酢飯と絡み合う。

パプリカの握り（赤）

寿司割烹 山水
埼玉・さいたま市

醤油、砂糖、昆布だしを合わせた“醤油だし”で、取材時は3分ほど煮て、下味をつけた。煮る前に、皮は必ず取り除く。

パプリカの握り（黄）

寿司割烹 山水
埼玉・さいたま市

赤パプリカと同様の仕込みを施した黄パプリカを握る。赤パプリカに比べると、よりトロッと柔らかな食感が特徴だ。

菜花の握り

寿司割烹 山水
埼玉・さいたま市

菜花はヨーロッパ野菜のひとつで、イタリア原産の菜の花のこと。埼玉・岩槻で栽培される。花の部分のふわっとした食感と、茎のしっかりとした食感が楽しいすし。酢味噌とカツオ節の糸がけを合わせた。

アスパラガスの握り

寿司割烹 山水
埼玉・さいたま市

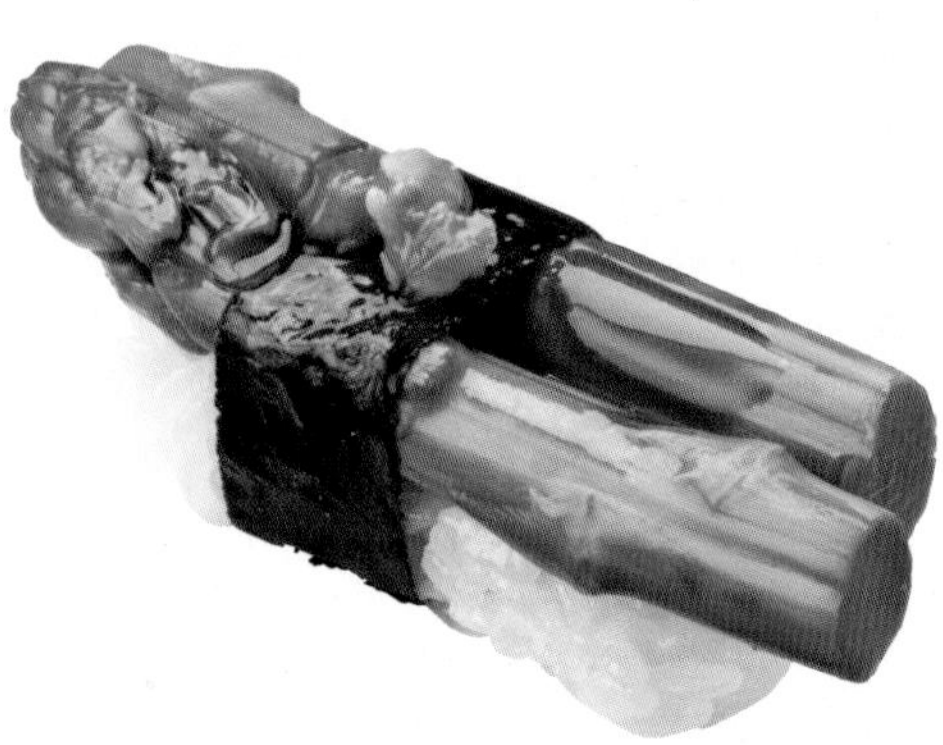

アスパラの芽の柔らかな食感と、茎の歯ごたえで変化を付ける。調理の際、筋だけではなく、その他硬いところは全て取り除き“醤油だし”で煮る。仕上げに“シャキシャキワサビ”を乗せる。

エリンギの握り

寿司割烹 山水
埼玉・さいたま市

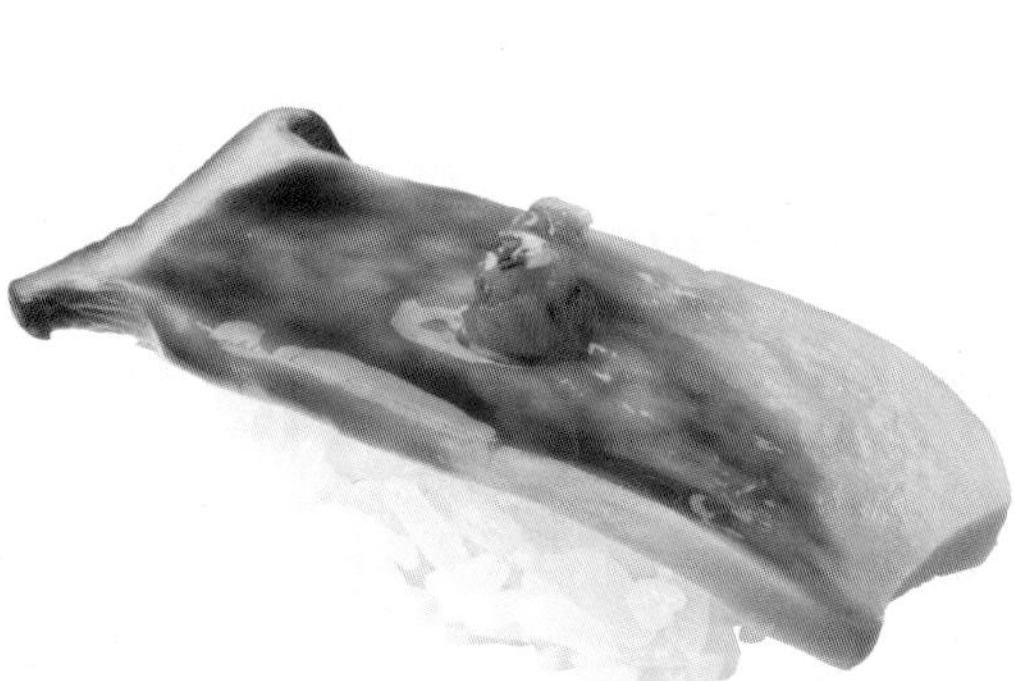

厚さ3㎜ほどにスライスし、貝類を食べたときのような食感を表現する。ワサビを大粒に刻んだ“シャキシャキワサビ”を合わせる。

鮑茸の握り

寿司割烹 山水
埼玉・さいたま市

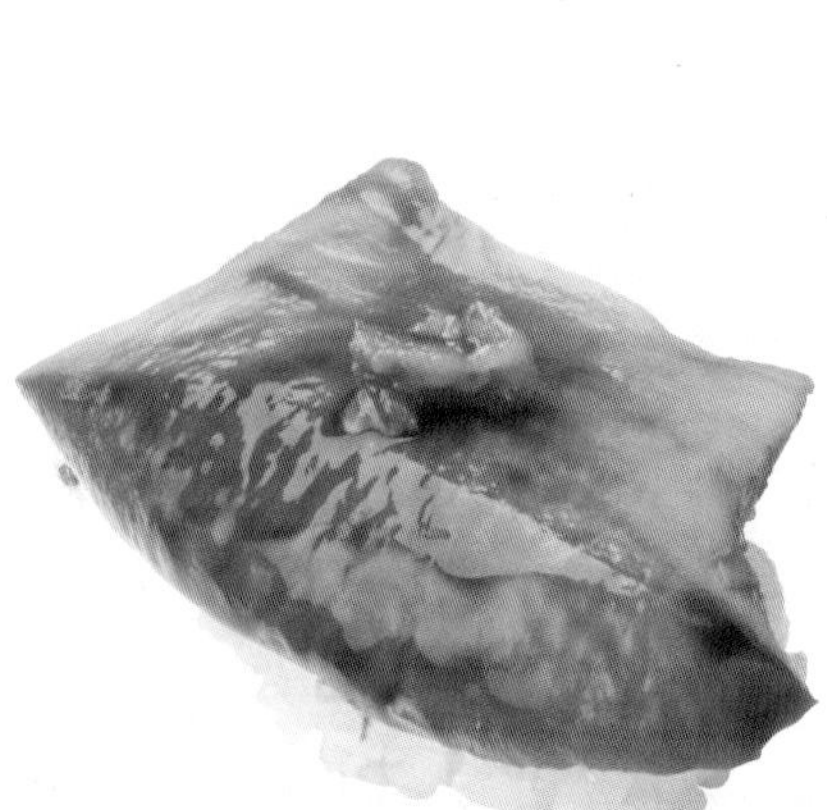

アワビ茸は、下味をしみ込ませるために、しっかりと“醤油だし”で煮る。取材時の煮時間は5分。仕上げに煮きりを塗り、ワサビと酢味噌を合わせた“ワサビ味噌”をのせた。

オクラの握り

寿司割烹 山水
埼玉・さいたま市

食べにくいへたのみ取り除き、“醤油だし”で煮る。取材時は1分ほど。シャキシャキした食感をしっかり残す。山椒と味噌を合わせた“木の芽味噌”で爽やかな味わい。

茶エノキの握り

寿司割烹 山水
埼玉・さいたま市

より野生のエノキに近づけた栽培方法を用いる茶エノキは、埼玉・岩槻で栽培されたものを使用。取材時は3分“醤油だし”で煮るが、熱することで甘みが増し、トロッとした口当たりになる。

エノキの握り

寿司割烹 山水
埼玉・さいたま市

1本1本が解けやすくなるように、根元には切れ目を加える。取材時は“醤油だし”で3分煮た。シャキシャキの食感が特徴だ。

茄子の握り

寿司割烹 山水
埼玉・さいたま市

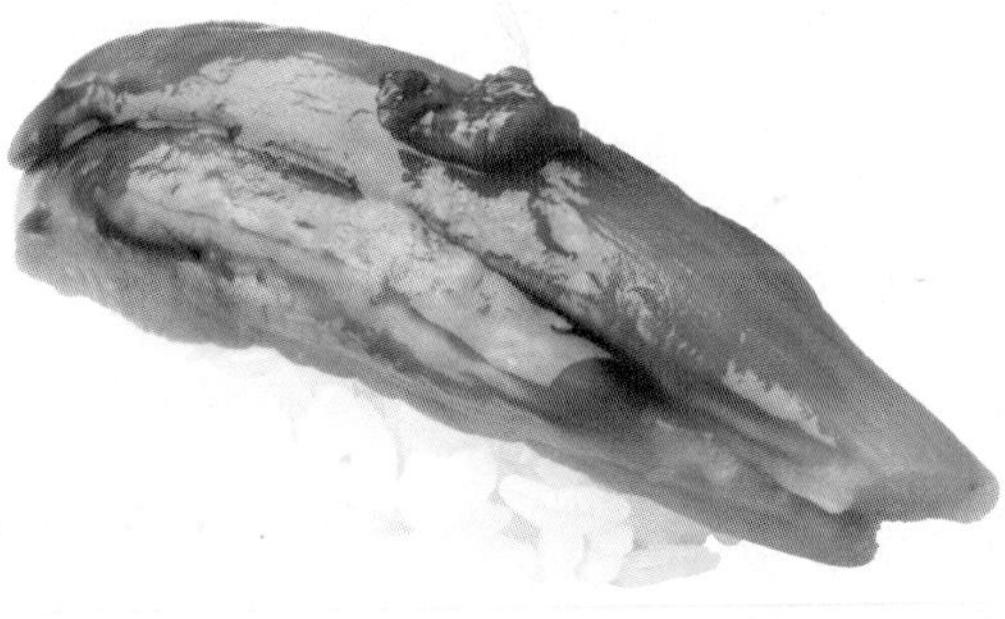

握った後も色が悪くならないように、皮を取ってから“醤油だし”で煮ることがポイント。取材時は2分煮て、口当たりはトロッとするが食感をしっかり残した。

キクラゲの握り

寿司割烹 山水
埼玉・さいたま市

取材時は10分“醤油だし”でしっかりと煮て下味をつける。素材の表面には、握る前に無数の切り込みを入れて、噛み切りやすいようにしている。コリコリとした食感が楽しい1カンだ。

トマトの軍艦巻き

寿司割烹 山水
埼玉・さいたま市

種ごと細かく刻み、バジルオイルで和えたミニトマト（赤・黄）を、薄くスライスし、甘酢に漬けて柔らかくしたズッキーニで巻いた。仕上げにバルサミコ酢を添え、イタリアンな味わいのすしに。

評判を呼ぶ 名物ずし・人気ずし

一人前ずし・盛込みずし

ちらしずし・すし丼

すしセット・すし弁当

巻物・押しずし

特選おまかせ寿司 12 貫

取材当日は豊洲で仕入れた季節の魚介をとりどりに、スプーンに盛った雲丹、有頭のボタン海老や、大トロ、ズワイ蟹、真鯛など豪華なタネが並んだ。ピンクのワイン塩、グリーンのお茶の塩が彩りや香りを添える。SNS映えも意識しているという。

KINKA sushi bar izakaya 六本木［東京・六本木］

冬のすし色々

仕入れに力を入れ、金沢の旬の地の物を充実させて好評だ。写真は輪島産のアナゴと皮目を炙ったノドグロ、大根おろしをのせた能登産ブリ、香箱ガニ、サヨリ、ガスエビ、大トロ。

金澤玉寿司　総本店［石川・金沢市］

マグロづくしランチ

社員が考案したメニューを月替わりで提供する、ランチの目玉商品。2015年12月はマグロを存分に楽しんでもらおうと「マグロづくしランチ」を開発し、原価率55％かけたお値打ち感で満足感を高める。旬の生マグロを使用し、赤身３カン、中トロ３カンに細巻きが１本入る。すし飯は25ｇと大きめで、タネも厚めに切りつける。

寿司・和食おかめ［山梨・富士川町］

まぐろづくし

ミネラル豊富な南伊勢町神前浦で育つ「伊勢まぐろ」は、滑らかな舌触りと強い旨みが特徴。その「伊勢まぐろ」を中心に、マグロのすし7種を一皿に盛り合わせた、昼のヒットメニュー。赤身・中トロ・大トロ・漬け・炙りの握り、ねぎとろ軍艦、手巻き鉄火と、部位ごとの食べ比べを楽しませる。赤だし付き。

鮨かど［愛知・名古屋市］

まぐろ三昧 五品

マグロ好きのお客に大人気の商品。大トロ、中トロ、赤身、中落ちの軍艦巻き、漬けマグロの五品で、“マグロをいろいろな食べ味で楽しめる“と喜ばれている。

江戸前・創作
さかえ寿司［千葉・稲毛海岸］

レインボーロール

変わり寿司10貫

写真上は色とりどりのタネを使ったレインボーロール。大トロ、マグロ赤身、ズワイガニ、ヒラメ、サーモン、〆サバ、アジなどを巻いてカットするから「次はどんな味？」とどんどん手が出てしまう人気メニュー。写真下の変わり寿司10貫は炙り佐賀牛ニンニクだれ、スミイカウニのせ、炙りガーリックシュリンプ自家製マヨネーズのせなど、技法を凝らした珍しいすしを提供する。

楽 SUSHIIZAKAYA GAKU HAWAII［東京・尾山台］

あぶり三昧 五品

ヤリイカ、サーモン、穴子、大トロ、サバの、5種類の異なる炙りずしが楽しめると人気の商品。炙りずしを、食べ比べできると好評。

江戸前・創作
さかえ寿司［千葉・稲毛海岸］

会員には新メニューや会員限定メニューを知らせるメールを配信。そこに符丁も記載し、限定メニューの注文時に言ってもらうというユニークな仕掛けも。

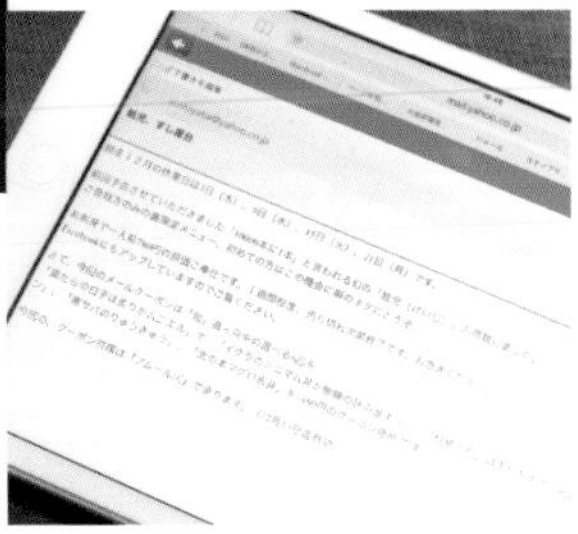

炙り三昧

会員限定メニュー。本マグロ大トロのニンニク醤油漬け辛味大根添え、ブリトロ土佐ヌタ添え、炙りサーモンタルタル添え、炙りタラ白子塩レモン添えなどを盛り合わせに。

十三 すし場［大阪・十三］

当日の仕入れから、お値打ちに提供できるタネを厳選するおまかせにぎり（左から、伊勢まぐろ、平目ウニのせ、アジ、アン肝、伊勢まぐろ中落ち）。特別感を出すため、グランドメニューにない馬刺しや牛肉を盛り込むことも。

鮨かど［愛知・名古屋市］

本日のおまかせ握り5貫

炙り寿司6貫

握りずしの中でも特に炙ることで香りや脂の美味しさが引き立つタネを厳選。それぞれにソースをかけて仕上げる。写真は本マグロ赤身、マダイ、サーモン、アイナメ、ズワイ蟹、ホタテ貝を使い、味噌ソースとわさびソースを添えたもの。

KINKA sushi bar izakaya 六本木 [東京・六本木]

炙りシャス6貫

押し寿司のサーモン、サバ、エビ、牛肉、アナゴ、キンカロールの炙り。

KINKA sushi bar izakaya 六本木 [東京・六本木]

特選10かんセット

セットはおまかせ３貫、５貫、10貫と特選10貫の４品を用意。特選は大トロ、ウニ、イクラを盛り込んだ豪華なセットだ。すし飯は赤酢をブレンドしてまろやかさを出し、甘み、塩み、酸みのバランスがとれた万人受けする味わいに仕上げている。

寿司バル R/Q [東京・末広町]

超特選にぎり

特に原価をかけて圧倒的なお値打ち感を発揮。中トロ２カン、タイ、イクラ、ウニ、赤エビ、生ズワイガニなどのにぎりを盛り込む。単品でも人気の「かにみそサラダ」のミニサイズ、茶碗蒸しが付く。

寿司の美登利総本店［東京・世田谷］

季節の板さんおまかせにぎり

3ヵ月ごとに内容を変えて新たな魅力を提案している盛り込みずし。写真は2020年12月の内容。ボタンエビは別盛りにした頭の味噌を酒の肴としても味わえるようにし、小皿に盛った白子もセット。

寿司の美登利総本店［東京・世田谷］

天然タイ、中トロ、赤エビ、蒸アワビ、生ウニ、地アジ、イカ、焼き穴子（あぶり）、京なすのにぎりに玉子焼を盛り込んだすしに、料理２品が付く。料理はカニクリームコロッケ、茶碗蒸し、貝汁の中から２品選ぶ。

ひょうたん寿司［福岡・福岡市］

旬のおまかせにぎりセット

テーマ別に4種のすし（「生アジ握り」は1種）を組み合わせた商品も充実。

醤油ではなくカボスと塩でさっぱり楽しんでもらう。内容はマダイ、活ヒラメ、ホタテ貝、ヤリイカ。

寿司ろばた 八條［大分・大分市］

かぼす塩づくし

変わりネタにぎり盛り合わせ

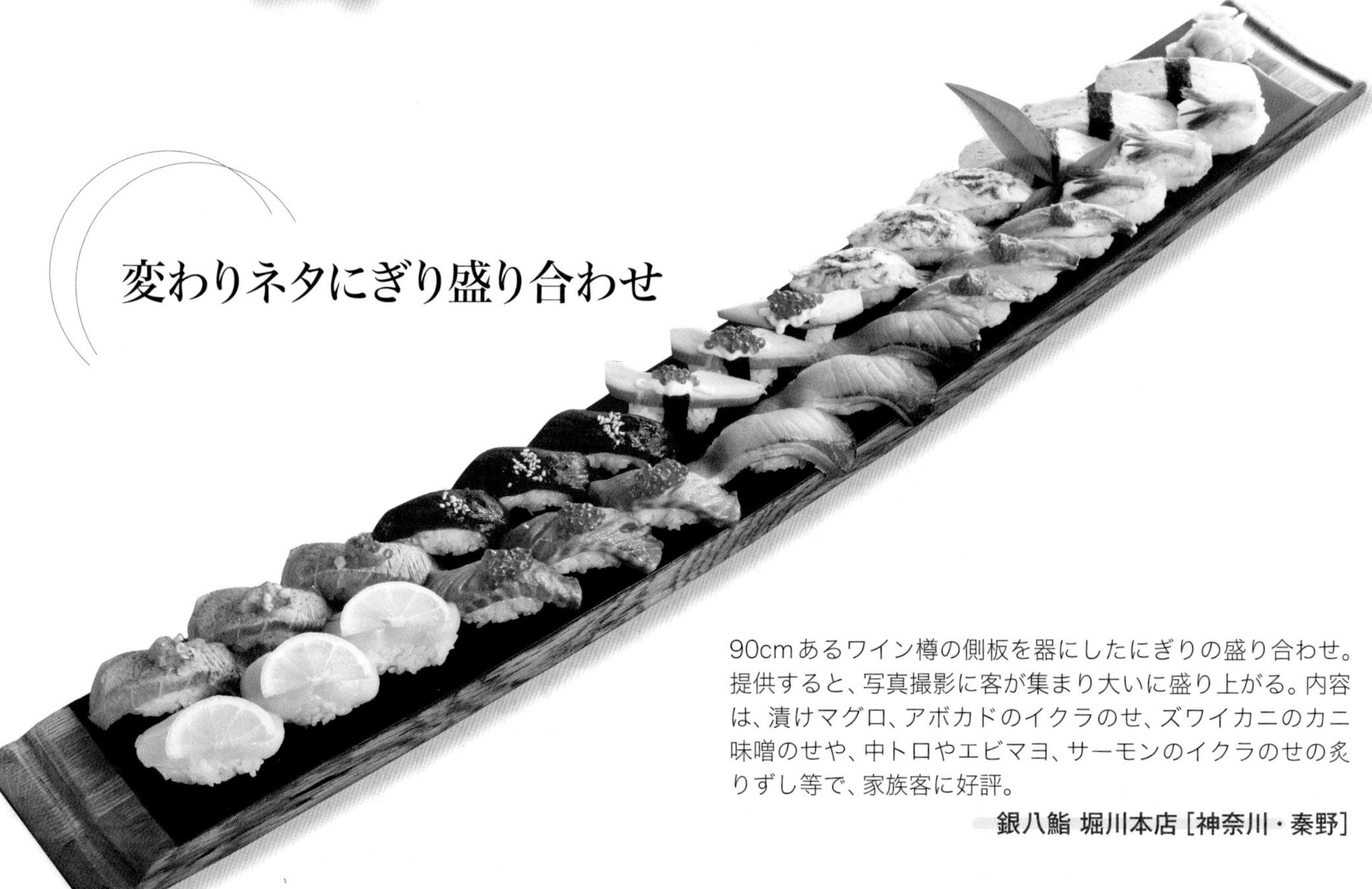

90cmあるワイン樽の側板を器にしたにぎりの盛り合わせ。提供すると、写真撮影に客が集まり大いに盛り上がる。内容は、漬けマグロ、アボカドのイクラのせ、ズワイカニのカニ味噌のせや、中トロやエビマヨ、サーモンのイクラのせの炙りずし等で、家族客に好評。

銀八鮨 堀川本店［神奈川・秦野］

冬の三貫王

感度の高い女性やビジネスマンが利用するテナントに出店。立ち喰いと着席式を併用したおしゃれな店舗が特徴で、落ち着いた雰囲気が評判を呼ぶ。すしの他に天ぷらなども用意し、女性客の比率が高い。紹介したすしのセットは、季節によってすしダネが変わる。この「冬の三貫王」は、寒ブリ、蒸しガキ、アン肝の三カンをセットしたもの。

寿司 魚がし日本一 BLACK LABEL [大阪・北区]

飛騨牛にぎり

岐阜県が誇る地域ブランド食材、飛騨牛をタネに使ったすし。A5ランクの飛騨牛モモ肉の赤身をじっくり加熱し、甘みと旨みを引き出したローストビーフにしてすし飯と握る。提供時には藻塩とわさび、スダチでさっぱりと。

美濃寿司 [岐阜・土岐市]

サーモン番長

女性と子供に人気のサーモン尽くしで構成した出前メニュー。内容はサーモン14カン、炙りサーモン7カン、炙りマヨサーモン7カン。1人7カン食べる計算で、28カンに。子供が2～3人いる家庭を想定して開発。

神埼 やぐら寿司 [佐賀・神埼市]

昼のおまかせ

前菜、すし、小鉢、デザートで構成し、現在はすし6カンを黒の盆に盛りつける。まわりにお好みでつけてもらう塩をふり、シダを飾る。車エビを伊勢エビに変えるなど食材をグレードアップし季節重視の玄海の魚を使用している。

キヨノ［福岡・福岡市］

フルーツずし

「組み合わせのアイデアはすべてインスピレーション」という力谷氏。紀の川市で収穫できないバナナとパイナップル以外、あらゆるフルーツが対象に。レパートリーは約30種類。フルーツは全体に味があっさりしていること、そして醤油をつけずに食べるすしのため、アクセントや調理にひと工夫する。季節ごとに提供する品数を絞る代わりに注文があれば必ず出せるよう準備している。

力寿し［和歌山・紀の川市］

❶柿とチーズの炙りにぎり
相性のよい柿とチーズの組み合わせ。アクセントにブラックペッパーを振り、チャービルで色を添えた。

❷リンゴとクレイジーソルトのにぎり
スライスしたリンゴの上にハーブの塩をトッピング。

❸イチジクと大葉の細巻
最初に試作したフルーツずしで、人気No.1。

❹ぶどうといくらの軍艦巻
ぶどう（ピオーネ）に塩気と色味を補うためイクラを合わせた。

❺メロンと生ハムのにぎり
定番の組み合わせであるメロンと生ハムはすし飯ともマッチする。

❻イチジクと炙りバターのにぎり
あっさりした味のイチジクに、バターでコクを、ブラックペッパーでパンチを出した。

❼なしと炙りサーモンのにぎり
サーモンを炙り、ブラックペッパーを振ることで食べやすくしている。

❽柿と梅肉のにぎり
柿の甘味と梅肉の酸味がマッチする。

ちらしずし・すし丼

ちらしずし

「蓋を開けた瞬間の驚きや喜びが大事」と話す店主の心意気が詰まった1品。見た目も美しく、贅を尽くした内容が魅力で、取材時は中トロ、アジ、カレイ、甘エビ、ウニ、子持ち昆布、スミイカ、煮アワビ、玉子焼、イクラを盛り込んだ。箸休めは浅漬けのキュウリとザーサイ、白雪大根、本わさび。

すし処　會［東京・等々力］

マグロねぎトロ丼

マグロの中オチやすき身の部分をたたいて具にしたすし丼。ねぎや青ねぎを混ぜる場合もあるが、ここでは天盛りにした。部位によっては高級な丼になる。

鮨処　蛇の目［東京・巣鴨］

マグロのヅケ丼

マグロの赤身を湯霜にして、同割の酒・醤油の漬け汁に漬ける。そぎ切りにして盛りつけ、きゅうりをアクセントに添える。ランチなどにも好評のすし丼。

鮨処　蛇の目［東京・巣鴨］

特盛 いくら鉄火丼

不揃いなマグロの中落ちを活用した、ランチ限定の特盛丼。ぐるりと並べたマグロの上に、玉子焼、自家製のイクラをたっぷりとのせる。マグロ同士を少しずつ重ね、はみ出すように盛るのが立体感を出すポイント。迫力ある見た目がＳＮＳで話題を呼び、これを目当てに足を運ぶお客も多い。限定６食。

仙石すし 本店［愛知・名古屋市］

寿司屋のローストビーフ丼

ローストビーフに最適なアンガス牛の赤身を使った、コロナ禍前からランチで大人気のメニューをテイクアウトでも。本場カナダ発祥の店らしく、ローストビーフは柔らかくうまみが濃厚で、盛りもたっぷり。さらに「寿司屋の」というネーミングの通り、すし飯を使い、添えられたガリとあいまってさっぱりと食べられるのが好評の理由だ。

KINKA sushibar izakaya 六本木［東京・六本木］

特選海鮮丼

ボリュームがあり手頃な海鮮丼も充実させ、より広い利用動機を獲得。写真は12種類の魚貝類を盛り込んだ贅沢な丼。

※現在は出していない

鮨やまと ユーカリが丘店［千葉・佐倉市］

二重ちらし

すしダネをつまみに酒を呑んでもらうことを考え、すしダネとすし飯を分けて盛るちらしずしのスタイルを考案。二段の器は先代が特注したもの。生ダネから煮物ダネ、光り物とひと通り盛り込むお得感のある内容で人気を博す。

都寿司本店［東京・日本橋蛎殻町］

仙台づけ丼「極み」

宮城県内120店舗で提供中の「仙台づけ丼」は、地場産の魚と宮城の米を使い、各店の独自性を出すのが定義。同店では2種類のづけ丼を用意。大トロ、ウニ、イクラなど16種のタネを贅沢に盛り付ける。仙台味噌と穴子の煮ツメを隠し味とした漬け地が素材の味わいを引き出す。手巻き用に県内産の海苔と玉子焼が付くのも好評。

お寿司と旬彩料理 たちばな［宮城・仙台市］

あなごめし

広島への社員旅行で皆に好評だった郷土料理を2代目社長が再現しつつアレンジ。一本分の焼き穴子に加えてご飯にも刻んだ焼き穴子が入り、椎茸のうま煮を混ぜる。すしではないが、コンスタントに売れる人気メニュー。

松葉寿司［兵庫・尼崎市］

煮もの丼

煮穴子に煮ホタテ、煮タコ、車エビ、かんぴょうと江戸前の煮物ダネを丼の上に敷き詰めた。一度に様々な煮物が味わえるとあって人気が高く、ランチ時に15食限定で提供する。穴子は温め、タコには細かく刃打ちするなど、丁寧な仕事が光る。煮ツメで仕上げる。

都寿司本店［東京・日本橋蛎殻町］

マグロ丼

マグロ好きにはたまらないマグロづくしの内容。赤身や中トロ、すき身、場合によっては大トロが入る場合もある。使用するマグロもバチマグロ、本マグロを仕入れによってバランスよく配し、すし飯が見えないほどたっぷりと盛り、細切りにしたガリを散らす。大根の味噌漬けを口直しに添える。

都寿司本店［東京・日本橋蛎殻町］

しいたけと帆立うにごはんのイクラのせ

肉厚の焼きシイタケの上に、シイタケの石づきとホタテをバターで炒め、ウニとすし飯を和えたものを盛り付けて提供。天盛りの艶やかなイクラが味と食感のアクセントにも。男女問わず人気で、創業時からのヒットメニュー。

すし処 會［東京・等々力］

とらふぐの白子ドリア

お客からドリアと呼ばれる人気の裏メニュー。フグやタラの白子を炙り、陶板の器にバターとすし飯を入れて熱々に焼き、最後に醤油をひとたらしする。1人が注文すると、その匂いと見た目に次々とオーダーが入る。

すし処 會［東京・等々力］

吹き寄せちらしもえぎ

すし飯にかんぴょうと海苔、自家製エビおぼろ、錦糸玉子、イクラをのせたランチ限定のちらしずし。かんぴょうは無肥料・無農薬のもの、玉子は有精卵を使用。これに野菜の小鉢、アラ汁、自家製のガリが付く。イクラとエビおぼろを外し、ベジタリアン客にも対応している。

オーガニック 鮨 大内［東京・渋谷区］

無敵のウニ丼

コースの中でご飯ものを選ぶ際、追加料金で同店の名物「無敵のウニ丼」に変更できる。生ウニを混ぜ込んだすし飯に、たっぷりの生うにと香ばしく炙ったウニをのせる、ウニ尽くしの内容。「チェイサーです」とイクラも添えて笑いを誘う。

四季の舌鼓 おしどり［北海道・すすきの］

ミニマム丼

セイコガニを手のひらサイズの丼に。内子、外子、カニ身、カニ味噌とセイコガニのすべてを味わい尽くせるとあって、毎年人気が高い。1日約30食を売る。

十三 すし場［大阪・十三］

特製
ばらちらし 都

新たにテイクアウト用に開発。自家製の車エビおぼろが味わい深い。マグロ漬け、昆布締め白身、かんぴょう、煮椎茸、玉子などを、すし飯が見えないくらいいっぱいに盛った馳走感あふれる商品。生ものを使わないことでリーズナブルな価格を実現している。車エビおぼろやマグロ漬け、昆布締め白身をはじめとして、伝統的な江戸前のすしならではの美味しさが、お手頃価格で楽しめると人気を博している。

都寿司 本店［東京・日本橋］

あわびの肝めし

アワビの肝の濃厚味が贅沢な小鉢で供する珍味ずし。本来はガリや沢庵、らっきょう、胡瓜、茗荷と歯切れと香りのいい材料を混ぜ込んだすし飯と肝は別盛りにし、つまみにもなる趣向。肴でもすしでも思い思いに楽しんでもらう。肝は生姜、ニンニクとクリームチーズで炒め合わせ、コクを深める。

紋ずし［東京・祐天寺］

彩り海鮮丼
（味噌汁、茶碗蒸し付き）

すし飯にネギトロとイクラをのせた丼に、海鮮などを9種類詰め合わせた重箱が付く。海鮮を丼とは別添えにすることで魅力を高めている。9種類の内容は、真ダイ、特大赤エビ、サーモン、締めサバ、イクラ、煮穴子、煮アサリ、中トロとたくわん、玉子など。グランフロント大阪店限定メニューで、平日のランチタイム（10時～17時）を除いて提供。

寿司 魚がし日本一 BLACK LABEL［大阪・北区］

祝入り創作ばらちらし

「飾りずし職人」として多方面で活躍する川澄　健氏の手による細工ずし入りばらちらし。椎茸、かんぴょうを混ぜ込んだ赤酢のすし飯の上に車エビのおぼろをのせ、コハダ、車エビ、玉子焼、イクラ、煮たタコ、穴子といった江戸前のタネと黒豆、枝豆を盛る。写真は蒸しアワビ、ウニを追加した「上鮨」。中央にはかんぴょうで「祝」の文字を作る文字巻きが。文字巻きの作り方は、「飾りずしの技術　細工ずしの技術」（川澄健著・旭屋出版）に詳しい。3日前までの要予約の商品。

鮨　銀座おのでら［東京・銀座］

釜蒸し寿司

釜めしの器を使ったテイクアウト用蒸しずし。蒸し器や電子レンジにかけて、温めて食べる冬の人気ずしだ。テイクアウトだけでなく、冷凍させ通販商品として売ることもできる。また、食べ切れず残った場合は、鍋に入れ替えて炒め、すしチャーハンとして楽しむこともできる。炒め終えたら、最後に土佐酢ジュレをかけ、味わいを変える。ちらしの具材は、エビ、マグロ、サーモン、穴子、タイ、カンパチ、カキ、ホタテ貝…と贅沢感ある盛つけに。

奥の細道［兵庫・有馬温泉］

炒めてそのまま食べてもおいしいが、最後に土佐酢ジュレを加えることで蒸しずしと違った味わいになり、2度味を楽しむことができる魅力もプラス。

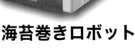

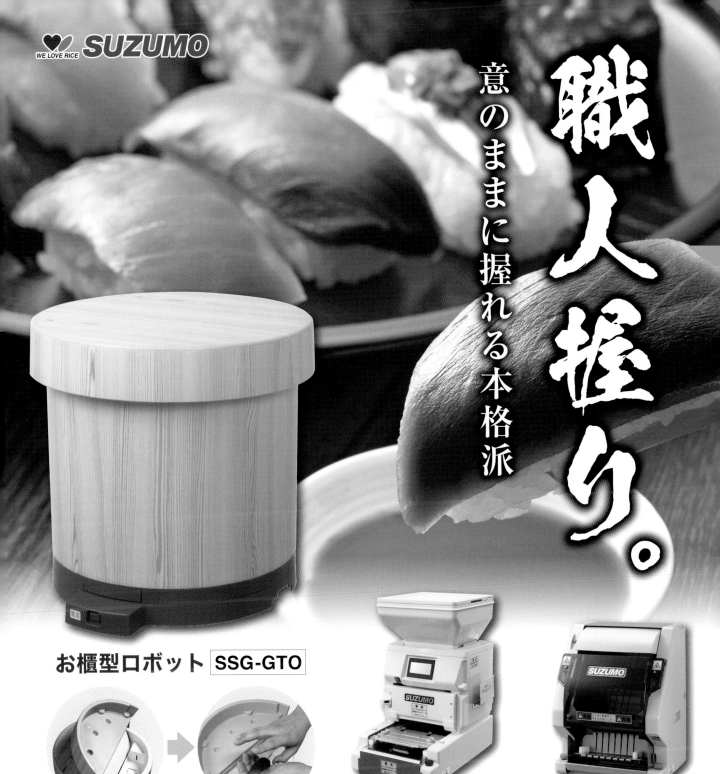

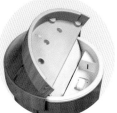

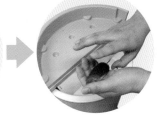

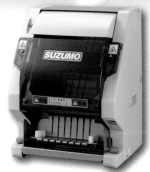

おまかせ握り

“蝦夷前”と“江戸前”、同店のすしのすべてが詰まったおきまりのすし。テーブル席でも、カウンターと同様の間合いで食べてもらいたいと、３回に分けて提供する。

伊勢鮨［北海道・小樽］

地魚おまかせコース

地元の食材を楽しんでもらうために開発したコースメニュー。地元・鴨川産の「長狭米」と近港で揚がる魚を使った地魚すし、炭火で魚の表面を軽く焼いて握る焼きずし、地元の野菜を使用した巻物、エビとイカに自家製ソースをかけて焼く通称「グラタン」、日替わり小鉢、味噌汁がセットになった盛りだくさんの内容。リーズナブルな価格で、昼のお客にも人気だ。

鮨 笹元［千葉・鴨川市］

おまかせコース

夜のメニューで一番人気のコース。前菜から始まり、店の名物のアナゴのあらい、茶碗蒸し、にぎり、巻物、赤だし、フルーツの7種類から構成される。前菜は品数を増やし、まずは見た目のインパクトを与える。すしダネは天然物が中心。充実したメニュー内容にも関わらず、安価で提供して人気だ。

寿司英［愛知・名古屋市］

❶前菜
前菜は季節の食材を中心にタラの白子ポン酢、塩辛、イチジクのサーモン包み、アンコウの肝など、お酒にも合う8～9種類が盛り付けられる。

❷穴子のあらい
漁獲量が激減し、貴重な伊勢若松産のアナゴはあらいで提供。しっかりとした歯ごたえを残すため、締めてから6時間以内のものを使う。

❸茶碗蒸し
季節によって具材を変える茶碗蒸し。秋から冬にかけてはあんかけにして提供。お客の食べるスピードを見ながら程よいタイミングで蒸す。

❹にぎり
このコースでは江戸前ずしを12カン提供。写真は、赤身のヅケ、知多産のサヨリ、知多産の車エビ、宮城の金華サバ、伊勢若松産の穴子はタレと塩で、本マグロの中トロ、三河産のヒラメ、三河産の赤貝、知多産のコハダ、和歌山の戻りカツオ、利尻のウニ、三河産の赤ムツ。三河湾や伊勢湾で獲れた地魚を中心に、全国各地の厳選した魚介を使う。

❺巻物
巻物は鉄火巻きと梅シソ巻き。海苔は色が濃く、しっかりとした歯ごたえの瀬戸内海の海苔を使用。中でも、上質な一番摘みを使っている。

にぎり膳
(国産牛しゃぶ付)

和食店であるが、創業時の「がんこ=すし」のイメージを失わないように、常時提供メニューとして用意。お客のリクエストにより小鍋付きのメニューを開発したところ、ランチ利用で特に人気が高いメニューとなった。立地柄、外国人客の利用も多く、和食を網羅したメニュー構成に高い支持を得ている。季節によって食材の内容が変わる。

がんこ新宿 山野愛子邸[東京・新宿]

鮨弁当

2020年4月7日の緊急事態宣言を機に始めた弁当。コロナ禍ですし店を取り巻く環境全体が困難の中、中小企業経営者の集まりである「ヒーローズクラブ」の活動の中で学んだ、「お役立ち」をテーマに、社会貢献の一環で始めたもの。安売りはしたくなかったが、店で使うレベルの素材を用いると高価になり、手軽に手を出せなくなるので、この弁当専用に店とは別の素材を仕入れ、仕込みも分けて作っている。生魚は入れない代わりに、バッテラを入れたり、ご飯はすし飯にしたりして、すし店らしさを出したのが特徴。常連客が、会社のみ皆で食べたいと、一度に20個の注文を受けたこともあるほど人気の弁当。

銀座 鮨 おじま[東京・銀座]

鮨弁当

上記の弁当と同時に始めたが、こちらは店で使うすし魚を用いたもの。マグロ漬け、バフンウニ、イクラと、高級素材のみを使うが、上記の弁当のような手間はかからないのが利点。これも「お役立ち」がテーマで、市場では漁が少なく魚も少ない時期だったが、買う人も少なかったことから、お客だけでなく市場の取引業者を含む皆を元気にしたいと魚を買い、弁当にした。原価は50%を超える。

銀座 鮨 おじま[東京・銀座]

2020年秋には、弁当を使った週末だけ2割引きのフェアも実施。テイクアウトのみで、引き渡し時間を11時30分～13時、17時30分～19時の時間限定にして、店内利用を控えるお客からの注文を獲得した。

赤玉弁当

同店では以前から、3種類の「寿司幕の内弁当」を出しているが、献立を揃える関係である程度の注文数が揃わないと注文に応じられなかった。そこでランチのメニューを、お土産として1個から手軽に持ち帰ってもらえるようにと、2020年4月から始めたのが、すしを組み合わせた「赤玉弁当」と「寿司天ぷら弁当」。すしが入るため、高級感で喜ばれている。「赤玉弁当」は、にぎり3カン、巻きずし、稲荷ずしに、天ぷら（エビ、野菜）、玉子焼き、煮物（松阪牛のうま煮、野菜類）をバランスよく構成。煮物には、季節によってチーズしんじょうや栗の甘露煮を入れたりする。さらに弁当専用素材として、焼き魚も組み合わせる。煮物が中心だと、どうしても食感がぼやけた感じになってしまうので、食感に変化が出るように注意している。

赤玉寿司［三重・松阪市］

寿司天ぷら弁当

献立のバランスを考えた「赤玉弁当」に対し、天ぷらをメインにしたのが「寿司天ぷら弁当」。天ぷらは、エビ、サツマイモ、ナス、しし唐、ヤングコーン、椎茸に加え、飛竜頭、季節のものとして渋皮栗の甘露煮、イカ、筍なども使う。また、すし店らしさを出すため、煮アナゴも天ぷらにして入れているのが特徴。すし用に仕込んだ煮アナゴを使えること、それに生臭みが出ず、味も良く、他業種と差別化できることが利点だ。すしは、にぎり、鉄火巻きと稲荷ずしを入れている。

赤玉寿司［三重・松阪市］

猛牛助六弁当

松阪牛の肉でそぼろ煮を作り、それを稲荷ずしや巻きずしに使って助六弁当に仕立てた弁当。2018年に、松阪市が企画したイベント「ちょこっと松阪牛」への参加を機に出している弁当だ。巻きずしは、松阪牛そぼろ、厚焼き玉子、エビのおぼろ、椎茸煮、三つ葉を芯にしたもの。稲荷ずしは、三角の先端部分に牛そぼろを入れるのがポイント。すし飯に混ぜると、牛の脂が回ってパラパラになり、握れない上に、食べても口内でべたつくので、今の形にしている。料理として、松阪肉のうま煮と、野菜の煮物も入れる。

赤玉寿司［三重・松阪市］

鮨懐石弁当

旬の魚介をふんだんに使い、さらにすしを10〜12カンほど入れた夜の懐石コースの献立を利用し、完全予約制で出している贅沢な弁当。コースの握りずしは、ここでは可愛らしく手毬ずし（イカ、マグロ、赤貝、タイ）にして盛り込んだ。また右手前は、下にすし飯を詰め、上にすしとして出しているウニ、キャビア、生イクラを敷き詰めたもの。すし魚はすしに用いるだけでなく、献立の一品としても盛り込み、様々に楽しませるようにしている。

銀座 鮨 おじま［東京・銀座］

祝いの会席料理

略式の結納をはじめ、幅広い祝い事に喜ばれる汎用性の会席ずし。若い人にも対応できるよう白い磁器の洋食器を使って現代風にし、お造りと椀物は別にして提供。それぞれの料理を立体的に美しく盛りつけ、赤い食材を主体に祝い事にふさわしい料理に仕立てている。

日本料理・寿司　丸萬［滋賀・大津市］

女性客にも人気のヴィーガンメニュー

おやさいコース

野菜すしをメインとした6品から構成されるコースは、動物性の食材、五葷（ネギ、ニンニク、ラッキョウ、玉ネギ、ニラなど）を使わずに作られるヴィーガン向けメニュー。旬の素材で作られる料理はもちろん、細部までこだわった盛り付けの美しさも評判。コースの内容は、現在、取材時とは異なっている。予約のみの対応のコースに。

川越 幸すし［埼玉・川越市］

突き出しからお造り、煮物、焼き物、酢の物、すし、碗物、デザートを組み込んだ充実したコース。内容は季節で変わり、旬の食材や地物食材、郷土料理を多数組み込んで魅力を高めている。写真は12月の一例で、金沢名物の治部煮や、ノドグロの焼き物、能登蛸島産のブリを使ったブリしゃぶ、香箱ガニの酢の物など。すしは7カンで写真はノドグロ、紅ズワイガニ、金沢産甘エビの昆布締め、金沢港で獲れたアジやバイ貝など。

カウンターおまかせコース

カウンター席限定で、一人前から提供しているコース。カウンター席でも気軽に多彩な料理を楽しめるようにと、皿やボリューム感にも気を配り、観光客や海外からのお客に人気。

金澤玉寿司　総本店［石川・金沢市］

ちょっとよくばりコース

客席から望む玄界灘で獲れる地の魚を基本に「海におまかせ」と銘打ち、その日獲れた魚介を使って提供する。夜の利用や昼のプチ贅沢を叶えるのがこのコースだ。にぎり10カン（現在・玉子焼はなし）に刺身5種、オリジナルの白ワインで蒸すアワビステーキ、小鉢、あら汁が付く。握る前にすし飯の量を尋ねる配慮も。

鮨屋台［福岡・遠賀郡岡垣町］

にぎりや刺身に使う素材はその日に近隣の漁港で仕入れた地物がほとんど。「この海で獲れたものです」と目の前の海を指差して説明するなど積極的にコミュニケーションをとり、カウンターでの緊張感を和らげる。お客の苦手なものを聞いて好みに応じ、マスコは希望があれば、スプーン1杯分追加するサービスも。味噌汁もあら汁にし、海の恵みをたっぷりと提供する。

椿

女性に人気のすしダネと小樽名物を集めたホームページ限定のお得なランチコース。アンチエイジングや健康によい食材、温・冷料理のバランス、五味(苦味、辛味、甘味、酸味、塩味)と五色(赤、黄、緑、白、黒)などを考慮し、女性の胃袋にちょうどよいボリュームで提供する。

※ホームページ専用のランチコース。要予約。

おたる政寿司　銀座店［東京・銀座］

美と健康を考えた、女性にうれしい献立

❶日替わりの魚介と野菜を合わせ、粗塩ドレッシングをかけた海鮮サラダ。

❷チーズ豆腐は北海道産の生クリーム、チーズ、ミルクで作るほのかな甘みとクリーミーな食感が楽しめる。チーズ豆腐の内容は季節ごとに変更。ジャガイモやゴマが入ることも。

❸同店の定番メニューの一つである「小樽漁師風いかそうめん」は、濃厚な黄身ダレにつけて食べる。小樽の漁師の家庭での実際の食べ方で提供。

❹茶碗蒸しにバフンウニを添えて。

❺すし7カンは赤身、白身、光り物で構成。左上から時計回りに、バフンウニの小鉢、玉子焼き、浜茹でした頭の部分でやわらかさと甘みが特徴の北海道産ヤナギダコ、ノルウェー産サーモン、カンパチとタイは近海物。ボストン沖でとれたマグロ。

❻❼止椀の吸い物とデザート。

祝いの折詰

5寸7分の折に、華やかにすしと料理を詰めた引き出物。すしの折詰の「五段流し」は関西ずしの持ち帰りが発展し、今では少なくなった折り仕事の一つで、美しく五段になるよう詰める技術だ。料理の折詰には赤・緑・白の紙掻敷を敷き、盛り込む。風呂敷に包んで提供する。

日本料理・寿司　丸萬［滋賀・大津市］

ハンギー膳竹にぎり

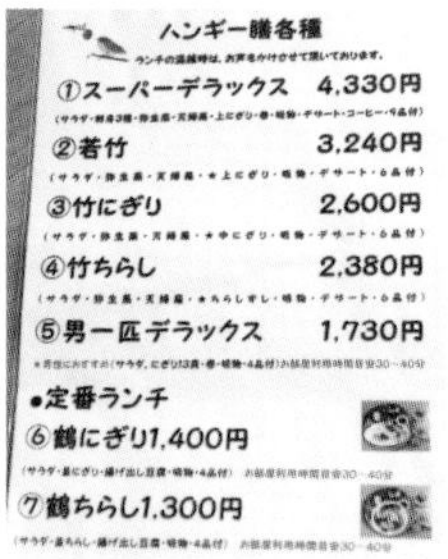

昼の「ハンギー膳」は計7種揃える。1300円～4330円まで価格に幅を持たせ、幅広い利用目的客に対応。御膳メニューだけでなく、いわゆるセットメニューも「ハンギー膳」にくくり、「この店に来たらこれ！」とのブランディングを推し進める。

やぐら寿司［佐賀・神埼市］

福々弁当

外国人の女性客向けに開発。一度にいろいろな味が楽しめる内容を工夫。ご飯ものは5種から2品、魚料理、肉料理、野菜料理は各2種から1品選べる。写真はにぎり、バラちらし、旬の魚の味噌漬け、牛煮込み、野菜の炊き合わせ、デザートの組み合わせ。現在、料理内容は取材時と異なる。予約のみ対応。

川越　幸すし［埼玉・川越市］

百万石地物にぎり

「百万石の寿司」キャンペーンに合わせて開発した、すし9カンと蒸しずし1カンのセット。蒸しずしは、器ごとタイのすしを蒸したもので、吸い地の餡をかけて食べてもらう。

金澤玉寿司　せせらぎ通り店［石川・金沢市］

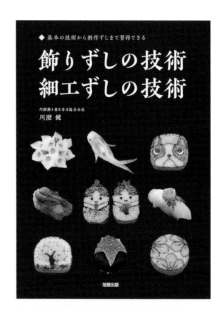

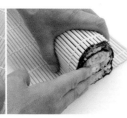

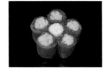

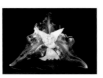

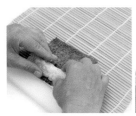

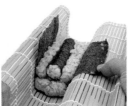

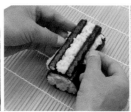

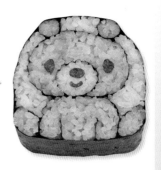

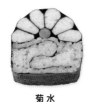

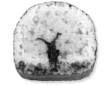

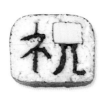

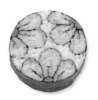

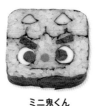

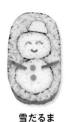

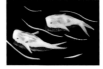

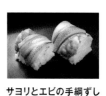

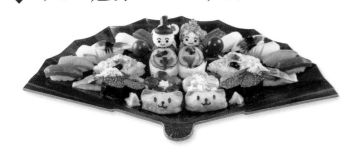

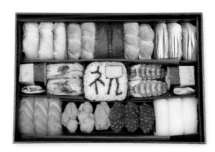

巻物・押しずし

ドラゴンボール

すし飯の中に実山椒を入れ、ウナギとアボカドで包んだもの。裏巻きずしのドラゴンロールをヒントに考案。開店以来、創作すしの中でも高い人気を誇る。

十三すし場［大阪・十三］

宝石箱

７種類の多彩な細巻きの盛り合わせ。正方形の赤い折箱に盛り込んだ、色とりどりの細巻きは見た目にも華やかで、「宝石箱」の名にふさわしい持ち帰り用の一品だ。７種類の細巻きのタネは、「お新香・しそ」「エビ・トビコ・キュウリ」「大トロ・小ネギ」「イカ・明太子」「ヒモ・キュウリ」「オクラ・梅肉」「マグロ赤身」。この商品を作る際は、1本で３種類のタネを一度に巻き、2.5本で７種・計15個の細巻きを作る。この工夫で、7本の細巻きを作らなくても、７種類の細巻きを作ることができる。

鮨しま［福岡・大濠公園］

和牛すき煮巻

前沢牛の切り落としを甘辛くすき煮にし、巻物に。卵黄をからめた牛肉はまろやかな味ですし飯との相性もいい。日本酒などのつまみに注文するお客が多い。肉の創作ずしは他に、豚バラ肉を角煮にしてねぎ味噌と巻物にする一品もある。

紋ずし［東京・祐天寺］

プレミアム近松巻

尼崎にゆかりのある近松門左衛門にちなんだメニュー、近松巻(写真右下・右)のプレミアム版。エビや玉子焼、サーモンなど10種もの具材により、ひと口ごとに浄瑠璃の場面展開のように味わいが変わる。直径12cmと大きいため、一口目から具材が楽しめるよう焼き穴子や椎茸のうま煮、ゴマと合わせたすし飯で巻く。

松葉寿司 [兵庫・尼崎市]

山菜コース

生ものが苦手な人向けに始めた山菜コース。店がオープンした45年前から変わらず提供するロングセラーメニュー。ゴボウ巻きには、岐阜県の名産のひとつ、味噌漬け菊ゴボウを使う。他に、細巻きの梅シソ巻、長イモ巻、なめたけの上にうずら卵をのせた軍艦のなめたま、芽ネギの内容。これに赤だしが付く。

美濃寿司 [岐阜・土岐市]

あてまき

あてまき喜重朗 [東京・立川市]

❶鯛わた
タイの内臓を塩蔵した“鯛わた”は、コリコリした歯ごたえと濃厚な旨みが特徴。大葉と一緒に巻き、さわやかな味わいに。

❷生ハムバジル
生ハムと相性のよいバジルを組み合わせたイタリアン風味のあてまき。ポン酢に葛粉でとろみをつけた専用のつけだれで、和の味わいを添える。

❸あけがらし
“あけがらし”は、米麹、醤油、カラシナの種子、麻の実などを原料に、山形の醤油蔵が作る発酵食品。独特の辛味と甘さが特徴。

❹うなぎクリームチーズ
ウナギ蒲焼きとクリームチーズの相性を提案するあてまき。器に盛り付け、自家製の煮ツメをぬり、山椒をかけて提供する。

マダムロール

カリフォルニアロールに発想を得て開発。中具は玉子焼とサーモンで、断面を上にして盛りつけ、イクラをたっぷりのせる。商品名は〝卵〟が女性をイメージさせることから命名。

神埼　やぐら寿司［佐賀・神埼市］

おおこぼれネギトロ巻き

ユニークな商品名でお客を引き寄せる

市場内に小売り店も持つ同店では、週末は市場の一般向け開放に伴い、マグロの解体ショーなどを定期的に行い、すし店への集客数アップへとつなげている。その市場の臨場感をまさに演出した人気の単品メニュー。ネギトロ巻きに、さらに具材をあふれたように添えることで、よりボリューム感を出し、ネーミングにも生かした。

いさば寿司／魚がし天ぷら［埼玉・さいたま市］

納豆巻天ぷら

挽き割りを使った納豆巻きを、そのまま天ぷらにした巻きずし。熱を加えることで納豆の風味が強調され、衣の香ばしさもプラスされることで、おいしさがアップ。酒の肴としても人気が高い。

独楽寿司［東京・八王子市］

エシャトロ巻

同店では酒客が多く、センスの良いおつまみも好評だが、巻物もまたおつまみになるような組み合わせを工夫。エシャトロ巻はトロの脂をエシャレットの辛味、歯触りでさっぱりさせる。

すし屋のさい藤［北海道・すすきの］

道産手綱巻

北海道鮨商組合青年部が主導し、10月3日の「道産の日」に大々的に打ち出そうとしている「道産手綱巻」。北海道産の魚介を使い、しっかり手を取り合っているような手綱巻に作る。同店では、ウニとイクラをこぼして華やかに。地産地消の取り組みとしても注目される。

すし屋のさい藤［北海道・すすきの］

甲斐サーモンの姫棒寿司

「地域社会の食文化に貢献する」をコンセプトに、オール山梨の食材で作った棒ずし。ミネラル豊富な天然の淡水で育った「甲斐サーモン」をタネに、薬味の柚子胡椒も地元産。すし飯も、米、ブレンドする「紫黒米」、合わせ酢の「ぶどう酢」と全部山梨のもの。オリーブオイルで食べてもらい、甲州ワインと相性のよいすしとして売り込む。

寿司 和食 おかめ［山梨・富士川町］

朴葉寿司

朴の葉は、葉が大きく食材を包みやすいことから、戸外での作業の合間に食べる食事を包んだり、その殺菌力を活かして保存食を包むのに古くから利用されてきた。その一つが朴葉寿ずしで、山に囲まれた岐阜県をはじめとする中部地方の郷土料理の一つ。その料理をアレンジした。すし飯の上にきゃらぶきや椎茸煮などの山の素材をのせて、エビや酢で締めたサバ、ちりめん山椒をのせ、朴の葉で包んだ。朴の葉は5～6月にまとめて収穫し、さっと湯通しして冷凍することで、年間を通してきれいな緑色を保つ。

金寿司［岐阜・恵那市］

更紗紅ます寿司

鮮やかな紅色が美しい、地元産の「更紗トラウトサーモン」を使った棒ずし。「更紗トラウトサーモン」は恵那山の伏流水の中、熊笹を合わせた飼料で育てたもので、魚体が大きく、紅色が鮮やかで臭みも無いのが特徴。仕入れた魚はおろして塩で締め、塩を洗って酢で締め、一旦冷凍。自然解凍してからすし飯とともにすしにし、白板昆布をのせて切る。竹皮で包み、香り良く仕上げる。

金寿司［岐阜・恵那市］

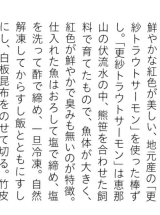

特製ロールずし弁当

パーティーなどで、ロールずしは食べやすく喜ばれる。それがさらに進化し、おしゃれで豪華さがアップしている。牛炙りロール、サーモンロール、チキンロール、カリフォルニアロール、イタリアンロール…等詰合わせ、パーティー風に。季節により内容は変わります。

シャリザトーキョースシバー［東京・銀座］

穴子箱寿司

淡路産のアナゴを使った箱ずしは、同店の名物メニュー。ふっくらと仕上げた煮穴子に特製のたれをつけ、おぼろを乗せる。または藻塩をかける。２種類の味が楽しめる箱ずしは持ち帰り用としても人気だ。

美濃寿司［岐阜・土岐市］

唐津街道姪浜いなり

コンセプトは「大人のいなり」。酸味を控えめに仕込んだすし飯にちりめん山椒、三つ葉を混ぜ込み、熊本特産の油揚げ・南関あげで巻く。煮汁の旨み、甘みをよく吸った南関あげのもっちりとした食感が特徴。手土産として追加注文するお客も多い。

寿司割烹たつき［福岡・福岡市］

本格みりん活用術

三重・多気町『鮨処 喜《き》ぜん』

人気すし店のみりん活用術
江戸前すしに生かす、伝統醸造の〝本格みりん〟

素材の持ち味を引き出し、料理を支える名脇役として、一流の料理人から支持を集める「三州三河みりん」。今回は2021年7月にオープンした商業施設VISON《ヴィソン》の「和ヴィソン」エリア内にある「美醂 VIRIN《ビリン》 de《ドゥ》 ISE《イセ》」(角谷文治郎商店)と江戸前すし店「鮨処 喜ぜん」が、伝統の和食文化を共通項にコラボレーション。店主・松名広敏氏に、本格みりんを活用した4品を紹介してもらう。

新施設VISON《ヴィソン》内のみりん蔵×江戸前すしがコラボ!

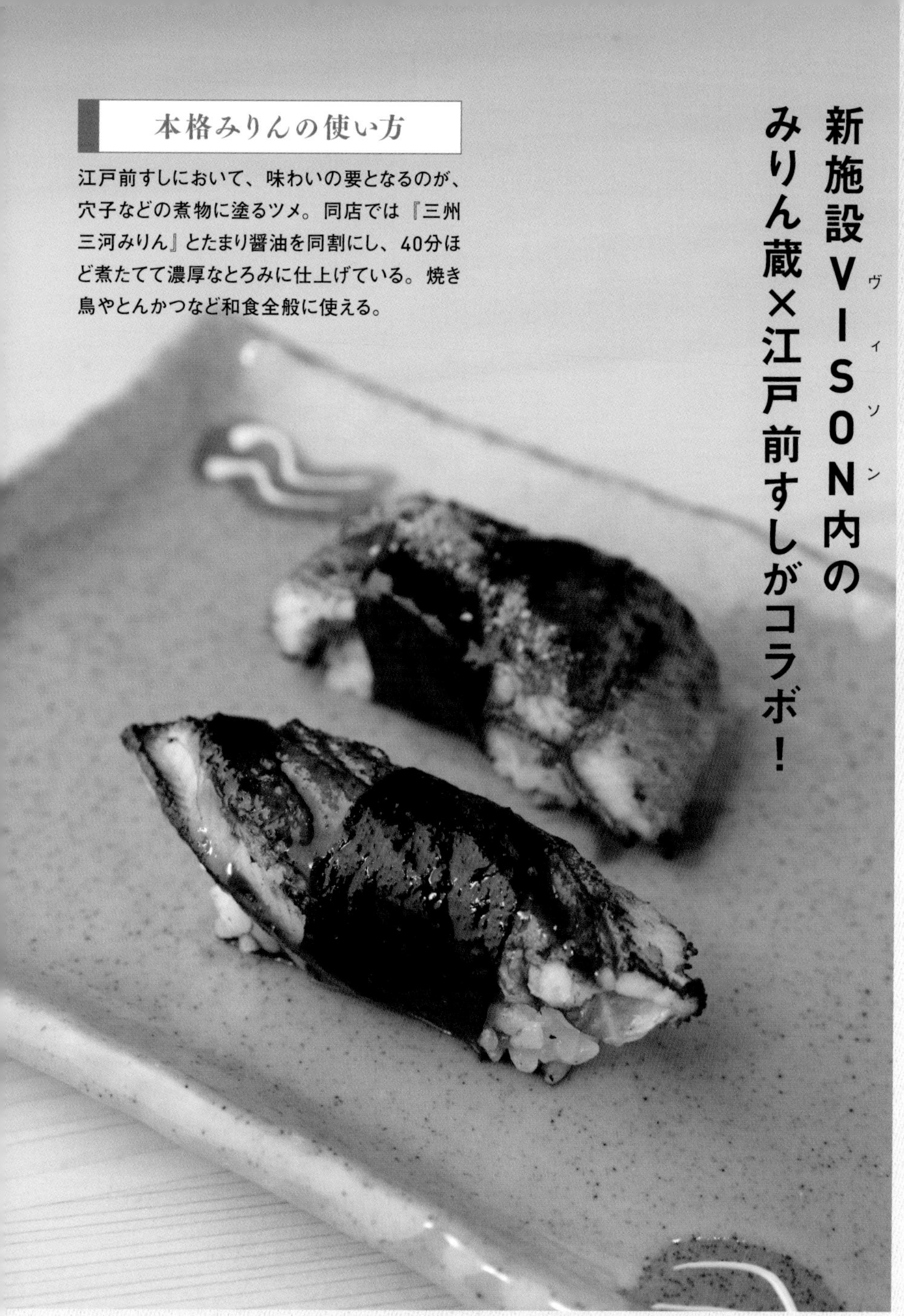

本格みりんの使い方

江戸前すしにおいて、味わいの要となるのが、穴子などの煮物に塗るツメ。同店では『三州三河みりん』とたまり醤油を同割にし、40分ほど煮たてて濃厚なとろみに仕上げている。焼き鳥やとんかつなど和食全般に使える。

穴子とうなぎの握り

江戸前すしの定番「穴子」(写真手前)と、脂ののった「うなぎ」(写真奥)の握り。身はふっくら、表面を香ばしく焼いたネタに、「三州三河みりん」を使った甘辛いツメを塗り、照りよく仕上げる。うなぎには、石うすで挽いた香り高い山椒をふる。

「自然な甘みと、焼酎の風味。なめれば、一般的なみりんとの違いは歴然です。これだけで煮つけの味が決まる、それくらい存在感があります」。そう話すのは、『鮨処 喜ぜん』の店主・松名広敏氏。江戸前すしの職人として50年以上の経験を持ち、丁寧な仕事を施した握りで、人々の舌を楽しませてきた。

今回紹介するのは、握りから甘味まで、「三州三河みりん」を主役にした全4品。魚の臭みを抑える、煮つけをふっくら仕上げる、照りツヤを増すなど、みりんのさまざまな効果が発揮されている。中でも、松名氏が高く評価するのが〝甘み〟。おいしさには上質な甘みが欠かせないと考え、すし酢にも多めのみりんを使い、甘めのシャリに仕上げている。熟成によって引き出された、まろやかなコクとうま味、芳醇な香り、そして上品でキレの良い甘みは、本格みりんならではだ。

カウンター11席、個室10席の、プライベート感ある店内。三重県で水揚げされる魚介を主役に、昼・夜ともにおまかせコースを提供する。職人の仕事が光る握りのほか、食事の締めくくりに出す「黒砂糖のシャーベット」にもファンが多い。

shop data 住所/三重県多気郡多気町ヴィソン672番1 食祭5 電話番号/0598-67-5345 営業時間/11時〜14時30分、17時〜22時 定休日/不定休

ジンジャーきりん

同店のスペシャリテ「黒砂糖のシャーベット」にトッピングするジンジャーシャーベットを、「三州三河みりん」でアレンジ。砂糖を一切使わず、みりんのみで甘みをつけた。しょうがのキリッとシャープな辛みの中に、みりんの自然な甘みと、ふくよかなうま味が広がる。

サーモンのみりん漬け

サーモンを主役に、きゅうり、グリーンオリーブ、レモンなどをあしらった華やかな一品。サーモンは、塩や酢で2日ほどかけて丁寧に下処理した後、「三州三河みりん」を使ったマリネ液に漬けこんである。みりんには、サーモンの臭みを抑える効果もある。

煮つけに使用する「三州三河みりん」。みりんと水は同量で、みりんの甘みを生かすため、醤油はやや控えめにするのがポイント。

鯖と豆腐のみりん煮

脂ののった旬のサバを、霜降りにしてから水洗いし、「三州三河みりん」＋醤油のみのシンプルな調味料で煮つけた。煮上がる10分ほど前に豆腐を加え、サバのうま味と煮汁を吸い込ませている。みりんの効果で、冷めても美しい照りツヤが持続する。

新施設VISIONから醸造文化を発信

古くから醸造が盛んな愛知県三河地方で、本格みりんの伝統製法を守り続ける角谷文治郎商店（本社：愛知県碧南市）。国内指定産地のもち米、米麹、本格焼酎のみを原料に、長期醸造熟成させた『三州三河みりん』は、国内外の一流料理人に愛されてきた。

みりんのさらなる可能性を広げるため、2021年7月、商業施設VISON（三重県多気町）にアンテナショップ&みりん蔵『美醂 VIRIN de ISE（ビリン ドゥ イセ）』をオープン。周囲には味噌、醤油、酢などの蔵が立ち並び、蔵元と連携しながら醸造文化を発信していく。店頭では多気町産の米を原料にした新商品「美醂」の試飲販売や、みりん蔵の製造見学、体験も実施予定。

商業施設VISON内に建つ『美醂 VIRIN de ISE』。和ヴィソンエリアの蔵前広場にある。

「三州三河みりん」
「美醂（ビリン）」

shop data 『美醂 VIRIN de ISE（ビリン ドゥ イセ）』 住所／三重県多気郡多気町ヴィソン672番1蔵前22 電話番号／0598-67-9307
営業時間／10時〜18時（冬期は10〜17時） 定休日／無休

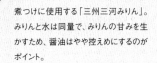

繁盛すし店の
すしと商法

コロナ禍が続く中、すしへのニーズも変化している。
そうした状況下でも、繁盛するすし店がある。
人気の店のすしと商法を紹介。

きむら丼

|東京・新宿|

個性的なすし飯と薬味で
“咀嚼して味わう”丼に

小どんぶり二種　3800円

好みの小丼2種に、野菜の一品、茶わん蒸し、お椀、漬物、デザートが付く人気のセット。写真は、藁で燻して漬けにした「中とろ燻し丼」と、生のイワシにショウガ醤油を絡め、アサツキ、芽ネギなどの薬味をたっぷり添えた「いわし彩り丼」。東京産の牛乳を使用したアイスをデザートに。

丼は上記2種の他、4種を用意。❶伊勢のてこねずしをアレンジし、ミョウガや大葉などの薬味を混ぜ込む。❷大根おろしとマグロの赤身を混ぜながら食べてもらう。❸宮崎県産黒毛和牛で作るローストビーフを贅沢に盛り込む。❹煮アナゴとアナゴ天の2種類を盛るあたたかい丼。
※写真はすべて「小どんぶり」のサイズ

❹ 穴子丼

❶ かつお手捏ね丼

❸ ローストビーフ丼

❷ おろし鉄火丼

唯一無二の「熟成鮨」と、個性溢れる一品料理を組み合わせたコースで、2013年より世界的なグルメガイドで二つ星を獲得し続ける名店『すし㐂邑』。独学で魚の熟成を追求し続けている店主・木村康司氏がプロデュースする丼専門店として、2021年7月に開業したのが、『きむら丼』だ。予約の取りにくい名店による多彩な丼をカジュアルに楽しめるとあって、注目を集めている。

もともと独立前からカジュアルな丼専門店の構想を持っており、独立後も、まかないなどで丼を作る機会が多かったという木村氏。2019年には、タイ・バンコクで丼専門店『Kimura Don』をプロデュースしており、『きむら丼』は日本での展開1号店となる。

丼の味づくりで大事にしているのは、ひと手間加えてさらに旨味を増幅させた上質な魚貝と、たっぷりの薬味、こだわりのすし飯が合わさることで生まれる美味しさ。とりわけすし飯は、木村氏が魚の熟成と同じくらいこだわり続けているもので、にぎりではなく丼に合うようにと、『きむら丼』オリジナルの配合で開発。合わせ酢は、砂糖を使わず、飯尾醸造の「純米富士酢」など2種の酢と塩のみ。咀嚼することで生まれる味わい深さを重視し、やや硬めに仕上げるのも特徴で、米はあまり浸水させず、かつ極力少ない水分で炊く。こうすることで合わせ酢をよく吸い、ほどよい硬さ

『すし 㐂邑』店主の木村康司氏（写真左）と、『きむら丼』店長の中村浩一氏。メニューのアイデアは木村氏が出し、すし職人歴の長い中村氏がそれを形にする。

大きな白子を焼きとフライの2種類で楽しませる、季節限定の丼。酢飯の上に、焼き白子と白子のフライ、さらにタラのフライをのせ、タルタルソースと白ネギを添える。

すしダネに手をかけるのも特徴。中トロの燻しは、まず燻煙鍋の中で藁を燻した後、表面を軽く炙った中トロのサクを入れ、7分置いて香りを移す。中トロの下に氷をかませ、マグロに火が入りすぎないようにする。

名店の手仕事で差別化。『すし 㐂邑』プロデュースの新感覚・丼専門店

新宿高島屋レストランフロアの14階に立地。店頭には、テーマカラーの紺色の暖簾を掲げる。店内は和風モダンな内装で、客席はテーブル席のみで個室も設けている。ゆったりとくつろげる雰囲気と、眺望のよさが魅力だ。

SHOP DATA

所在地	東京都渋谷区千駄ヶ谷5-24-2 タイムズスクエアビル14F
電話番号	03-5361-2027
営業時間	11:00〜20:00
定休日	施設に準ずる
坪数・席数	45坪・42席
客単価	4000円

になるという。

また木村氏は近年、海産資源が抱える問題や、環境問題にも関心を深めており、『きむら丼』でもそうした問題への取り組みとして、野菜や味噌、デザートに使う牛乳などは、東京産の食材を取り入れ、フードマイレージの軽減に貢献。また魚介では、禁漁期間や捕獲可能なサイズなどの漁業基準をしっかり守った外国産の冷凍マグロを積極的に使用している。すし業界では、「生の本マグロがいい」という価値観が浸透している中、名店がこうした食材を用いることで、業界内外への問題意識の喚起につなげたいと木村氏は考えている。

メニューは、丼1種（単品2500円、セット3500円）と、小丼2種（単品2800円、セット3800円）を中心に、夜は『すし 㐂邑』の名物である「うに蕎麦」が付くコース（6500円、6800円）も用意。丼は、定番6品と季節限定1〜2品を用意しており、一番人気は「中とろ燻し丼」と「いわし彩り丼」。客層は女性が6〜7割で、百貨店の買い物客に加えて、目的客も多く、丼だけで平日60食、週末120食を売り上げている。「意欲のあるスタッフに恵まれ、手の込んだ料理も作れるようになってきました。今後はイベントなどにも挑戦したい」と木村氏は意気込みを語る。

立喰い寿司あきら

| 東京・新橋 |

客単価2万5000円と同グレードのすしダネを立ち食いで提供

4坪にスタンディング7人を収容する規模で、1時間入れ替え制を採用。昼だけで最大40人を確保する。主客層は20～40代前半で、遠方からわざわざ来るお客も多い。

18歳からすしの世界に入り、高級業態の『鮨 龍尚』で独立。2号店目に立ち食いすし業態を開発した。

すし飯は、水分量を少なめに炊いたミルキークイーンに、赤酢3種、米酢、藻塩、フランスの岩塩を混ぜる。

SHOP DATA

立喰い寿司あきら

住　　所／東京都港区新橋3-8-5
ル・グラシエルBLDG 13号B1
T　E　L／070-3293-7491
営業時間／昼12:00～、夜17:00～※
定 休 日／不定休※
※営業に関しては
Instagram（stand_up_sushiakira）で告知
規　　模／4坪・スタンディング最大7人
客 単 価／8000円
経　　営／田島尚徳

客単価2万5000円の完全予約制すし店『鮨 龍尚（すし しょうりゅう）』が手掛ける立ち食いすし店が、2021年2月に東京・新橋でオープンした『立喰い寿司あきら（以下、あきら）』新橋店だ。高級すし店と同じグレードのすしダネを気軽に食べられると話題を呼び、20～40代までの目的来店客をキャッチ。4坪スタンディング7人を収容し、1日約50人を集客する。

店主はすし職人として25年以上の経歴を持つ田島尚徳氏。14年7月に所属していた会社の1事業として『鮨 龍尚』を立ち上げ、16年に買い取り独立、2号店目として『あきら』を出店した。

「コロナ禍で通常営業ができないことで、売上げよりも自分の勘が鈍ることを一番危惧しました。また飲食店には補償金がありましたが、仲買さんには十分な補償がなかったため、何か支援できないかと新規出店を考えたのです」と田島氏。

なるべく固定費を抑えた低リスク開業を考え、狭小物件を探した。また席数が少なくても立ち食いスタイルで回転率を上げることができれば、ある程度の仕入れも確保できると考えた。

メニューはにぎりのみで、常時20～25種を用意。魚介はまとめて仕入れ、例えばシマアジなら腹は『鮨 龍尚』で、背は『あきら』でといった具合に、部位をうまく使い分けることで原価を調整している。価格は1カン330～1100円。

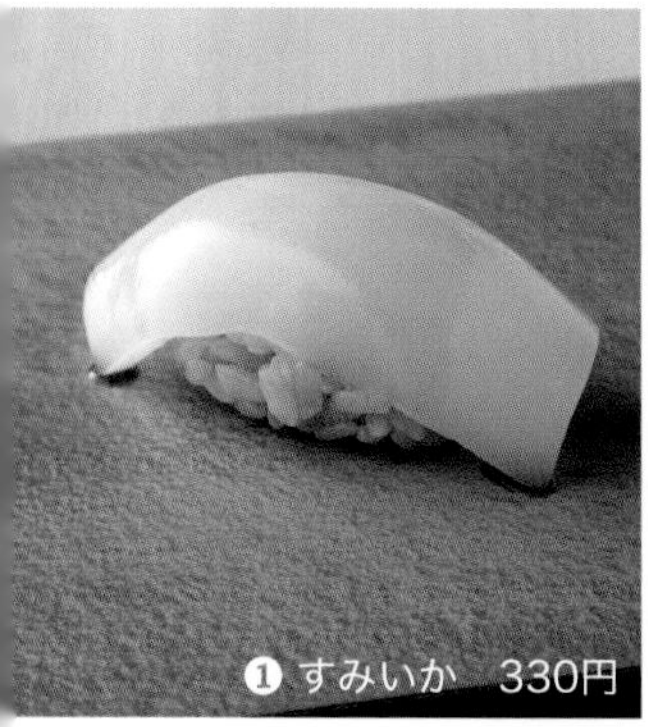
❶すみいか　330円

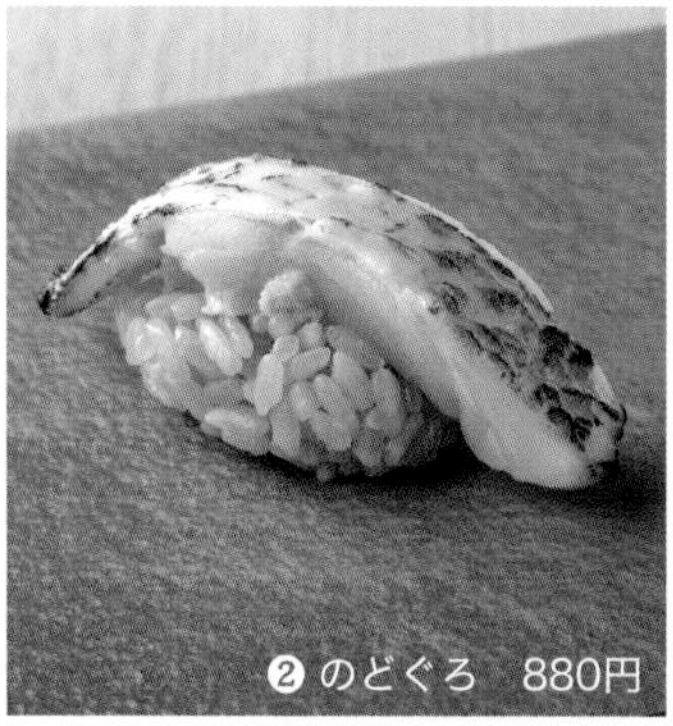
❷のどぐろ　880円

❸牡蠣　440円

❹せいこ蟹　770円

❺小肌　380円

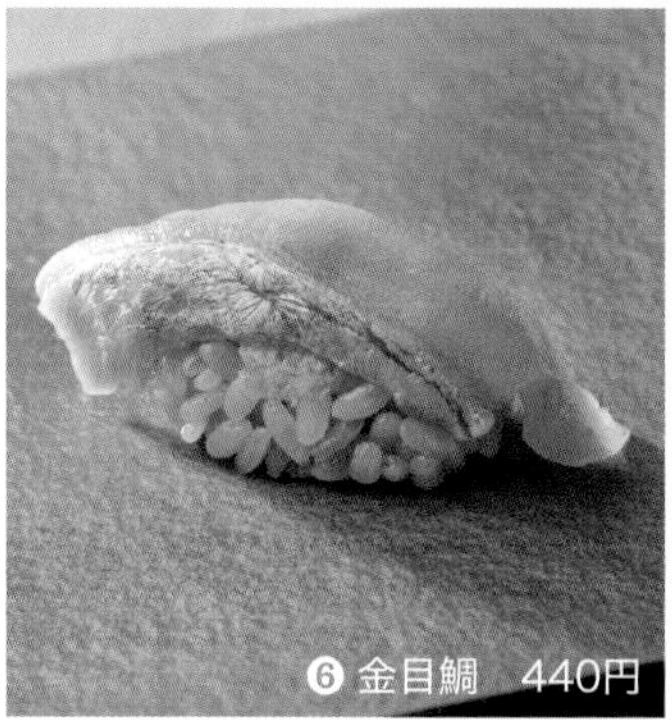
❻金目鯛　440円

❼あじ　440円

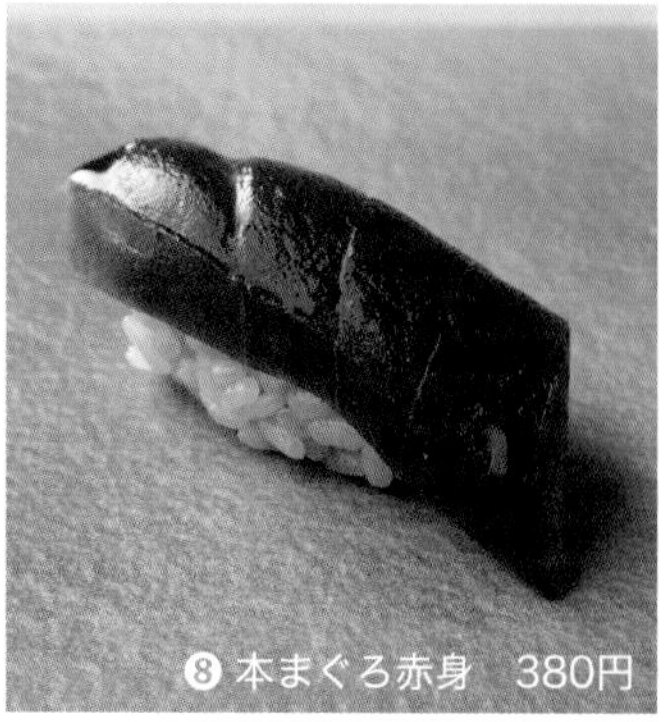
❽本まぐろ赤身　380円

❶内側に隠し包丁を入れ、甘みを感じやすくさせる。❷昆布締めで旨味を凝縮。❸北海道仙鳳趾産。キャビアライムと岩塩をのせる。❹内子、外子など1匹の部位を盛る。❺塩と米酢で一晩寝かせ、臭みをとる。❻千葉県銚子産。❼塩と赤酢で〆める。丁寧な仕事で高級すしの品質を提供。❽仕入れはやま幸。

すしは日替わりで、当日10時30分にインスタグラムにメニューをアップ。整理券受け取り時にオーダーを注文表に書き込む。

1時間入れ替え制で回転率を高める

雑居ビルの地下1階、元スナックの物件。仕込みができないためすしダネは築地店、すし飯は『鮨 龍尚』で仕込み配送する。

立ち食いスタイルであることから、ボリュームゾーンを３８０円、４４０円に設定し、原価を投じて価格を抑制したお値打ち感を強力な武器としている。

『あきら』新橋店の人気を受け、21年7月に東京・築地に『あきら』築地店をオープン。現在は築地店ですしダネの仕込みを一括化し、すしダネは築地店から、すし飯は『鮨 龍尚』から仕入れている。

特筆すべきは整理券を配布し、1時間入れ替え制を採用する点。オープン当初は食べ終えたお客を順に入れ替えていたが、最大4時間半待ちの行列ができたため、21年4月から入れ替え制に変更した。整理券は11時に配布し平日は12時、13時、14時を入店時間に設定。また入店前にオーダーを注文表に記入する事前オーダー制を採用し、追加注文をなくすことで回転効率を高めている。

にぎり1本、ワンオペレーションのすし店であることから、すし職人育成の場としての役割を持たせている点も特徴の一つ。「とにかく握るだけですが、注文がお客様ごとに異なるため、出す順番やスピードなど頭を使う必要がある。こうした経験は修行中なかなかできないため、若手すし職人の実力を試す場になればと考えています」(田島氏)。

現在『あきら』2店舗に立つ職人は、田島氏以外に3～4人が控えている。職人育成支援の場を広げる意味で、同スタイルでの展開も考えたいという。

Sushi Bar MUGEN

| 東京・恵比寿 |

バーの間借り営業でにぎりコース1本勝負。1日2回転、最大12人集客で予約殺到の人気店

コースは日替わりのすし12カン、玉子焼き、お椀で構成。追加のすしダネとして常時4種類(各600～800円)も用意する。すし飯は岩手県産「たかたのゆめ」に、ミツカンの三ツ判山吹と白菊をブレンド。酢が主張しすぎない配合に。

おまかせコース
12貫+2品　5000円

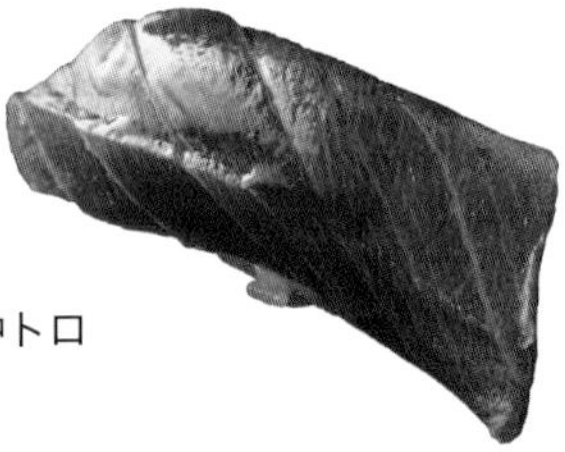

中トロ

春子鯛

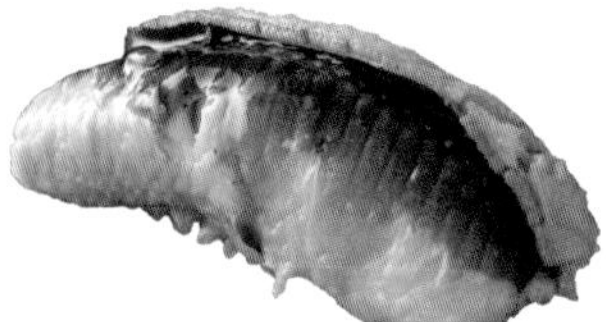

穴子

アジ

魚介は千葉県産を中心に日替わり。アジはすり潰したアサツキで、パンチをきかせる。穴子は笹に包んで炙り、ふっくらと仕上げる。

完全予約制で1回最大6人、2回転に限定。音楽好きという小栗氏。曲に合わせて提供するすしダネ順や速度も変えている。

正統派の江戸前ずしを音楽にのせて提供

SHOP DATA

Sushi Bar MUGEN

住所	東京都渋谷区恵比寿4-9-1 2F
TEL	070-4039-0649
営業時間	12:00～14:00、18:00～20:00
規模	5坪・6席
定休日	火曜日・祝日の月曜日
客単価	7500～8000円
経営	小栗陽介

おまかせコース12カン+2品5000円の1本のみで勝負する、完全予約制のすし店『Sushi Bar MUGEN』。2021年1月に東京・恵比寿でオープンし、若者でも来やすい価格ながら正統派の江戸前ずしが味わえると、2ヵ月先まで予約が埋まる人気ぶりだ。

店主の小栗陽介氏は、グルメ回転ずしチェーンでキャリアをスタート。バイトから入り魚介の解体技術や握り、数値管理など、すしの技術から経営知識まで身につけた後、都内の高級すし店で2年ほど経験を積んだ。その後アメリカ・ニューヨークへ渡り、ミシュラン・ガイドで一ツ星を獲得する『Sushi Yasuda』で4年間の勤務を経て19年に帰国、独立を果たした。

「物件探し中にコロナ禍に入ってしまい、箱を借りての独立はハイリスクだと考えるようになりました。そこで知人であるバーのオーナーに、営業していない時間ですし店をやりたいと相談。この物件は21時からバーとして営業するので、21時まで借りる契約にしてもらいました。まずは間借りで始め、次の展開につなげられたらと考えたのです」と小栗氏。

現物件は5坪6席の狭小店舗のため、1日の最大集客数には限界がある。しかし間借りでワンオペ営業と固定費が低いことから、完全予約制にすることでロスを軽減すれば十分利益が出ると判断した。バー物件で設備が限定されているため、

サヨリ

小肌

ヒラメ

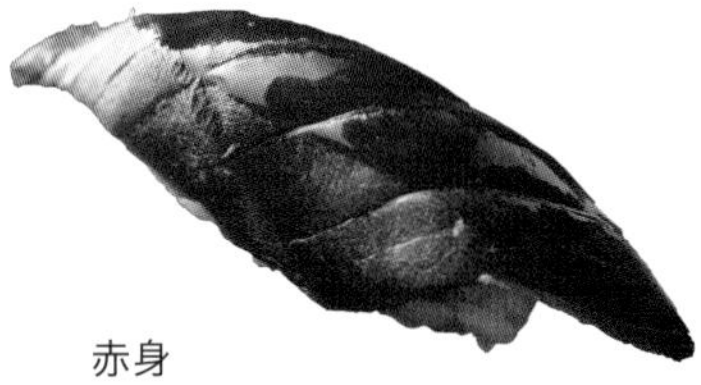
赤身

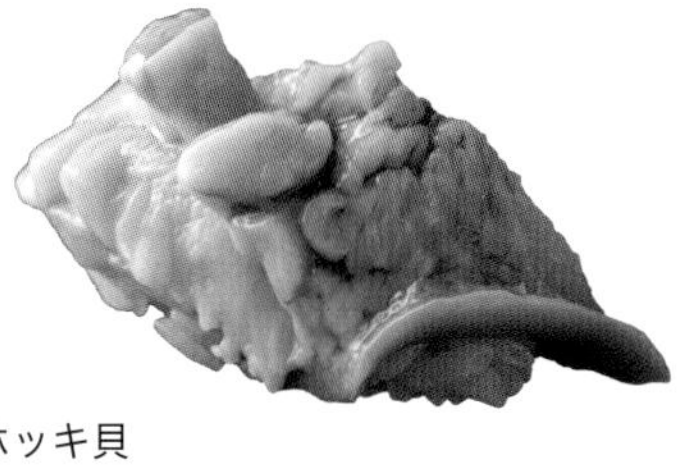
ホッキ貝

煮ホタテ

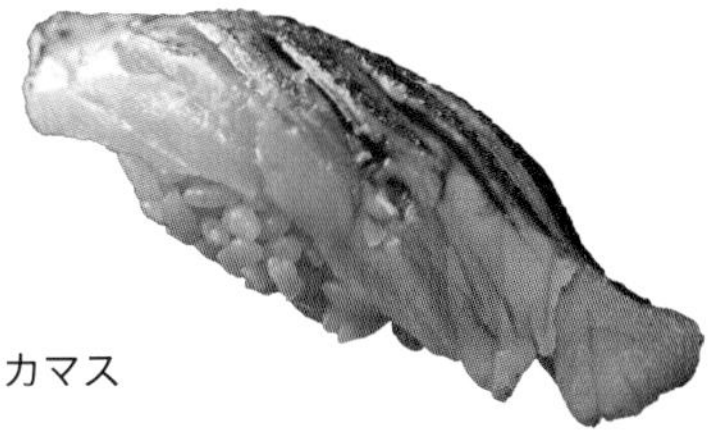
カマス

平貝

江戸前ずしの代名詞ともいえる小肌は丁寧な下処理と酢〆めを施し、正統派のすしを印象づける。煮ホタテは甘ダレをかけ、一風変わった軍艦巻きで提案する。

玉子焼きは、山芋と魚のすり身を合わせたカステラ風。味噌汁は具材が日替わりで、写真はあおさ。

夜はしっかりとお酒を飲んですしを食べられるよう、辛口純米酒を中心にアルコールも揃える。

店主の小栗陽介氏。カリブ諸島で正装とされるシャツ「グァジャベーラ」を来て接客するのも、小栗氏流のスタイル。

メニューはにぎりのみに。そうした制限がある中、12カンで満足してもらうための工夫も見逃せない。例えばランチ利用客には、1時間でサクッと食べられるようテンポよく出す。すし飯は大きめにして満腹になるよう配慮する。一方、夜はお酒と一緒に2時間しっかり楽しんでもらえるよう、すし飯を小さめに設定。すしダネは1カン当たり9〜10gと大きくすることで、満足度を高めている。

すしダネは日替わりで、コース以外の追加注文用に約4種の魚介も用意。魚介はなるべく千葉県産のもので、季節感が出る内容で揃えている。

すし飯に使う米は岩手県産の復興米「たかたのゆめ」。粒が大きくどんな魚介にもマッチすることから、酢が立ち過ぎない赤酢と米酢をセレクトし、米の旨みを打ち出すすし飯に仕上げている。

同店のコンセプトは「音楽が楽しめるすし店」。音楽好きの小栗氏が選曲した音楽はヒップホップを中心に、ゆったり過ごしたいときはメロウな曲を、忙しいときはドラムベースの曲をと、そのときの気分で変えている。また、曲に合わせてすしを出す順番やスピードを変えたりと、音楽とコースが密接に関わっているのも同店ならではの特徴だ。

22年には新規出店も予定。「新しい店舗では提供できるメニューが増えますし、時間制限なくお客様に楽しんでもらえると思います」と小栗氏は話す。

豊富な魚介、“握りたて”を魅力に、地元客を集める！

すし銚子丸 八柱店

｜千葉・松戸｜

入口正面のカウンター席は、中にすし職人が入ってサービスするスタイル。80席の店内は、オープンと同時にお客が訪れ満席になる。

テーブル席は、壁際に厨房から直通の専用レーン（「オートウェイター」北日本カコー㈱）を設置。注文した席に、直接すしが届けられる仕組み。

カウンター奥はテーブル席。地元客を中心に、新鮮魚介のすしをくつろいで楽しめると評判だ。週末には子供連れの家族客が多い。

日本最大の水揚げ量を誇る、千葉・銚子港を店名に冠した『すし銚子丸』（経営／㈱銚子丸。本社・千葉市）は、その名の通り銚子港をはじめとして、世界中から仕入れた新鮮魚介を売り物にする評判の回転ずしチェーン。

すしは143円～638円の間に7段階の価格を設定し、幅広いバリエーションを揃えており、さらに月替わりのすしとして「今月のイベントメニュー」も用意。またすし以外にも、魚介の丼ものや刺身メニューなど、魚介を活かしたメニューも揃える。季節感の高いメニューで、旬の魚介の美味しさを楽しめると、人気を集めているのが特徴だ。

店舗は、『すし銚子丸』82店舗を中心に、価格帯の異なる「すし銚子丸 雅」4店舗、豊富な一品料理にコースも揃う「百萬石」1店、それにテイクアウト専門店5店と、計92店（2021年12月現在）。これらを千葉、東京、埼玉、神奈川の首都圏に展開中だ。

その同店の中でも、千葉・松戸に2003年2月開業した『すし銚子丸八柱《やばしら》店』は、2021年11月16日にリニューアルした最新店舗である。

以前の店づくりは、カウンターを中心に回転レーンを設置した店舗だった。しかしリニューアルを機に、客席スペースをカウンター席とテーブル席に完全に分け、全席、金額を提示したタッチパネルによるフルオーダー形式に変更した。

豊富な定番のすしに加え、月替わりのすしも楽しめる

世界中から仕入れる高品質の魚介を使った『すし銚子丸』のすしは、豊富なグランドメニューに加え、月替わりの「今月のイベントメニュー」も用意。『八柱店』は価格表示した端末から注文するスタイルで、異なる価格のすしでも絵皿は統一している。

本まぐろ中とろ
税込495円

真はた
638円

あじ
税込297円

オーロラサーモン
税込297円

握ってすぐのすしを楽しませる!

厨房ではお客からの注文を確認後、職人がすしを握って専用レーンで送る。握りたてのすしが楽しめると好評だ。

SHOP DATA

すし銚子丸　八柱店

所在地／千葉県松戸市日暮5-53
電話番号／047-704-5550
営業時間／11時～21時
定休日／年中無休
坪数·客席数／74.77坪·80席
客単価／約2000円

リニューアルに際しては、店内を〝舞台〟に見立てた店づくりが行われており、入口を入ると、まず大きな低カウンター席が配置されている。すし職人による接客の様子などを来店したお客に見せることで、迫力と賑わいのある店であることを感じさせている。

全席、タッチパネルによる注文を行っているが、カウンター席ではすし職人が握って提供するスタイル。一方、カウンター奥に配置したテーブル席では、専用レーンを設置。厨房内のすし職人による握りたてのすしを、注文先の客席にレーンで直接提供できるようにした。

「主力の回転すし形式の店では、絵皿によって価格が分かるようにしていますが、『八柱店』のように価格を提示したタッチパネル導入店では、注文データを集計して会計を行うようになりますので、提供する際に皿を選ぶ必要もありませんし、色皿を数えて会計する必要がありませんので、大変効率的です」(㈱銚子丸、経営戦略室)

生産性が向上しただけでなく、フルオーダーによって、フードロスの削減もでき、専用レーンによってお客は〝好きなメニューがすぐに食べられる〟という利便性も生まれたと同社は語る。

ライブ感の魅力に加え、新鮮魚介のすしという同社の売り物を、さらに強く押し出せるスタイルの導入で、地域のお客の支持をさらに集めている。

店は小田急線「成城学園前」駅から徒歩5分ほど。ビルの奥まったエレベーターから店内に入る。

美登利 昌《しょう》 成城店

| 東京・成城 |

落ち着いた雰囲気の中、くつろいで上質のすしを堪能したい層が訪れる。完全予約の総入れ替え制で、昼夜各2回転。

すし、料理も店舗も上質。「梅丘 寿司の美登利」が開発した、高級業態の店

すしはおまかせ。タネケースはなく、その日仕入れて仕込んだ魚は、ヒノキのタネ箱に入れて準備し、お客の前に出して説明する。

1963年（昭和38年）、東京・世田谷の私鉄「梅ヶ丘」駅前で本店を開業。一本付けをした「元祖穴子」は話題を集める名物に。さらに、それ以外にもリーズナブルな価格で本格派のすしが楽しめると、行列が絶えないのが、「梅丘 寿司の美登利」だ。近年では、席待ちの店頭での行列を解消するため、同店のホームページで「順番受付」も行っており、それほどの繁盛を誇っている。

同店は現在、従来からの業態のほか、立ち食い店、回転ずし店が計19店舗。海外にFC6店舗を展開している。そして2021年11月に、さらに新業態の『美登利 昌』を開業させた。ちなみに店名は、同社社長の梅澤昌司氏の名から命名したという、いわば社長肝入りの店というわけだ。

『美登利 昌』は、これまでの「梅丘 寿司の美登利」とはスタイルを大きく変えた高級業態。完全予約の総入れ替え制で、昼夜2回転ずつ。客単価は、昼が5000円、夜は1万6000円である。

場所は、本店と同じ沿線上にある高級住宅街の「成城学園前」。駅から徒歩5分ほどのところにある、ビルの地下。すし好きに、わざわざ足を運んでもらうための、〝お忍び感〟のある立地である。

『昌』の業態開発に当たっては、同店が開業以来掲げてきた〝美味しい寿司をリーズナブルに〟という想いをベースに、次の商売の方向として高単価で利益を確保しながら、若い職人のすし技術を継

承していく、という狙いがあった。さらに新業態からのフィードバックを受けることで、新しい時代に向けた全店の魅力の底上げにもつながる。

以上のような理由から、従来の業態からは離れて、素材、味、店づくりの全てにわたって高級化を図った。

店内デザインは、高級住宅地の街並みに合う落ち着いたデザイン。カウンターには樹齢200年以上の東濃ヒノキを使用。トレーは秋田杉材。つけ台、まな板、天井材は全てヒノキ材で、光天井には京都の晒竹を施し、明るい中にも陰影のある空間に。また天井や壁は一部に曲面を配し、自然で包み込まれるような空間に仕上げている。

器は使い飽きないシンプルな備前焼き。伝統工芸作家で組織する日本工芸会の正会員・岡安廣宗氏が焼いたものを多用している。酒器は錫製を使用。

すし、料理は全ておまかせ。料理は基本的に月替わりで、魚介は仕入れによって日々変更されることもある。

特にすしは、既存業態とは大きく変えた。つまみとしてのすしなので、すし飯は小さい。既存店は18～20gなのに対して、『昌』は8～10g。すし米は、山形県産のつや姫雪むろ米の限定品。すし酢は、既存店とベースは同じだが、赤酢を少し加えている。さらに塩も醤油も別に仕入れたもの。魚介も別仕入れで、名物の「穴子」も独自に炊いたものを使用する。

夜のコースで、料理は先付から、お造り、蒸し物、焼き物、煮物、水菓子まで10品。内容は基本的に月替わりで、魚は仕入れで変わる。器には備前焼きを多用した。

すしも料理も多彩。豊富な品数も魅力

SHOP DATA

美登利 昌(しょう)　成城店

所在地／東京都世田谷区成城6-12-6 A*G成城学園前B1F
電話番号／03-6411-2280
営業時間／11時スタート～15時(ラストオーダー14時)、17時スタート～22時(ラストオーダー 21時)
定休日／年末年始
坪数・席数／14.7坪・12席
客単価／昼5000円、夜16000円

カウンターは樹齢200年以上の東濃ヒノキ。光天井には京都の晒竹を施し、明るい中にも陰影のある空間に。四隅の壁は曲面にして、圧迫感を極力抑えた。

期待感を高める、店づくり上の演出

エレベーターを降りた空間の壁は焼杉で、明るい店内とのコントラストを出し、お客の期待を盛り上げる。

すしはコースに12種類を構成。すし飯は8～10g。すし米は、山形県産のつや姫雪むろ米の限定品。すし酢は赤酢を加えて味わいを変えている。

すしは、緋色を施したすし皿に出される。重厚感を出すため、皿の横と上面にヘラ目を入れている。

特別レポート

ノルウェーサーモン＆サバは、自然にも体にも優しい

ノルウェー水産物の底力は地球への優しさから

SEAFOOD FROM NORWAY

漁業大国・ノルウェーの水産物はサステナブルな漁業でも世界から注目されている。日本で大人気のノルウェーサーモン&サバは栄養価の高さも魅力だ。ノルウェー水産物の底力は、自然にも体にも優しい「地球への優しさ」にある。日本のすし店はもちろん、世界のすしシーンでますます重要な役割を果たすのがノルウェー水産物だ。

サステナブルな漁業にいち早く取り組み、さらに進化を続ける

スカンジナビア半島の西側に位置する北欧の国・ノルウェー。卓越した自然環境を誇り、冷たく澄んだ海で育まれるノルウェー水産物のクオリティーの高さは世界で認められている。人口は日本の1／20の小さな国だが、世界で第2位の水産物輸出国家だ。そんなノルウェーが、漁業大国としていち早く取り組んできたのが、自然に優しいサステナブル（持続可能）な漁業である。ノルウェー水産物審議会（ＮＳＣ）日本・韓国担当ディレクターのヨハン・クアルハイム氏は、その歴史について以下のように説明する。

「かつては世界的にそうでしたが、ノルウェーも資源管理の体制が整っていない時代がありました。１９６０年代、乱獲によりニシンの産卵量が激減し、資源枯渇の寸前まで陥りました。その反省もあり、１９７１年には漁獲規制を制定。１９８７年には、女性初のノルウェー首相でもあるグロ・ハーレム・ブルントラント氏が、〈将来の世代の欲求を満たす能力を損なうことなく、現在の世代の欲求も満足させるような開発〉の重要性を説き、〈サステナビリティ〉の概念が広く認識されるようになりました。現在では、行政と水産業界が一体となって取り組む最新のシステムで、サステナブルな漁業を実践しています」

ノルウェーのサステナブルな漁業の進化は、日本でも大人気のノルウェーサーモンの養殖や、ノルウェーサバの漁獲においても見て取れる。例えば１９９０年代以来、ノルウェーサーモンは生産を増加させる一方で、抗生物質の使用を99％減少させた。餌もより自然に優しいものへと改良を進め、例

2020年12月に、ノルウェー水産物審議会（NSC）日本・韓国担当ディレクターに就任したヨハン・クアルハイム氏。

ノルウェーサーモン＆サバ × 江戸前の技で広がるすしの魅力

フレッシュで上質なノルウェーサーモンは、江戸前ずしでも高く評価されている。天然の魚だけでは水産資源の枯渇が懸念される中で、食料ニーズと自然保全を適合させた高度な養殖技術で生産されている点においても、ノルウェーサーモンが江戸前ずしで果たす役割は大きくなっている。

創業明治20年の名店『都寿司本店』（東京・日本橋蛎殻町）の4代目で、全国すし商生活衛生同業組合連合会の会長も務める山縣 正氏も以下のように話す。

「ノルウェーサーモンは、年々その重要性が高まっています。クオリティーが高く、使いやすいフィレもある。なおかつ、安全・安心で、安定供給も実現しているノルウェーサーモンは、江戸前ずし店にとっても、非常にありがたい素材です。以前は、養殖の魚を軽視していた江戸前ずし店でも、今はノルウェーサーモンを使うケースが増えています。また、以前に比べると、海外のすしのレベルも上がってきました。海外でも〈本当に美味しいすし〉が求められるようになればなるほど、ノルウェーサーモンの需要が伸びると思います」

そして、同店においては、ノルウェーの「生サバ」のすしも試作してもらった。担当した5代目の山縣秀彰氏は、「ノルウェーサバは、より脂が乗っています。その特徴を生かしながら、江戸前の仕事をプラスすれば、魅力的なすしにすることができます」と話す。実際、試作してもらったすしは、昆布締めや漬けでノルウェーサバの美味しさを際立たせた。「ノルウェーサーモン&サバ×江戸前の技」で、すしの魅力を一層広げることができそうだ。

『都寿司本店』4代目の山縣 正氏（中央）、五代目の山縣秀彰氏（左）、ヨハン・クアルハイム氏。

手前がノルウェーサーモンの昆布〆・漬け・炙り。奥がノルウェーサバの昆布〆・漬け・酢〆の炙り。どちらも塩をして適度に水分を抜き、旨味を凝縮してからすしダネにしている。ノルウェーサバの漬けは、漬け地にサバ節を加えるひと工夫でも美味しさを高めた。

えば、森林破壊をしていない方法で作られている大豆が使われている。

また、ノルウェーサバは、周辺国と取り決めた漁獲枠の中で、ベストシーズンの9月～11月に狙いを定めて漁獲。サステナブルな漁業状態を保ちながら、最も脂が乗って美味しいサバを漁獲している。さらに、船ごとの漁獲量を管理し、一度獲ったサバを海に捨てることも法律で禁止。獲ったサバが小さければ、そのエリアのサバは十分に成育していない可能性がある。そうした情報を共有し、魚の命を無駄にしないように努力している。

日本への「生サバ」の空輸を開始。ノルウェーサバの新たな選択肢に！

ノルウェーサーモンは、生で届くフレッシュさだけでなく、オメガ3脂肪酸やビタミンが豊富なのも魅力。脂が乗ったノルウェーサバも、オメガ3脂肪酸のDHAとEPAが豊富だ。このように体に優しく、良質なタンパク質を摂取できる点でも、ノルウェー水産物は世界の食料ニーズに対応。中でも140ヵ国に輸出しているノルウェーサーモンは、世界のすし人気を牽引するすしダネで、日本の江戸前ずしでも多くの店が使用している。

そうした中で、ノルウェーは日本への「生サバ」の空輸も2021年からスタート。9月下旬から11月上旬の期間限定だが、脂の乗ったノルウェーサーモンと同様に水揚げから36時間ほどのフレッシュな状態で日本に届くようになった。

「日本の商社の検品担当者から、〈ノルウェーサバは非常に品質が高いので、生でも日本に輸出したらどうか〉と提案していただいたことで始まった取り組みです。一年を通して美味しく食べられる〈冷凍〉と、漁獲シーズンのみ味わうことができる〈生〉。この両方で、ノルウェーサバの食べ方、味わい方の幅を広げてもらえればと考えています」とクアルハイム氏は話す。

「生サバ」という新たな選択肢も加わったことで、素材の品質にこだわる江戸前ずし店で、自然にも体にも優しく、なおかつクオリティーが高いノルウェー水産物の注目度がさらに高まりそうだ。

お問い合わせ／
ノルウェー水産物審議会（NSC）
http://www.seafoodfromnorway.jp/
ノルウェーシーフード　検索

国際すし知識認証協会・代表理事の風戸氏（左）は、千葉・稲毛海岸の大人気すし店『さかえ寿司』を経営しながら、同協会の講習会や認定試験の活動も推進。理事・認定講師の小川氏は（右）は、コロナ禍前は年間に25～30ヵ国を回るなど、精力的に活動を行っている。

特別インタビュー

世界的なすし人気で注目される ノルウェー水産物のさらなる可能性

世界的にすし人気が拡大しており、ノルウェー水産物が果たす役割は今後ますます大きくなると予想される。そこで、「一般社団法人 国際すし知識認証協会」代表理事の風戸正義氏と、同理事・認定講師の小川洋利氏に、ノルウェーサーモンの魅力やノルウェー水産物の可能性について聞いた。

Q国際すし知識認証協会は、全国すし商生活衛生同業組合連合会の「すし知識海外認証制度」の活動を受け継ぎ、世界各国で講習会や認定試験を行なっています。まず、活動の近況や成果について教えてください。

風戸氏　この2年間はコロナ禍で活動が制限されましたが、講習会や認定試験を受けたいというすしシェフは急増しています。それだけ、各国ですしの人気が高まっているのです。

そうした中で、すしの正しい知識と技術を世界に広め、各国のすしシェフの地位向上に寄与することが私たちの役目です。10のプロセスのうち、1～5は生魚を衛生的に扱う知識と技法であり、その基本が何よりも大事であることを伝えています。

小川氏　私が活動に参加したのは2012年ですが、当時はまだ、すしシェフの地位は低い印象でした。しかし、近年、すしシェフの地位が格段に向上しているのを各国で実感しており、そのことを非常に嬉しく思っています。

Qノルウェーサーモンの人気や魅力、さらなる可能性をどう見ていますか。

風戸氏　ノルウェーサーモンは、世界的にもダントツの人気です。ノルウェーサーモンの大きな魅力の一つは、品質にムラがなく安定していることです。どの国であっても、フレッシュでクオリティーの高いノルウェーサーモンを使うことができるので、すしシェフにとって欠かせないすしダネです。養殖なのでトレーサビリティがしっかりしている点も長所です。

小川氏　ノルウェーサーモンをすしにする場合も、塩をして、適度に水分を抜く江戸前の仕事を各国のすしシェフに教えています。10ヵ国以上で、塩をしたノルウェーサーモンのすしと、塩をしていないものを食べ比べしましたが、90%以上のすしシェフが塩をした方が美味しいと答えました。

こうした基本技術が広まることで、ノルウェーサーモンのすしは、世界でより多くの人たちを魅了することができます。また、ノルウェーサーモンは様々なソースや食材と相性が良いので、そのアレンジにも大きな可能性があります。

風戸氏　私がダボス会議で当時の安倍首相に同行し、現地ですしを披露した際は、ノルウェーサーモンに自家製の食べるラー油をトッピングしたすしが大好評でした。江戸前の伝統的な技法である漬けから、こうしたチリソースのテイストまで、様々な味わいで美味しいすしにできる万能なすしダネがノルウェーサーモンです。

Qノルウェーの他の水産物については、どんな印象をお持ちですか。

小川氏　ノルウェーは、魚介類全般のクオリティーがとても高い。例えば、ノルウェーの魚貝を使って、「江戸前」ならぬ「ノル前」のすしを作るとしたら、サーモン、ホタテ、ウニ、ボタン海老、オヒョウ、タラといった感じでしょうか。自然環境に恵まれたノルウェーの上質な水産物は、すしダネとしての大きな可能性を感じます。

Q今後の抱負や活動方針についても聞かせてください。

風戸氏　世界各国のすしシェフを、より高いステージへと引き上げる取り組みに一層力を入れていきます。例えば、「黒帯認定」で、よりレベルの高いすしシェフを輩出しています。「ワールドスシカップ」は、上位に入賞すると活躍の場が広がることから、すしドリームの実現につながっています。

また、私どもの「すし調理衛生知識」は、「世界司厨士協会」フランス本部にも認められました。フレンチシェフなどからも講習を受けたいという声が多くなっています。生魚を正しく扱う知識と技術は、魚のことをもっと深く知り、料理の幅を広げたいと考えている世界のシェフたちから、今後ますます必要とされるようになるでしょう。

すし店 酒肴の技術

酢の物・和え物・小鉢料理

鶴林 吉田靖彦

すし店のつまみ、酢の物と和え物を欠かすことはできない。そのおいしさが店の評価を高め、お酒をすすめる。土佐酢、生姜酢、リンゴ酢、若草和え、千枚蕪和え、辛子和え…など、合わせ酢の種類、和え衣のバラエティーの豊富さが料理の幅を拡げる。材料の組み合わせ、調理の技術によって、さらに料理の魅力が高くなる。

辛子酢味噌がけ

酢味噌＋土佐酢で味のバランスをとる。

辛子酢味噌は、玉味噌に酢と溶き辛子を加えた、まろやかな味わいの中にも酸味と辛みが効いた味噌。わけぎやうどなど、クセのある野菜と相性が良い、いわゆる「ぬた」です。辛子酢味噌だけでいただくと口の中が濃くなってしまうので、さっぱりした後味の土佐酢を合わせて、バランスを取りました。ただ、ふたつを混ぜ合わせると、どうしても色が悪くなってしまうので、土佐酢は注ぎ入れ、酢味噌は材料に天かけ、と別々に。食べる時に混ぜるなり、つけるなりして召し上がっていただき、いろいろな楽しみ方ができる仕立てとしました。

◆応用

わけぎと合わせるなら、赤貝、アナゴなど。

辛子酢味噌の技法

1 すり鉢に玉味噌を入れ、溶き辛子と酢を加える。

2 全体が混ざるように、よくすってなめらかに仕上げる。

土佐酢の技法

1 鍋にだしと調味料を加えてひと煮立ちしたら、カツオ節を加える。

2 冷めてから、布漉しする。

貝柱辛子酢味噌がけ

茹でて冷まし、結んで味を含ませたわけぎに、直火でさっと炙ったタイラ貝、下味をつけた赤こんにゃくと利休麩を彩りよく盛り、辛子酢味噌をかけて、器のふちから土佐酢を注ぎ入れる。

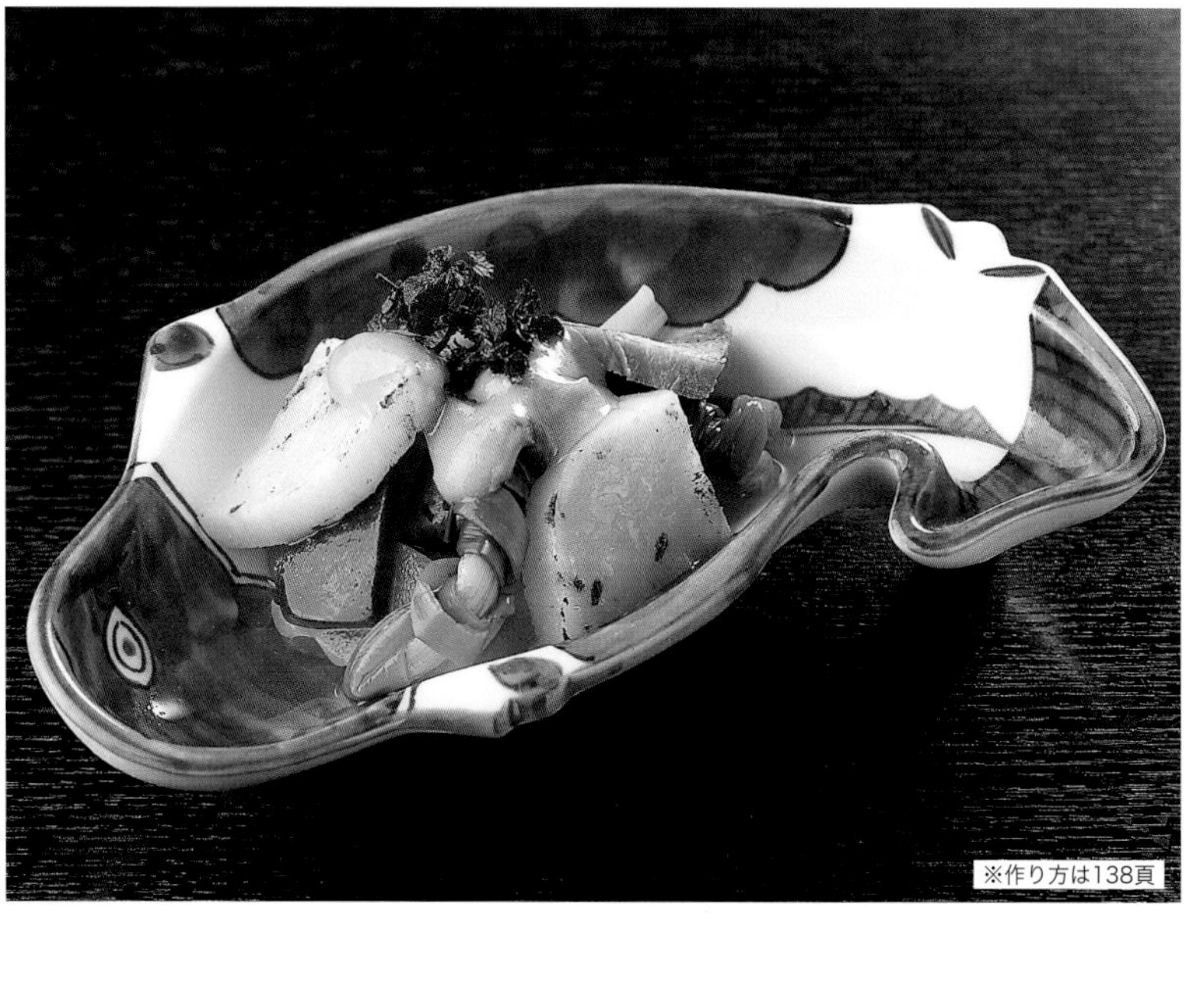

※作り方は138頁

おろし和え

よく絞った大根おろしに、土佐酢とすり柚子を加えて風味よく。

その名の通り、材料を大根おろしで和えてさっぱりと食べさせる技法です。土佐酢と合わせて使うことが多いので、その場合は「みぞれ酢和え」とも呼びます。大根の辛味や風味が、個性的な魚介や肉にぴったり。主役の大根おろしは、そのままを使うと水っぽくなるので、巻きすで心持ち固く絞ってから使います。大根おろしにすり柚子を加えると、香りが高まって、ナマコや貝類の磯くささが苦手な方にも喜ばれます。また、みぞれ酢は、和え物に使う他、揚げ物のつけだれとして、揚げ物をさっぱりとさせてくれるのに一役買ってくれます。

◆応用

貝類やタコ。アジやサバなどの酢〆と合わせる。

おろし和えの技法

大根おろしは消化作用があり、ナマコを柔らかくする効果も。柚子などの柑橘類を加えることで、ビタミンCの酸化を抑えることができる。

ナマコは吸汁に漬けて柔らかくする

1 ナマコは両端を切ってしぼり、内臓(このわた)を取り出す。

2 5mmの輪切りにして、沸騰させた吸い地に漬ける。

3 ラップをし、冷めるまでおいておくと、柔らかくなる

生子柚子卸し和え

柔らかくしたナマコを山芋とクコの実と共に、すり柚子を入れたみぞれ酢で和える。噛むと柚子の香りがさらに増すよう、仕上げにみじん切りの柚子を加えた。

※作り方は138頁

黄味酢和え

卵黄と土佐酢を湯せんにかけながら なめらかになるまで練り上げる。

黄味酢は土佐酢に卵黄を加えて、湯せんにかけて練り合わせ、とろりとなめらかに作った合わせ酢です。酢の物でありながら、ツンとせず、まろやかで食べておいしい酢です。卵黄のコクが淡白な材料によく合います。黄味酢を作るポイントは、鍋に土佐酢と卵黄を入れ、湯せんにかけながら、泡立て器でダマにならないようによく混ぜ、ふんわりなめらかになるまで練り上げることです。とろりと仕上がったら火からおろし、氷水にあてて冷まし、火が入りすぎるのを防ぎます。1週間は持つので、まとめて作っておくと、いろいろな献立に重宝します。

◆応用

淡白な白身魚、カニ、エビ、トリ貝、赤貝などの貝類。合鴨にも。

黄味酢の技法

土佐酢に卵黄を加え、湯せんにかけ、混ぜながらふんわりと練り上げる。

飯ダコに味を含ませる

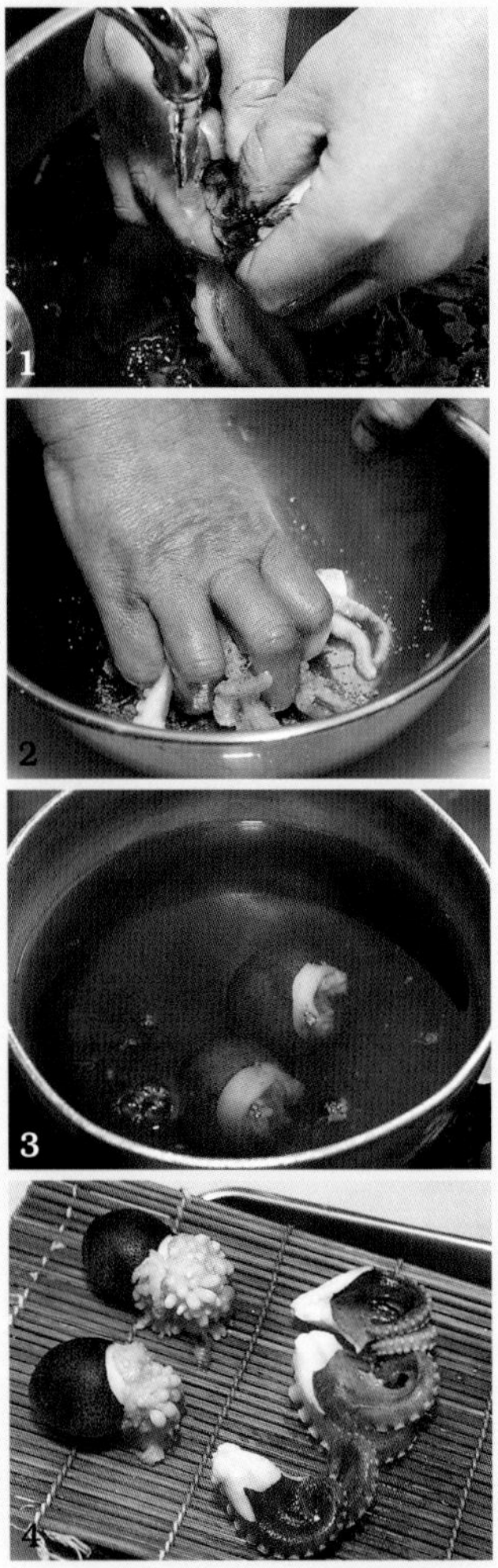

1 頭をめくって頭の中の玉(墨袋)を出す。
2 頭と足に切り分け、足先は切り落とし、足のみ塩でもむ。
3 湯に酢と醤油を入れて茹でる。酢で柔らかく、醤油で色と香りがよくなる。足は後から入れる。
4 おか上げして、色を出す。

飯蛸黄味酢和え

醤油と酢を入れた湯で柔らかく、色よく茹でた飯ダコに、なめらかな黄味酢をかけた。塩茹でしたエビ、味を含めた筍、アボカド、蛇腹胡瓜などを彩りよく盛る。

※作り方は139頁

辛子和え

辛子和えの地は、冷ましただしに辛子を加えることで香りを活かす。

辛子和えはだしにみりん、淡口醤油、塩を入れて火にかけて一度沸かし、冷ましてから溶き辛子を加えた地で和える技法です。辛子の辛味と香りが、食材の持つ独特のえぐみやくさみをとります。地を作る時の注意点は、辛子は熱に弱く、熱い中に加えると辛味が飛ぶので、だしを冷ましてから加えることと。それぞれに下ごしらえをするのはもちろんですが、最初から材料を辛子和えの地で和えずに、少量の地で材料を洗ってから（地洗い）水気を絞り、それから残った地で和えます。そうすることで、水っぽく仕上がらず、味がのったおいしい和え物となります。

◆応用

えぐみの強い野菜、味の濃い貝類の他、さっぱりとした鶏肉でも。

辛子和えの技法

1 だしを調味して冷まし、溶き辛子を混ぜ、辛子和えのだしを作る。
2 下ごしらえした材料に辛子和えのだしを全体に薄く行き渡るほどかけ、軽く混ぜる。地洗い。
3 きゅっとしぼり、水分を切る。
4 残りの辛子和えのだしを加え、混ぜる。

食材によっては吸い地に漬けておく

菜の花は塩茹でしてから吸い地に漬ける。利休麩は油抜きをし、吸い地で炊き、煮汁に漬けおく。

菜の花と赤貝の辛子和え

細く切った赤貝と、それぞれ下ごしらえした菜の花、太もやし、利休麩を辛子和えのだしで和えた。仕上げにすりごまをふると、香ばしさが加わる。

※作り方は139頁

千枚蕪和え

千枚漬を加えることで
食感とほどよい酸味をプラスする。

小鉢はいろいろな味を組み合わせると、より深い味わいが出ます。小さな器の中で、味の組み立てが試される、といっても過言ではありません。今回、例に挙げた「酒盗漬け甘鯛　千枚蕪和え」では、酒盗汁に漬けたアマダイで塩辛さと風味を、千枚漬けで甘みと酸味を、花わさびで辛味を、といろいろな味を組み込んでいます。特にこの中では千枚漬けの存在が大きく、独特の酸味が味を引きしめ、よきアクセントになっています。この時、味のバランスをとるためのまとめ役が「オクラとろろ」です。オクラのとろみがまとめ役となり、それ自体の味も強くないので、それぞれの味わいを邪魔しません。

◆応用

アマダイをノドグロに代えてもよい。

味をまとめるのはとろろオクラ

1　オクラは塩みがきをして茹でて、熱いうちに種を出し、吸い地を加えて、スピードカッターで攪拌。

2　完成したオクラとろろ。

酒盗漬け甘鯛　千枚蕪和え

アマダイは酒盗汁に15分漬けた後、2時間陰干しにして味を凝縮させ、天火で焼いたもの。辛味を出した花わさびや千枚漬けを味のアクセントに、全てを混ぜ合わせて食べる。

※作り方は139頁

リンゴ酢がけ

フルーツの甘みや酸味とまろやかな米酢を合わせる。

リンゴ酢は土佐酢をベースにリンゴを混ぜる、爽やかな香りのするソフトで、ツンとしない、酢の物の苦手な人でも食べられる酢です。リンゴは紅玉やさんふじなど、甘みと酸味が共存している品種を選び、皮をむいて蒸してから裏濾し、土佐酢と米酢、レモン汁を加えます。リンゴを蒸すのは、甘みを引き出し、変色を防ぐため。米酢やレモン汁を加えるのは、土佐酢だけでは甘くなりすぎるからです。米酢をリンゴ酢に変えるとより、まろやかに。リンゴ酢は風味と色が変わりやすいので、作りおきせず、必ず供する直前に作ります。

◆応用

ソフトな酢なので、シラウオやイカ、貝柱など、淡白なものが良く合う。

白魚黄味揚げ
リンゴ酢がけ

シラウオを片栗粉を加えた卵黄で揚げた黄味揚げと、土佐酢に漬けたうど、そら豆にリンゴ酢を合わせた。リンゴ酢はかけても、敷いてもよい。

※作り方は140頁

生姜酢

ベースは土佐酢。供する直前に生姜汁を加えて仕上げる。

生姜酢は土佐酢に生姜の絞り汁を加えた、土佐酢のバリエーション。生姜の分量は合わせる材料で、変えてもいいでしょう。だしの旨味の強い土佐酢に、生姜が入ることで、旨味があって、より後味のさっぱりとした酢に仕上がります。85頁の「おろし和え」でも説明していますが、土佐酢とは、だしの旨味と風味を効かせた料理屋の合わせ酢の基本。三杯酢に追いガツオをして、カツオ節の風味をつけたものです。ここではサヨリの昆布〆を使っていますが、薄い魚は塩の回りが早いので、塩をふるときも昆布〆をするときも、塩が入り過ぎないように注意します。すべての材料を同じ大きさに揃えると、盛り付けたときにより美しさを演出できます。

生姜酢の技法

土佐酢に生姜の絞り汁を加える。生姜を絞る時は、おろした生姜をガーゼなどで包むと、絞りカスが入らず、汁だけしっかり絞れる。

針魚昆布〆

サヨリの昆布〆、車エビ、筍、いんげ豆、うど、貝柱を同じ長さ・太さに切り揃え、生姜酢ですすめる酢の物。車エビはのし串を打ってから塩茹でし、まっすぐに作る。

※作り方は140頁

南蛮漬け

揚げたてを、油を切らずに南蛮酢に入れて味をなじませる。

カラリと揚げた魚を、油も切らずにそのまま南蛮酢に漬けて、味を染み込ませる技法。南蛮酢はだしに酢、淡口醤油、みりん、砂糖、酒、塩、鷹の爪を入れ、一度煮立てて作る、甘みがあり、酸味がまろやかな漬け酢です。漬け込む魚はワカサギや小アジのように小ぶりのものは姿のまま、ハモやアイナメのように小骨が多い魚は骨切りをし、一口大に切ります。カリッと揚げないと南蛮酢が染みないので、二度揚げにしますが、揚げすぎてカリカリになると漬けくずれやすくなるので、注意を。ちなみに南蛮とは、主にねぎや唐辛子を用いた料理につけられ、南蛮漬けにもこれらは欠かせません。

◆応用

魚の他に鶏肉にも合う。

南蛮漬けの技法

1

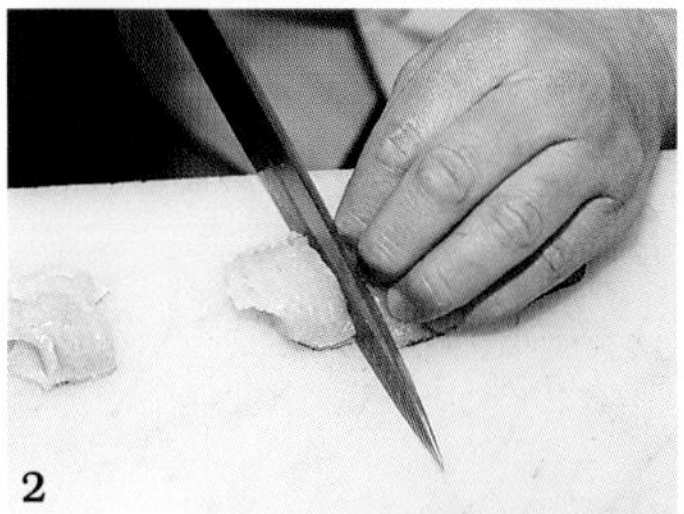

2

3

4

5

1 薄切りにした玉ねぎと赤・黄ピーマンをさっと炒める。
2 アイナメは骨切り庖丁を入れながら、2㎝幅に切り落とす。
3 葛粉を薄くまぶし、170～175℃で3分揚げて、3分おき、180℃の油で1分揚げる。
4 油を切らずに、南蛮酢に漬ける。
5 1の野菜を加え、2時間ほど漬けおく。

油目南蛮酢

骨切りしたアイナメは葛粉をまぶして2度揚げし、玉ねぎなどの野菜と南蛮酢に漬けた。焼きフルーツトマトを添え、アクセントとなる黒胡椒を仕上げにふる。

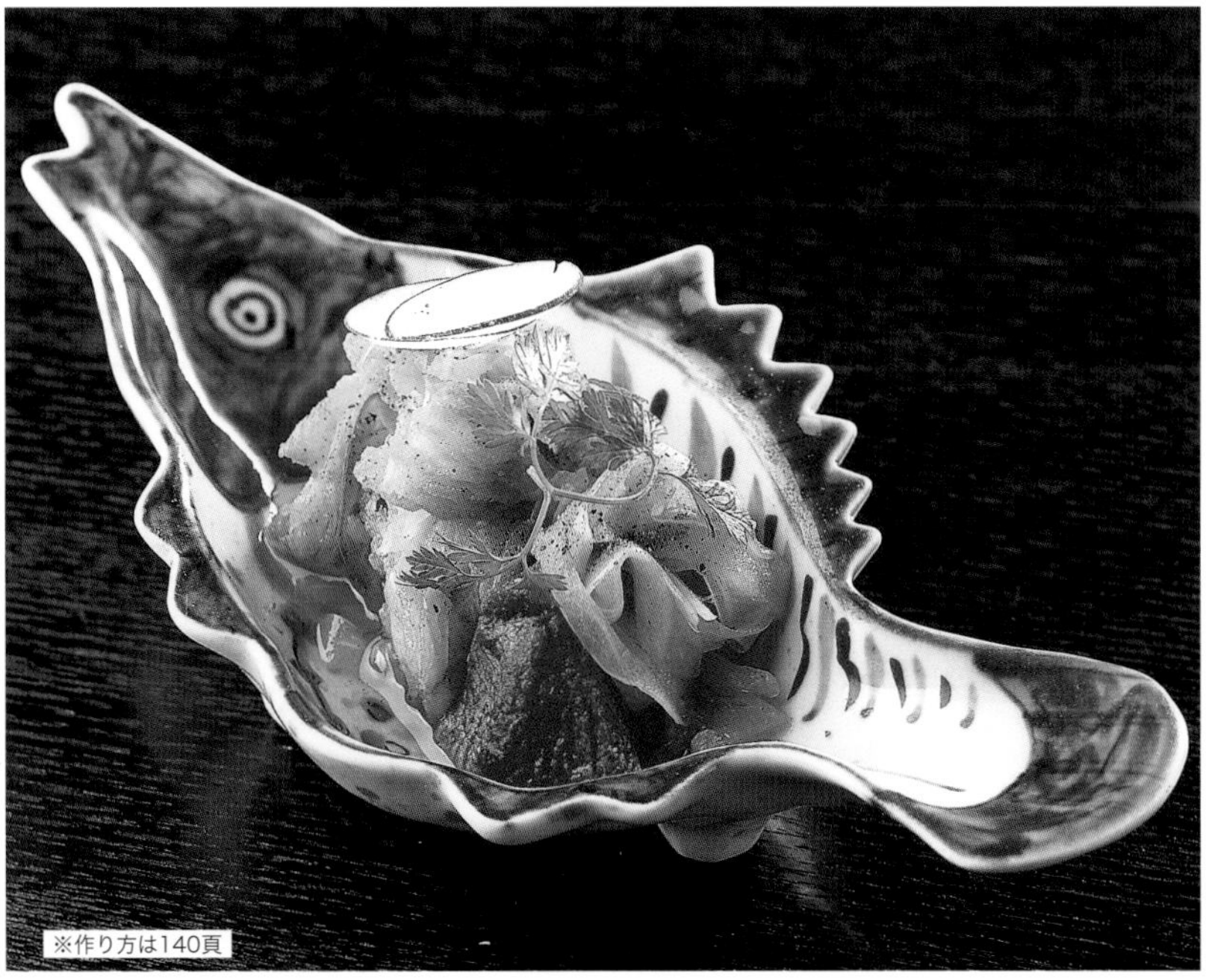

※作り方は140頁

木の芽味噌がけ

それぞれにしっかりと味を含ませておき香りのよい"木の芽味噌"で味をまとめる。

木の芽味噌は「木の芽味噌焼き」では焼き物の味噌として使われていますが、煮物にかけてもおいしい味噌です。濃厚なので、しっかりとだしを含んだ材料に合わせるのが基本。アクを抜く、酢水につけるなど、それぞれに下ごしらえをし、含め煮にしたり、吸い地に漬けて味を染ませた材料を盛り合わせ、香りのよい木の芽味噌をかけてまとめ、小鉢に仕立てます。さいの目に切った筍とイカなど、白い材料は緑が映えるので、木の芽味噌で混ぜてから盛る場合もありますが、何種類かの材料を盛り合わせる時は天がけにした方が見栄えもよく、中の材料もお見せできます。木の芽味噌は相手を選びませんが、木の芽が旬の早春の材料と合わせ、旬を楽しんでいただきます。

鱈白子　筍
木の芽味噌がけ

それぞれに下ごしらえしたタラの白子、筍、うど、菜の花など春に旬の材料を盛り合わせ、木の芽味噌をかけた。花びら百合根をあしらい、より春を演出する。

※作り方は141頁

若草和え

グリンピースの鮮やかな若草色を活かし、塩のみの味付けで風味を活かす。

若草和えの若草は、グリンピースなどの実エンドウの青豆を塩茹でし、裏漉したものの色を示します。これを「若草あん」や、関西では実エンドウの豆をうすい豆と言い「うすいあん」と呼ばれます。青豆そのものの風味や甘味を活かすため、味付けは塩のみ。車エビやかぶなど、淡白な味のものと和えて、豆の味を楽しみます。時間と共に、鮮やかな若草色をはじめ、香りも甘味も落ちるので、作り置きはしません。必ず、供する直前に豆を塩茹でし、熱いうちに薄皮を取り除き、裏漉しにかけて、塩で味を調えます。

◆応用

同じようにそら豆や枝豆を茹でて裏漉し、あんとして使う。枝豆の場合は「ずんだ和え」と呼ばれる。

車エビにのし串を打つ

エビをまっすぐに仕立てるには、尾から腹側の殻に沿ってまっすぐに串を打ち、茹でる。

車海老若草和え

車エビはのし串を打って塩茹でし、まっすぐにしてから1cmに切る。1cm角に切った蒸しアワビと吸い地で直焚きしたかぶと共に、作りたての若草あんで和える。

※作り方は141頁

八方酢ゼリー

飲み干せる"八方酢"を食材ごとに適した固さに仕立てる。

八方酢はだしの割合を多くし、飲み干せるほどの酢加減にした、酸味がソフトな合わせ酢です。合わせる材料によって酢加減は変わりますが、酢に対してだしを6～10倍量で合わせます。ここではその八方酢に板ゼラチンを加えてゼリー状にし、赤貝や貝柱にかけ、見た目も涼しい小鉢にしました。ゼリーは固めにすると、作りたてのぷりぷり感を長く味わえ、ゆるめにして使うと材料に絡みやすくなります。お箸ですすめる材料には固めに。スプーンですくったり、すするような材料にはゆるめにします。かける量は、食べ終わったときに残らない、器の中身に見合う量を。この小鉢なら、底に敷いた長芋が最後につるっといただけるよう、少しゆるめのゼリーを多めにかけます。

赤貝、貝柱八方酢ゼリーがけ

長芋を針うちにして器に敷き、赤貝、貝柱、ミニオクラ、フルーツトマトを彩りよく盛り込み、ゆるめの八方酢ゼリーをやや多めにかける。

※作り方は141頁

八方酢ゼリーの技法

ゼリーは器の中身に見合う量をかける。この小鉢には、底に敷いた長芋が最後につるっといただけるよう、多めにかける

材料の旨味を引き出す

1

2

3

1 赤貝は食べやすく、甘味を感じさせるよう、隠し庖丁を入れる。

2 貝柱は薄塩をあて、表面にさっと焼き目をつけ、甘みを出す。

3 フルーツトマトは薄塩をあて、1時間おき、甘味や旨味を引き立てる。

日本各地に伝わる
「包みずし」研究

愛知淑徳大学教授　日比野 光敏

写真① ホオの葉で巻くホオの葉ずし（奈良県下市町）　写真② 新作、サクラの葉で巻いたタイの松皮作りの握りずし（京都市右京区）

はじめに

昨今のコロナ禍の影響か、他人の手を触れたものには安易に手を触れないことがマナーとなっている。食品業界ではとくに厳しく、誰かが作った食べ物を素手で、また直接に受け渡すことは、一種、犯罪を冒しているような感である。かつて、握りずしは、職人が素手で握ったものを客側は素手で食べるのが当たり前であったし、食後、汚れた指はのれんで拭いて帰った(だから、流行っているすし屋ののれんは汚れている)ものだといわれていたが、今日のような状況からすれば、とんでもないシロモノであったことになる。

さて、家庭のすしに目を転じてみれば、今日の風潮を予測していたかのように、数々の「包みずし」が存在する。もともとは作ったすしが、外の空気に触れてしまうことや他のすしとくっついてしまうのを防ぐために起こったことであるが、現在、とくに清潔好きな日本人には格好の文化だと見ることもできよう。ここでは各地に伝わるさまざまな「包みずし」を紹介する。先人たちの知恵を知るとともに、これからの時代、新しいすしを作るためにも、なにかのお役に立てれば幸いである。

なお「包みずし」には稲荷ずしやめはりずしなど、すしご飯を握って油揚げやタカナなどで巻いたものもあるが、ここでは含めないことにした。なぜならこれらは「すしご飯を巻きつけたもの」であって「すしを巻きつけたもの」ではないからである。もし仮に稲荷ずし一個一個を、油揚げ以外の素材で包んだすしがあれば、それは「包みずし」と呼べようが、その種のすしは、私は寡聞にして知らない。また箱ずしも「包みずし」ではないかという声もあるが、箱から抜き出して切るすしも、今回除外した。逆に、すしを握り、木や草の葉を皿代わりに用いるものは、ここでは「包みずし」に含めることにした。今は「包む」という行為はしていないが、本来はきっちり包み込むものであったかもしれないからである。

ここでいう「包みずし」とは、ひと口サイズにしたすし(実際には「ふた口大」「三口大」のものもあるが、包丁で切るという行為のない範囲の、便宜的に「ひと口大」であるすし)で、ひとつひとつを木の葉などで包み込む(皿代わりにしたものも含む)形態のすしとした。

1 柿の葉ずし

現在、最も有名な包みずしは柿の葉ずしであろう(写真①)。奈良県の郷土料理としても名高く、葉は新緑のイメージがあるが、緑色の葉は大和平野のもので、大阪府河内地方や和歌山県紀ノ川流域へ行くと柿の葉ずしは秋の料理として、紅葉した葉が使われる。いずれも、柿の葉の風味がほんのり移って、おいしさを演出している。

作り方は、すしご飯をひと口大に握り、塩サバや塩サケの切り身を乗せて、柿の葉に包む。これをたくさん作り、大きな深い押し箱に詰める。一段並べたら柿の葉で仕切りをつけ、再び並べる。ひと晩、押しをかけるとできあがりである。

昔はすしご飯を作る時、砂糖は入れなかった。また、塩サケは使わず、サバばかりであった。塩サバは熊野灘から来たものが使われるというが、案外、瀬戸内産のものも入って来ている。いずれにせよ山を越えて来るため塩は相当強く、そのままでは塩辛すぎるので、水で塩出しして使ったという。包む柿の葉は渋柿である。大きさややわらかさなど七月頃の若い葉が最適で、夏の料理というのが大和平野部の柿の葉ずしである。

写真① 奈良県大和盆地の柿の葉ずし(奈良市)

そこから西に走る紀ノ川沿いや大阪府河内地方では、作り方は大和平野と概ね同じであるが、サバの塩気はいくぶん弱く、また、柿の葉は赤いものを使う。雨露のついていない赤い葉を梅酢につけておくと、色がいつまでも持つ。また、大阪府では柿の葉が手に入らないとき、タコナ（ミョウガ）の葉で包むこともある。和歌山県では紀ノ川上流域で柿の葉ずしが見られるが、こちらの地方は具がサバだけとは限らず、カチエビ（海エビ。オニテッポウエビのことか?）や川ジャコ（オイカワの稚魚）、カマボコ、昔であればマツタケも、甘辛く炊いて具にしたという（写真②）。

葉で包まず、すしの上下に柿の葉を置くものが、石川県加賀地方にある。中のすしは握りずしであるが、すしご飯は扁平に握ってあり、しかもその上下に別々の具、たとえば紺ノリ（テングサやフノリ、エゴノリなどを青く染めたもので、石川県特有のもの）や干しエビなどが貼りつけてある。押し箱を使って強く押しをかけるわけではなく、大皿や盆にすしを置いて、ひと晩、皿で圧するていどである。秋祭りや人寄せの際に、今でも作る家庭がある（写真③④）。

逆に、深い押し箱で押す柿の葉ずしも、同じ加賀地方にある。あるいはいずれかがいずれかに移ったのかもしれないが、確信が持てないので憶測にとどめておこう。作る機会や具の内容は先のすしと同じであるが、具は上だけに乗せ、柿の葉は下にしか置かない。その代わりに押し箱は深いものを使い、しっかりと押す。

柿の葉は若いとやわらかく、洗っている時に破れてしまうし、「うぶ毛」があってご飯がくっついてしまう。七月以降は落ち着いてくるけれども、裏側はまだ毛羽立っていることが多いため、普通は食べる直前に採ってくるが、八月頃に採ってきて冷凍させておくことも多い。葉は、柿の葉がないところでは、ササやハランを使うこともある。

なお、柿の葉ずしといえば箱から抜き出し、包丁を入れる形態のものもある。加賀市新保町は、昔はこの製法であったが、嫁入りなどで隣の柴山町と付き合いができ、柴山町のひとつひとつを握っ

写真② 和歌山県の川ジャコ（左）とカチエビ（右）の柿の葉ずし（紀の川市）

写真③ 上下から包む柿の葉ずし（石川県小松市）

写真④ ひとつひとつを握った柿の葉ずし（石川県加賀市）

て柿の葉に乗せる方法を教えたところ、今ではそれが主流となったという。

鳥取県八頭《やず》郡の千代川上流では、マスを薄く切って握りずしを作り、盆明けの精進落としや秋祭りのごちそうにする。山あいの地方で、かつては生魚が入手できず、運ばれてくる塩マスを使った。柿の葉っぱを皿代わりにして浅い桶に並べ、軽く重石を置いて二〜三時間、多い人は数日間おく。マスの上にサンショウの実や葉を乗せるが、実がよい辛味となり、殺菌効果もある上、ピンクと緑で、色合いも美しい（写真⑤）。

福岡県では内陸部で作られる。中身はニンジン、シイタケ、ゴボウなど身近な野菜と、鶏肉を混ぜた五目ずしである。山中ゆえ海魚は貴重で、鶏はそれに代わるものであった。すしを小さく握り、柿の葉で巻く。上に酢で締めたマビキ（シイラ）や小さな川エビ、でんぶなどを置くこともある。これを箱に入れて軽く押すため、一見、奈良県の柿の葉ずしと似たような恰好であるが、奈良県のようにきっちり包み込むのではなく、ざっくり巻くのが福岡県流といえる。葉で巻くとき、葉の軸で止めるため、つまようじもいらない。これを重箱や栄重（サカエジュウ。入れ子のこと）に入れて重石を置き、ひと晩置けば食べ頃となる。

作る時期は場所によって違い、たとえば筑穂町（現・飯塚市）では夏の祭りに作り、直方市では秋祭りに作る。夏の放生会（ほうじょうえ）やおくんち（いわゆる豊作祭りで、今は九月の終わり頃）の時には、柿の葉は青く、秋のおくんちの時（ここでは十月半ば）には赤く色づきはじめている。青い

写真⑤　柿の葉を皿がわりにするマスのすし（鳥取県八頭町）

写真⑦　紅葉した葉で包んだマビキのすし（福岡県直方市）

写真⑥　青い葉で包んだマビキのすし（福岡県飯塚市筑穂町）

方は、どこでもそうであるように、ツヤのある方を内側に向けているが、赤い方は外側に向けて、葉っぱの赤色が目立つようにしている（写真⑥⑦）。なお、ここでは柿の葉は、渋柿がよいという人と甘柿がよいという人のふた通りがあって、どちらがよいとはいえない。

福岡県でも筑後に入り、小郡市で見たものは、柿の葉を皿代わりにしたものである（写真⑧）。夏場の料理で、盆や秋彼岸の時に寺で出される。したがって、葉は青い。中身は五目ずしで、ニンジン、シイタケ、ゴボウ、タケノコに、ここでも鶏肉は欠かせない。これを小さく握り、上に錦糸卵や炒り卵とでんぶ、ゴマなどを乗せて、押しはほとんどかけない。隣接する朝倉町や杷木町（ともに現・朝倉市）、吉井町（現・うきは市）でも作るが、そちらでは具を混ぜずに、アンコとして白いすしご飯の中に入れて握る。

このように、福岡県では「包む柿の葉ずし」と「敷く柿の葉ずし」とがある。これを「筑前型」と「筑後型」と呼んでよいかどうか、私の結論は出ていない。

香川県長尾町（現・さぬき市）梛木（なぎのき）神社では昔から十月の祭りに相撲が取られ、その勝者にはワラヅトに入った「すぼきずし」が振る舞われた（写真⑨）。すしは五目ずしを大きめの握り飯にしたもので、これを三枚の柿の葉で包み（手に入らない場合はハランで代用）、さらにワラで編み込む。相撲は今でもおこなわれ、すしを持ち帰るワラヅトもかわいい。なお「すぼき」とはふくらはぎのことで、すしを包んだワラヅトの様子が似ているからである。

写真⑧　柿の葉を皿代わりにする五目ずし（福岡県小郡市）

写真⑨「すぼきずし」。本来は柿の葉で包むところをハランで代用している（香川県さぬき市長尾町）

写真⑩　番茶ずし（岐阜県中津川市）

最後に、今は地元でも忘れ去られた例を出しておこう。岐阜県中津川市の番茶ずしである（写真⑩）。今は知るよしもないが、同市銭亀地方は茶所で、新茶シーズンの前になると、茶摘み娘は忙しくなったものだった。そんな娘たちの茶畑でのお昼ご飯が番茶ずしである。新たにわかした番茶でご飯を炊き、酢をあてる。ややベージュがかったすしご飯を軽く握って黒ゴマをふりかけただけのものである。これを出たばかりの柿の葉の上に乗せて供すると、娘たちは片手で受け取り、そのまま上のご飯を食べる。柿の葉は皿代わりに加え、箸かスプーンの役割も果たすのである。残った柿の葉は茶畑に捨てればよい。

2　ホオ葉ずし、ホオの葉ずし

岐阜県はホオ葉ずしの産地である。ふたつ折りにされたホオの葉を開けると、中身はふたとおりがある。色とりどりのすしの具が目を引くものと、あまり派手ではないもので、前者は美濃地方東部、後者は郡上と飛騨地方の産が多い（写真⑪⑫）。

まず前者であるが、緑のホオ葉の上で白いすしご飯を握ってある中、ピンクの紅マスとでんぶ、黄色の卵、深緑の山菜、黒のシイタケ、真っ赤な紅ショウガなど、まさに原色の具が並ぶ。対して後者は酢で締めた紅マスと、ニンジン、シイタケ、油揚げなどを煮つけてすしご飯に混ぜてある。たまに錦糸卵や紅ショウガが上に乗ることもあるが、具は混ぜてあるのに変わりないから、色は淡い。いずれもホオ葉の半分に乗せ、ふたつに折っておひつや大皿に重ね置いて、軽く重石をかける。半日から一日おくとできあがりである。

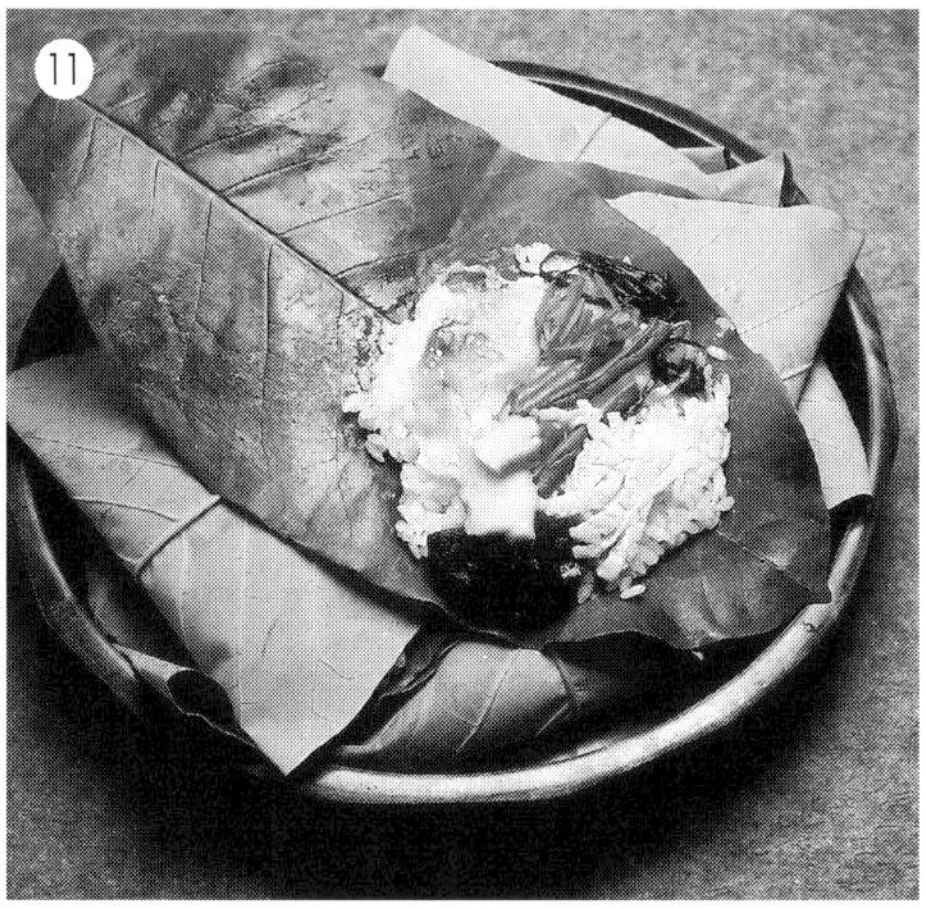
写真⑪　具を乗せるホオ葉ずし（岐阜県七宗町）

写真⑫　具を混ぜるホオ葉ずし（岐阜県下呂市）

葉は新緑の色がまだ残っている初夏のもので、この時期を過ぎると葉が固くなり、「アリが登る（黒い斑点が入る）」。また、すしは暖かいうちに葉に包むものだとされ、その方が葉っぱの香りがすしにつくからであるが、反面、熱で葉は黒くなる。

美濃地方東部から長野県にかけては、ヘボを食用とする。ヘボとはタコベ、タカブともいう、ハチノコ、すなわちジバチ（黒スズメバチ）の幼虫のことである。ジバチは夏から秋にかけて地中に巣を作るが、夏にそれを人間が掘ってきて、家の巣箱で飼い、秋になってから甘辛く煮つけて食べる。長野県側ではあまり見かけないが、岐阜県側ではすしの具にもする。ホオ葉ずしにも乗ることがあるが、あまりにパラパラしているために握ったすしの上には置けず、混ぜてしまうこともある。

また、飛騨の萩原町（現・下呂市）には、付近で獲れるアジメドジョウやカブチ（カジカ）、ゴトチ（カワヨシノボリ）、ジャス（アカザ）などの雑魚を煮て、ホオ葉ずしの具とする習慣がある（写真⑬）。晩夏から秋口に作られるが、その時期のホオ葉としては緑が淡くやわらかい。これは夏の間にホオの木の枝を刈り込み、新たに芽吹かせたものだからである。ともあれ、具を混ぜるホオ葉ずしが卓越する飛騨地方でめずらしい、白いすしご飯の上に魚の具が乗ったホオ葉ずしだといえよう。

同じホオの葉を使うといっても奈良県のそれはまったく違う。いわば柿の葉ずしの類型で、中身は柿の葉ずしと同じ塩サバである。吉野郡以

写真⑬　アジメドジョウのすし（右）とカブチやゴトチのすし（左2個）（岐阜県下呂市）

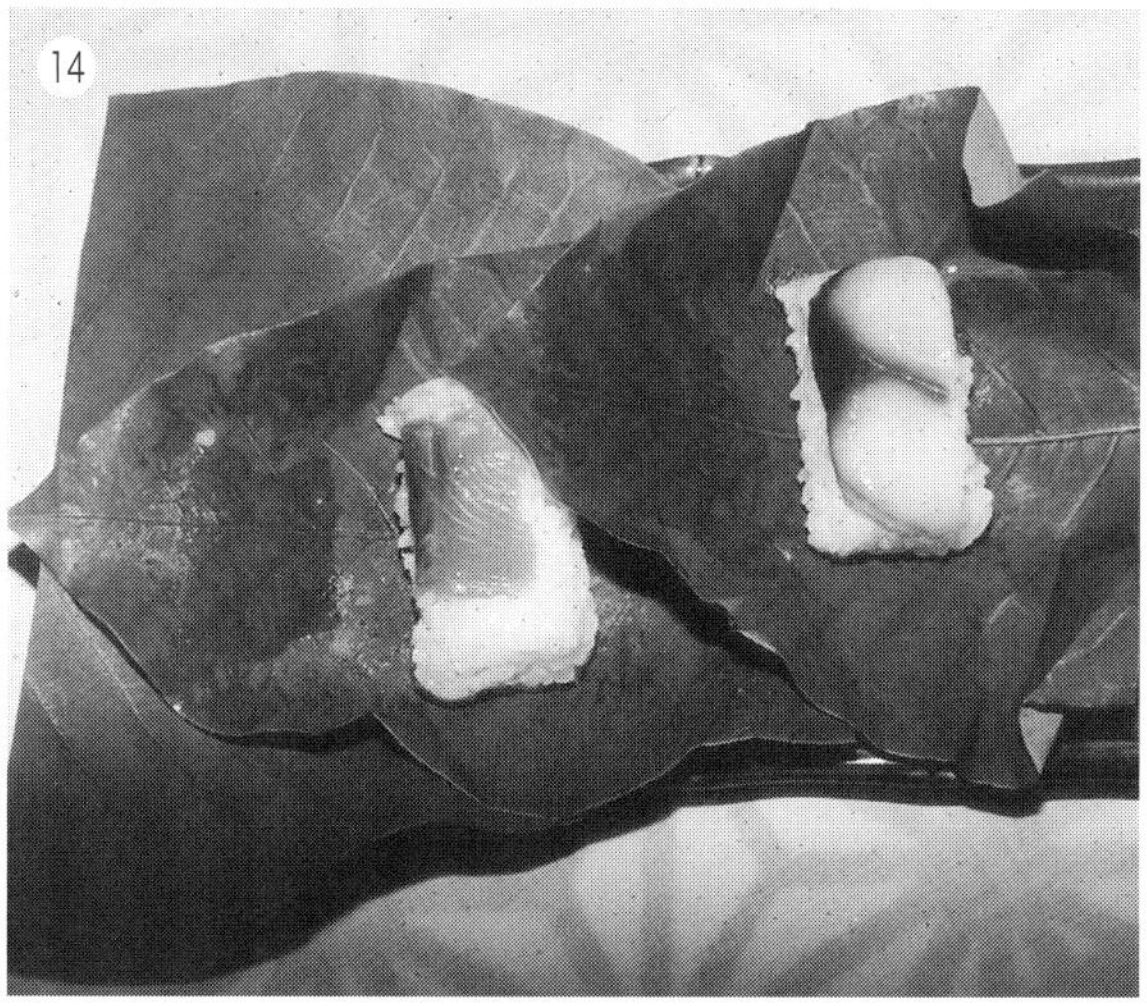

写真⑭　奈良県吉野山中のホオの葉ずし（奈良県下市町）

南のもので、ここは寒冷な気候ゆえ柿の木はなく、柿の葉が入手できないため、代わりにホオの葉を使う（写真⑭）。

ただし作る時期は、葉が芽吹いてからやわらかいうちの六月である。また包むすしも完全に冷めたらおこない、熱いと葉が焼けてしまう。包み方も各家独特のものであり、ある家では葉の長辺の、軸のある方から包む。すしを葉の上に乗せる時、すしの具を上向きにするか下向きにするかも、家によって異なる。すしは深い木箱に入れて、翌日まで押す。昔はご飯を五升炊くことも一斗炊くことも「ダラ（あたり前）」であった。あまりたくさん作ると、二日たっても三日たってもホオ葉ずしが余っている。「そんなん、（すしが）糸引いてるみたいで、ややわ」という人がいる一方で、「三日目になると、すしを焼くんですわ」と語る人もいる。葉ごと焼くと中身までやわらかくなると同時に、ホオ葉の香りがたってくるという。

3 その他の木の葉

福岡県直方市で柿の葉ずしの取材していたとき、「こうぞうのすし」に出会った。聞いたことのないすしだぞ、と思っていたら「こうぞう」とはコウゾ（楮）のことで、柿の葉の代わりにその葉を使うすしであった（写真⑮）。頓野地区だけのもので、秋の祭りに出た。柿の葉が紅葉するのに対してコウゾの葉は冬季になって落ちるまで緑色をしているため、すしの葉の色も緑である。また、柿にはない香りもあり、それがすしに移り香として残る。

写真⑮　コウゾの葉で包む「こうぞうのすし」（福岡県直方市頓野）

ところでこのコウゾであるが、なんのために作っているのか、わからない。地元の人に聞いてみても、ある人は「自然生え」といい、ある家は明らかに作っていたという痕跡が認められもして、確たる返事は得られなかった。

大人も子どもも、すしを包む材料にコウゾが使われていたことは、ほとんどの人が知らない。コウゾは紙の原料となることで有名だが、直方周辺は紙漉きの伝統はなく、コウゾの知名度は低い。コウゾの記憶がある老年層に聞くと、この木の皮は非常に丈夫なため、はぎ取った皮をなってタスキ代わりにすると、通常の縄よりもはるかに丈夫なヒモになる。皮をはいだ樹木部分は燃えつきがよろしく、薪に適しているとのことであるが、子どもにとっては、コウゾの皮むきはもちろん、紙の原料であることも知らない。こういう利用をされるコウゾの葉は邪魔者以外の何者でもなく、捨てるしかない。そんな中ですしの包み葉として価値が見出されて、利用されるようになったのではあるまいか。

福井県九頭竜川中流域にアブラギリの葉で包むすしがある(写真⑯)。アブラギリは灯油用や雨合羽、傘、油団などに使用される桐油(実からしぼった油)の原料である。十七世紀半ば、小浜藩主・酒井忠勝の命で作付けされ、その後は若狭の大半の村のほか越前敦賀郡や丹生《にゅう》郡でも栽培されるようになった。明治初頭には福井県が日本一の生産を誇ったのであるが、石油使用とともに衰退していき、木もパルプ材料として伐られて姿を消していった。

写真⑯　アブラギリの葉で包む「葉っぱずし」
(福井県永平寺町松岡)

写真⑰　アカメガシワの葉で包む「かしゃばずし」
(和歌山県串本町)

他方、九頭竜川流域では各家庭に一本、すしの木としてアブラギリの木が植えられている。アブラギリの葉は表面に油があり、包むと保存性が増すとともに、独特の香りが出、盆や祭り時のごちそうとして、初夏から秋に作られる。中心的存在の永平寺町は、アブラギリを「町の木」にしている。アブラギリがない場合はアカメガシワ、クワ、ブドウ、ミョウガなども使われた。中身は塩で締めたマスの握りずしがほとんどで、これには九頭竜川で獲れたサツキマスを使う。このほか塩マスを混ぜた五目ずしを握ることもあるという。葉っぱで包むときは、裏側は毛羽立っているので外側にし、ツルツルした方を内側にする。包んだあとは、深い木箱に入れ、ひと晩、押しをかける。

呼び方は調査者泣かせで、「葉っぱずし」「木の葉ずし」「木っ葉ずし」「葉ずし」などさまざまである。単に「マスずし」の名で呼ぶ人もいるが、不思議なことに「アブラギリのすし」と呼ばれることはない。少し前まではこのすしも衰退する一方であったが、近頃は昔のすしの味を守ろうと、各種の団体や個人が乗り出して復活し、販売する動きも出ている。

この福井県の例もそうだが、アカメガシワの葉も包みずしに使用するところがある。和歌山県南紀地方の東牟婁《むろ》郡下である。この地方にはことあるたびに作られる「かきまぜ」「おまぜ」などと呼ばれる混ぜずしがある。具は、ニンジン、ゴボウ、シイタケ、フキ、タケノコ、ワリナ(サトイモの茎)

の山野菜や、ヒジキ、切り昆布などを細かく刻み、甘辛く煮たもので、上に酢で締めたシビ（マグロ。トンボシビ、すなわちビンチョウマグロを塩をまぶして酢に漬けておく）、焼きシビ、酢サバを置く。作る時、ユズ酢（ユズを絞って漉したもの）や青生ユズ（青いユズ）を垂らす人もある。

こうしてできた「かきまぜ」を古座町（現・串本町）や古座川町、那智勝浦町太田地域では軽く握ってひと口大にし、カシワ（アカメガシワ）の葉で包んで「かしゃば（おそらく「カシワ葉」の訛りであろう）ずし」と呼ぶ（写真⑰）。その場合、葉に葉柄をつける場合とつけない場合があり、葉柄をつける場合は葉先の方にすしを置き、包み終わると葉柄で結んで固定するが、葉柄をつけない場合は葉の元の方にすしを置いて包む。

かしゃばずしの旬は七～八月である。この頃のカシワの葉が一番状態がよい。大きな葉が欲しければ、春に根元まで刈り込んでやると、夏頃に葉が大きく育つ。このすしが最もよく作られるのは毎年七月二十四日～二十六日、古座の河内（こうち）祭りである。これはきれいに飾った船が古座川を盛大に登り、「清暑島（せいしょとう。現地の人は「こったま」と呼ぶ）」をご神体とする河内神社に参るという祭りで、起源は源平合戦での戦勝祈願であるという。祭りの大きな行事に若い衆がやる獅子舞がある。その若い衆に出す弁当がかしゃばずしであった。また、獅子舞は各地区へもやって来て披露されるのであるが、その時の観客にもかしゃばずしは配られる。ちなみにカシワは葉柄をつけないものであった。

写真⑱　クジラとサクラエビを乗せたツバキずし（石川県加賀市柴山潟）

ツバキは常緑樹でいつも緑葉が準備できる木だが、これを使う地域は石川県加賀市柴山潟周辺とせまい。具の魚はクジラ（皮クジラ）だが、タラ、サケを乗せるという家もある。クジラは昔からあり、祭りが近づくと売りに来たものである。それをひと口大に切り、ゆで、沸騰したら湯を捨て、アクと脂をとっていい塩加減にする。これをそのまま乗せるが、家によっては酢をくぐらせる人もある。タラは、最近ではおつまみ用に売っているもので、細かく切るのみである。そのほかの具は、干したサクラエビとモォ（紺ノリ）である。モォは、入れておくと余分な水分を取ってくれる。最後に黒ゴマを振る。

ツバキの葉は表を内側にする。葉は外向きに反っており、こうでないとご飯が乗らない。これを深い木のすし箱に詰める。今は小さいものを使っているが、昔は祭りなどでたくさんの客寄せをしたため、どこでも大きいもの（五升用や七升用など）を何個も持っていたという。また、クジラは脂を抜いてもまだ脂気が多い。加えてツバキの葉はテカテカしているため、箱詰めする時はすべらないかと気を遣う。

昔はフタを閉めると上に人が乗って、ぎゅうぎゅう詰めにした。ご飯粒などつぶれてしまったもので、フタを開けるとご飯が一面に広がっており、その中から出ている葉の一部を引っ張ってすしを起こし出したものである。近頃のはあまり押しをかけないで、フタを手でそっと押さえるだけである。これを半日くらい置いておくと、できあがる（写真⑱）。

写真⑲　バショウの葉で巻いたサバずし（岐阜県各務原市）

バショウの葉は箱ずしの敷き葉に使用するとは、和歌山県などで聞いた。しかしこれは抜き出して包丁で切るもので、最初からすしをひと口大に握り、ひとつひとつ巻くというかたちは、私は岐阜県各務原市の昔話として知っているだけである。

ヤジメと呼ばれる段重ねのすし箱でサバのすしを作る習いは各務原市に限らず付近の市町でも見られるが、いずれもサバの棒ずしで、抜き出したあとで切る必要がある。また、敷き葉はハランである。そんな中で、各務原の昔を懐かしんで小伊木地区のお年寄りに作ってもらったサバずしは、ひと口大のサバずしを作り、その周囲をバショウの葉で、包むというよりは巻き、ヤジメに詰めて押すものであった（写真⑲）。祭りや人寄せの時に作ったというが、地元の人でも知るまい。

今となっては昔の話で、私も書いてある記事を読むしか知らないすしを挙げておこう。それは広島県山間部・世羅郡の「ひばずし」で、ずいぶん地元で聞いたのだが、今ではすしの存在はおろか、作った行事も知る人がいない。

六月上旬、山間部では田植えが始まる。その初日はサビラキと称し、「サンバイさん」という田の神に豊作を祈る行事がある。県の農政部が昭和五十七年に出した『ふるさとの味百選』によると、旧五月五日は甲山町（現・世羅町）では「ゴリョウエ（御霊会のことか。サビラキである）」といい、ニンジン、油揚げ、ゴマの五目ずしを握って「ひば」の葉で包んだ「ひばずし」を「サンバイさん」のお供えとして作ったものである。「ひば」の若葉に暖かいすしを入れると、できあがりは「ひば」の葉の香りが移ったという。この日の昼弁当も、お下がりの「ひばずし」であった。この「ひば」とはゴトゴトシバのことで、ナラガシワを示す。枝にトゲがあり、泥棒よけにもなる木で、近くの山に生えているほか、屋敷内に植えている家もある。いわゆるヒバとはまったく別種であるから、注意されたい。

なお、読者の皆さんで、もし「ひばずし」の情報をお持ちの方は、編集室までお申し出いただければ幸いである。

4　ササの葉

ササは箱ずしの敷き葉として多く用いられるほか、握りずしなどの飾りにも使われる。ササの飾り切りは握りずし職人の技を競い合う、絶好の機会にもなっている。「江戸では折詰めに熊笹を用い、京阪ではハラン」とは江戸時代の百科事典『守貞漫稿』の中にも出ているから、関西地区の人々にはちょっと縁遠いであろうか。

さて、個々のすしをササでくるんだすしは、握りずしをササで包んでちまきのようにしたものや、手まりずしをかわいらしくくるんだものなど、商品化されているのはよく見かけるが、いずれもさほど古い歴史を持つものではない。富山市に駅弁で有名になったマスずしの中にひと口サイズのすしを個別にササで包んだものがあるが、本来は桶の中にササの葉を敷き、丸く押し抜いたすしを包丁で切るもので、これもまた近年の新作ずしの一種である。

そんな中で歴史上著名なすしに、東京のササ巻き毛抜きずしがある。江戸前握りずしの原型をとどめており、ひと口大に握ったすしをササの葉で巻き、箱に入れて押しをかける、という江戸末期の握りずしの発生前夜の製法を、今に伝えるすしである。「毛抜き」というのは毛を抜くピンセットで、これで魚身に残った小骨を取ることから名づけられたという。

現代、神田小川町に「元禄十五年創業」と明記した店舗があるのはよく知られているが、天明期の文献『七十五日』には「ササ巻きずし」や「毛抜きずし」の名で商売しているものが複数挙げられているから、かつては一般的な呼称だったと思われる。また今日売っているササ巻き毛抜きずしは握りずしをササの葉で巻くだけで、その後の箱に入れて押す工程が省略されている。それでも甘み

写真⑳　ササで巻くカツオのハラモずし（千葉県勝浦市）

写真㉑　ササずしを作る（石川県野々市市）

写真㉒　サバとマスのササずし（石川県金沢市）

写真㉓　山菜で彩られたササずし（新潟県糸魚川市）

写真㉔　「謙信ずし」の名で売られるササずし（長野県飯山市）

が少ない味で、砂糖を使わなかった当時の製法が偲ばれる。この箱で押すという工程は、すしを長持ちさせること、すなわち、かつての「ササ巻きずし」や「毛抜きずし」が発酵臭を漂わせていたことを物語る。元禄年間であれば、なるほど、すしは発酵させて酸味を出すのが常であった。

千葉県興津町（現・勝浦市）のカツオのハラモずしも同じことがいえる。酢は使うが二～三日は置くもので、現存する関東地方の発酵ずしとしてはめずらしい。ハラモとは捨ててしまうカツオの腹部の皮のことであるが、その銀色に光る部分を約ひと月の間、塩漬けし、そぎ切りにして握りずしの具とする。その際、すしをササの葉で包んで深い木箱に詰め、数日間、味をなじませる。かつては十月上旬の興津の秋祭りに出されたものだったが、今は作る人がごくわずかしかいなくなってしまった（写真⑳）。

石川県加賀地方に柿の葉ずしがあることはすでに述べたが、やや山寄りの地区の鶴来町（現・白山市）などではササずしを作る。すしの具はマスやタイ、サバ、イワシ、シイラなどの魚介類で、これを握って十文字にしたササで包み、深い木箱に入れて押す（写真㉑㉒）。現在では、スーパーなどでも販売されており、容易に入手できる。

新潟県南部から長野県北部ではササずしと呼ばれる箱ずしが作られる。たいていは深い木箱の中にご飯を詰め、マスや山菜などを置き、ササの葉を置いて仕切りとして、また同じ作業を続ける、というものだが、中にひと口サイズ（実際にはふた口か三口サイズであるが）のササずしを作り、

写真㉕　サバのこけらずし（岡山県真庭市）

写真㉖　マスのミョウガずし（岐阜県七宗町）

まとめて押しをかけるものがある（写真㉓）。ササの葉で包むというよりササの葉を皿がわりにしたもので、最も有名なのは、地元戦国武将の上杉謙信に因み、長野県飯山市では「謙信ずし」の名で売られているが、新潟県糸魚川市あたりでもよく作られる（写真㉔）。

岡山県の山間部では「こけらずし」と称するシイラの握りずしが各家庭に伝えられきた。現在は中和村（現・真庭市）で残り、サバでも作られるが、これらはササの葉に乗せられて、桶の中で押される（写真㉕）。作るのは十月九日の秋祭りの日で、それ以外には作らない。シイラの旬は夏で、その頃から家庭では塩漬けを始めた。秋、稲刈りや「コナシ（脱穀）」の時にはクミで助け合うのが常であった。相互に助け合い、無料が原則で、その時の「ハシマ（間＝転じてオヤツのこと）」の際にこけらずしを出した。夏には「カラスのアキンド（モモヒキもステテコもはかず、ふんどし姿で、魚をザルに入れて売りに来た行商人）」が、鳥取県倉吉の方からやってきた、と古老は語る。

勝山など中国山中名物のサバの姿ずしや棒ずしが、より上に位置するこの地方で作られないのは、当地が岡山県の文化圏ではなく、鳥取県の文化圏にあるためであろう。

5 ミョウガの葉

大阪府河内地方や福井県九頭龍川流域では柿やアブラギリの葉の代用としてミョウガの葉が用いられることはすでに述べたが、岐阜県の中央

写真㉗　マスの「フジずし」を作る（滋賀県甲賀市）

写真㉘「フジずし」という名のクズの葉のすし（滋賀県甲賀市）

写真㉙　タケの皮で包んだタケノコずし（岐阜県中津川市）

部、加茂郡下ではまさにミョウガの葉のみを使うすしがある。葉が大きく、また青々としている六月から秋口のものである（写真㉖）。

中身は塩マスや塩サバの握りずしで、ミョウガの葉を十文字に置いて包み、深い木箱に入れて押す。最近では山菜なども乗せ、中にはミョウガ本体を食べるものも現れたが、元来はそうではない。半日以上押したら食べごろである。

ミョウガの香りには、身体にこもった熱を冷まさせ、食欲を増してくれるという。真夏には格好のすしである。

6 クズの葉

三重県伊賀地方の名物ずしとして「ふじずし」が挙がる。ある本には「細巻きのノリ巻きの上にフジの葉をあしらったもの」と書かれているが、私はまだ見たことがない。別の本には超細巻きの巻きずしをフジの花に似せて置くすしが紹介されており、こちらはフジを「藤」として扱っている。これらはフジの葉は使用されていない。

「フジの葉で包むすし」については滋賀県甲賀町（現・甲賀市）で聞いた。しかし、フジずしとはどんなものかという単純な疑問に答えられる人はいなかった。HPでは肝心の写真はなく、教育委員会や商工観光課では「フジの葉っぱを使う」といわれるのみであった。だいたいフジ（藤）の葉なんて細すぎるから包めはしないのだが…。

各地で聴きまくったところ、ここのフジとはクルマフジ、すなわちクズのことであった。ただクルマフジという名前も、「フジの葉ずし」という名前も、知っている人はだれもいない。甲賀町鳥居野の大鳥神社の「バンバスジ」(神社の前の道)の家のみに伝わる料理である。時季は夏場で、特に七月二十三日、二十四日の大原祇園祭りの時によく作られる。サケ、シイタケ、湯葉の握りずしである。昔は近所の主婦が集まって、家を渡り歩いたものだった(写真㉗㉘)。

7 竹の皮

葉ではないが、竹の皮も発酵ずしや箱ずしの敷き葉としてたまに見かけるものの、個々のすしを巻く材料としてはほとんど見ない。そのめずらしい例が岐阜県中津川市のタケノコずしである(写真㉙)。今ではすっかり忘れられた五月一日の長久寺(戦前は近くの小山頂にあった高丘神社)の妙見さん祭りに出されたもので、タケノコとサンショウの葉を具にした大きな握りずしの外側を竹の皮で覆っている。具にするタケノコは、やわらかい部分は煮物に使い、残った硬い部分をたまりで煮たもの。残り物、といったら失礼だが、うまく使っている。

ただひとつ、これまでの包みずしとは違い、このすしには箸がついている。しかも竹の皮をうまく三角に折りたたみ、「葉片」、つまり「しっぽの部分」で箸を巻きつけている。したがって、葉片の長いマダケに限り、箸も竹製であった。しかも高丘神社に向かう参道の入り口には、見事な竹林がある。どこまでも竹に因んだ、竹にゆかりのあるすしである。

8 その他の草の葉

ハランは西日本でよく使われる。箱ずしの敷き葉としては、東日本のササとともに双璧をなす。しかしこれも、すしをひとつひとつ包む材料としては、ほぼ用いられない。使われても、何かの葉っぱの代用である。本稿でも、香川県のすぼきずしがそうだった。

フキの葉は、中にご飯を入れて葉っぱで包むキダワラがある。時にそれがすしご飯に変わる、という例が三重県にあるというが、私には見つかっていない。

赤ジソを巻くのは、大分県佐伯市米水津のアジの丸ずしである。年間通じて獲れる小アジを使って作る姿ずしで、頭から食べてしまう(写真㉚)。シソの葉はすしの保存性を高めるために用い、七月から盆の頃の丈夫なものを梅酢につけて、年中使う。地元の料理本には「シソの葉で巻く」と書いてあり、その意味では「包みずし」といえるが、これまでのものとは違い、包んだ葉も一緒に食べてしまう。このため、ここに入れてよいものかどうか、判断に迷う。

わが国にはこれ以外にも使える葉はありそうだが、実例は、私の拙い踏査では知らない。

9 包み葉の効用

すしを個別に包装するのは、すしが外気と触れ

写真㉚ 赤ジソで包むアジの丸ずし(大分県佐伯市米水津)

合わぬようにするため、そして、すしとすしがくっつかないようにするためである。しかし調査で各地を回るたびに聞かされたのは、防腐作用と芳香効果である。先に挙げたもののうち、ほとんどすべてが「この葉で包むとすしが傷みにくい」とか「香りがよい」、中には香り高くするために「熱いすしご飯を包む」とまでいうことさえあった。

今日の科学では、たとえば柿の葉にはたくさんのポリフェノールが含有されており、それは強い抗菌性を示す、とか、タンニンという高血圧を抑える成分があること、それが食品の保存に有効であること、また、ビタミン類が豊富に含まれていること。さらには、森林浴で感じるかすかな香りはフィトンチッドといい、主に樹木が発散するテルペン類などの揮発性物質である。柿の葉もフィトンチッドを持ち、抗菌作用や防腐効果を高めていること、などをうたっている。あるいは、ホオの葉にはマグノクラリンやマグノロールが含まれており、芳香、殺菌作用をもたらす、だとか、ミョウガの葉のさわやかな香りはアルファピンネという精油成分で大脳皮質を刺激して、頭をシャキッとさせる眠気覚まし効果、発汗効果、熱冷ましの効果も期待できる、だとか、さまざまな薬効成分も発表されている。

しかし、そんな近代科学とは無縁に、家庭ずしは作られてきた。アブラギリの葉には油分があってご飯を包むのに都合がよいからすしを包む、ハランの葉で包んでおくと中身が腐りにくい。そういう、長い間に見つけてきたことが重なって、のちの近代科学へとつながる。

だいたい、ここで出てきた包む素材の大半は植物の葉で、そのほとんどが漢方薬の材料である。いや、誤解を招くのを恐れずにいうならば、たいていの植物には薬効がある。それがよほどの毒草でないかぎり、葉っぱを粉にして飲んだり煮出した汁を飲んだりしても、体によいことがありこそすれ、害になることはない。植物が持つ力を、先人たちは、経験的に知っていたのである。

むすび

ここでいう「包みずし」に入るだろうか、山形県酒田市に粥ずしというのがある。

発酵ずしのひとつで、その名のとおり、中に漬けたご飯がやわらかく、粥状になっているものである。桶の中にやわらかいご飯と糀、サケ、カズノコ、アオマメなどを漬け、二週間ほど押して発酵させると食べられる。桶の中の敷き葉はササである（写真㉛）。

すしが漬かって人に食べさせるとき、ササの葉に盛りつけることがある。これだけを見るとほかの「包みずし」と同じように見えるのだが、これは押しをかけていない。ササの上に盛ったすしは粥状であるから、むしろ上から押圧をかけると大変なことになる。まったくの皿代わりにササの葉を用いているに過ぎない。ところが漬けてくださったご婦人は「どうだ。香りが違うべよ？」と聞く。なるほど、陶磁器の皿ではつかない香りが、すしから漂う。「都会じゃ、こんなの、ないだろ？」と、さらに聞く。

写真㉛　ササの葉を皿代わりにして盛った粥ずし（山形県酒田市）

もともとはすしが傷まぬように、つまり、外気に触れさせないようにするために、個々を巻いた。また、桶や箱から取り出しやすいように、ひとつひとつを巻いた。だから包んだすしを押すことは、絶対的に必要であった。今日的には、押すことは必ずしも不可欠でないが、「すしの味をなじませる」ために、簡略化されて残っている。さらにそれをなくして、葉っぱは単なる皿代わりになってしまったが、それでも香りはする、というのが粥ずしの例だと考えられる。粥ずしは発酵ずしという、すしとしては古い形態の部類であるが、すしが古いかたちであるからその供し方も古いというのは、大いなる間違いであった。

すしに香りをつけること。これはおそらく、ずっと昔からやられてきたことであろう。作ってからわざわざ少し時間を置いて食べると、草や木の葉の匂いが心地よかったりする。しかし、今はどうであろう。たいていのすし屋が作る江戸前ずし、もしくは関西ずしでも、葉は用いない。いや、昔は使っていたのであろうが、今日用いられるのはビニール製のバランである。これぞ正真正銘、「無味無臭」。味もそっけも、香りもない。

ここで紹介したすしの多くは、近い未来にはビニール製の葉っぱにとって変わられるのではないかと、心配になる。しかしながら、人間というのは、そうそう愚かな者ではない。包む素材だって、いったんは簡素化し、あるいは省略化されると思われつつ、実は、そうは問屋が卸さない。消えそうでもなくならないのも、また常のことである。ビニールでは出せない味や香りを求めて、人は新たなるすしを生み出す可能性すらある。

近年は「SDGs（持続可能な開発目標）」が叫ばれている。十七個の大きな目標のうち、食べ物に関する項目としては「飢餓をゼロに」が挙がるが、今後のすしを考えるには「海の豊かさを守ろう」が加わり、「包みずし」にいたっては「陸の豊かさも守ろう」も含まれる。これらを「つくる責任、つかう責任」をもって考え、「産業と技術革新の基盤をつくろう」。そして「パートナーシップで目標を達成しよう」として、自然に優しいすしを愛好する仲間をどんどん増やしてゆく。

今、「包みずし」は、案外、最も現代風、いや未来を見つめたすしなのかもしれない。

著者プロフィール

日比野光敏（ひびの・てるとし）

1960年、岐阜県大垣市に生まれる。名古屋大学文学部卒。同大学院文学研究科修了後、岐阜市歴史博物館学芸員、名古屋経済大学短期大学部教授、京都府立大学和食文化研究センター特任教授を経て現職に。すしミュージアム（静岡市）名誉館長。主な著書に、「すしの貌」（大巧社）、「すしの歴史を訪ねる」（岩波書店）、「すしの事典」（東京堂出版）、「だれも語らなかったすしの世界」（旭屋出版）、「日本すし紀行　巻きずしと稲荷と助六と」（旭屋出版）など。

◎**写真撮影協力（敬称略）**

・片山信代
・川村仁
・川村聡子
・池畑瑞江
・国政勝子
・畠中大三郎
・田島和子
・藤田節子
・坂東正章
・古橋隆子
・都竹佐賀子
・岡田清一
・岡田幸子
・堅田多恵子
・平中浩世
・堀美奈子
・嶋村淑子
・磯貝ヒサヨ
・藤田けい子
・斉藤康子
・谷直子
・井戸久枝
・石川富美代
・杉山美和子
・魚鱗荘
・ハッスルかあちゃん工房
・民宿戸高

旬の素材を活かす
こだわりの一品。

おろしたてわさび 1kg

── 姉妹品 ──

600g（ビルパック）
330g（ビルパック）
300g（カップ入り）
200g（袋入り）
2.5g ミニパック

おろし生わさび 200g

粉わさび 1500g

彩りと香りを添えて…

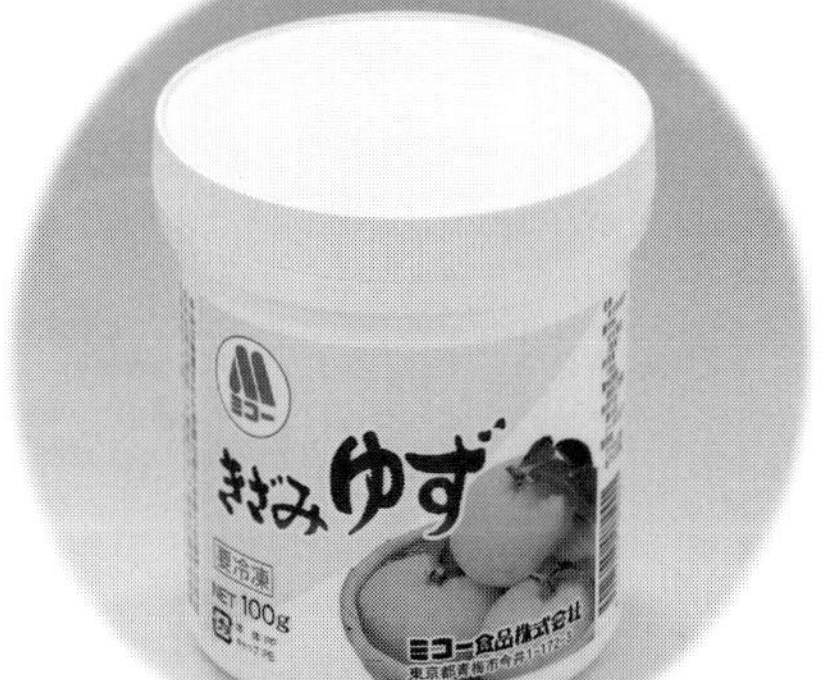

きざみゆず 100g
（チャック袋・ペーストタイプもあります）

取扱品目

・さしみわさび
・おろし生しょうが
・お吸いもの
・甘酢生姜
・練梅
・きざみくらげ

ミコー食品株式会社

〒198-0023　東京都青梅市今井1-172-3
Tel:0428-31-0165　Fax:0428-31-2753

すし店　酒肴の技術

酢の物・和え物・小鉢料理

貝柱辛子酢味噌がけ

※カラー 110頁

◆材料〈1人前〉
貝柱（タイラギ貝）…1/2個
塩…少々
うど…15g
酢…少々
吸地八方だし…適量
わけぎ…2本
利休麩…2枚
赤こんにゃく…2枚
辛子酢味噌（※1）…小さじ2
土佐酢（※2）…小さじ2
芽じそ…少々

※1　辛子酢味噌
玉味噌（106頁参照）200g／酢130mℓ／溶き辛子大さじ1
材料をすり鉢でよくあたる。

※2　土佐酢
だし300mℓ／米酢300mℓ／淡口醤油100mℓ／みりん100mℓ／花カツオ少々
鍋にだしと調味料を入れてひと煮立させ、花カツオを加えて火を止める。冷ましてから、布濾しする。

◆作り方
1 貝柱は薄塩をあて、直火でさっと炙る。横半分に切ってから5㎜の厚さに切る。
2 うどは皮をむき、乱切りにして酢水に漬ける。茹でて水におとし、吸地八方だしに漬けておく。
3 わけぎの根を切り、根の方より茹でてザルに上げ、冷ます。結んで、吸地八方だしに漬けておく。
4 利休麩は油抜きをして、薄切りにし、吸地八方だしで炊く。
5 赤こんにゃくは短冊切りにして茹で、吸地八方だしで炊く。
6 器に1と、水気を切った2～5を彩りよく盛る。辛子酢味噌を天かけにし、端から土佐酢を注ぐ。天盛りに芽じそをあしらう。

生子柚子卸し和え

※カラー 111頁

◆材料〈1人前〉
ナマコ…80g
吸地八方だし…適量
長芋…20g
酢…少々
クコの実…2個
三つ葉…1本
大根おろし…30g
土佐酢（上記参照）…大さじ1
柚子…少々

◆作り方
1 ナマコは両端を切って手で絞り、内臓を取り出す。水洗いし、5㎜の厚さに切る。
2 水分を切ってボウルに入れ、沸騰した吸地八方だしを加えてラップをし、冷めるまで置いて柔らかくする。
3 長芋は5㎜角に切り、酢水に漬ける。
4 クコの実は土佐酢（分量外）に漬けて、戻す。
5 三つ葉の軸は茹でて、みじん切りにする。
6 大根おろしはよく絞り、土佐酢と混ぜ、すり柚子を加える。
7 6に2～4を入れて和え、器に盛る。5を天盛りにし、みじん切りにした柚子を散らす。

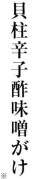

飯蛸黄味酢和え

※カラー 112頁

◆材料〈1人前〉
イイダコ…1/4ぱい
酢、醤油…各少々
車エビ…1/2本
塩…少々
茹で筍…20g
吸地八方だし…適量
花丸胡瓜…1/3本
昆布…少々
アボカド…20g
黄味酢（※1）…20㎖
防風…1本

※1 黄味酢
土佐酢（118頁参照）100㎖／卵黄4個
鍋に土佐酢と卵黄を入れ、湯せんにかけながらふんわりとなめらかになるまで練り上げる。とろりと仕上がったら火からおろし、氷水にあてて冷ます。

◆作り方
1 イイダコは頭の中の玉を出し、頭と足に切り分ける。足先は切り落とし、2本ずつに切り分ける。足のみ、塩もみする。
2 湯に酢と醤油を少々入れて、イイダコの頭から入れて弱火で約8分間茹でる。足は少ししてから加え、ザルに上げる。
3 車エビは背ワタを取り、のし串を打って塩茹でする。殻をむき、上下を切り上身の半分を使う。
4 茹でた筍は四角く切って、吸地八方だしで炊く。
5 花丸胡瓜はそうじをして、蛇腹胡瓜にし、昆布を入れた塩水に漬ける。
6 アボカドは皮をむき、半分に切って薄塩をあて、2分間蒸して、色を出し、食べやすい大きさに切る。
7 器に2〜6を盛り、黄味酢をかけ、防風をあしらう。

菜の花と赤貝の辛子和え

※カラー 113頁

◆材料〈1人前〉
菜の花…3本
塩…少々
利休麩…1/8個
吸地八方だし…適量
赤貝…1個
太もやし…20g
すりごま…少々
◎辛子和えのだし
だし80㎖／淡口醤油15㎖／塩少々／みりん10㎖／溶き辛子小さじ1/2
溶き辛子以外の材料を鍋に入れて一度沸かす。冷ましてから溶き辛子を混ぜ合わせる。

◆作り方
1 菜の花は軸を切って塩茹でにし、冷水にとる。水分を絞り、3等分に切り、少量の辛子和えのだしに漬ける。
2 利休麩は油抜きをして、吸地八方だしで煮る。
3 赤貝は殻から外してそうじをし、塩でもみ洗いする。水分を切って、叩きつけ、細長く切る。
4 太もやしは根を取って、さっと茹でてザルに上げ、薄塩をふる。
5 ボウルに辛子和えのだしを少量入れ、水気を切った1〜4を加えて混ぜ、地洗いする。一度、水分を切ってから、辛子和えのだしを加えて混ぜる。
6 器に盛り、すりごまを天盛りにする。

酒盗漬甘鯛　千枚蕪和え

※カラー 114頁

◆材料〈1人前〉
アマダイ…上身60g
千枚漬…1枚
花わさび…2本
砂糖…少々
吸地八方だし…適量
オクラ…1本
塩…少々
すだち絞り汁…少々
◎酒盗汁
酒3カップ／酒盗300g
鍋に酒を入れて煮切り、酒盗を加えて3〜4分炊く。布漉しにし、冷ます。

◆作り方
1 アマダイは3枚におろす。上身を酒盗汁に15分漬けた後、2時間陰干しにする。天火で皮目に色ずくまで、両面を焼く。
2 千枚漬は細切りにする。
3 花わさびは水洗いしてタッパーに入れ、湯をはってから蓋をして、2分おく。湯を切り、砂糖を少々あてて軽くもみ、水分を切ってタッパーに入れ、空気にふれないようにして半日置き、辛みを出す。吸地八方だしに漬け、4㎝の長さに切り揃える。
4 オクラはそうじをして塩みがきをし、茹でる。すぐに冷水にとり、水気を切り、縦に切って種をとる。スピードカッターに入れ、吸地八方だしを少々加え、攪拌する。
5 器に1を粗くほぐして盛り、2と3を添え、4を天盛りにし、すだちの絞り汁をかける。

白魚黄味揚げ　リンゴ酢がけ

※カラー 115頁

◆材料〈1人前〉
シラウオ…5尾
小麦粉…少々
片栗粉…少々
卵黄…1個
揚げ油…適量
そら豆…3個
うど…20g
酢…少々
土佐酢…適量
リンゴ酢（※1）…適量

※1　リンゴ酢
リンゴ1個／土佐酢（118頁参照）50㎖／米酢20㎖／レモン汁15㎖
リンゴは皮をむいて蒸し、裏濾しにしてから調味料と混ぜる。

◆作り方
1 シラウオは塩水でさっと洗い、水分をよく拭き取り、刷毛で小麦粉を薄くつける。片栗粉を少し加えた溶き卵黄をつけ、170〜175℃の新しい油でカリッと揚げる。
2 そら豆は皮をむき、素揚げにする。
3 うどは皮をむき、酢水に漬ける。酢を少々加えた湯で茹で、土佐酢に漬ける。
4 器に1〜3を盛り合わせ、リンゴ酢をかける。

針魚昆布〆

※カラー 116頁

◆材料〈1人前〉
サヨリ…1/4尾
塩…少々
昆布…適量
車エビ…1尾（30g）
茹で筍…20g
吸地八方だし…適量
いんげん…2本
うど…20g
酢…少々
タイラ貝…20g
板水前寺海苔…5g
生姜酢（※1）…左記全量

※1　生姜酢
土佐酢（118頁参照）30㎖／生姜の絞り汁3㎖
土佐酢に生姜を絞って加える。

◆作り方
1 サヨリは三枚におろす。塩水に漬けた後、皮を引き、20分間昆布〆にする。縦に細長く切る。
2 車エビは背ワタを取り、のし串を打ち、塩茹でする。殻をむき、サヨリと同じ大きさに切る。
3 茹でた筍は、サヨリや車エビと同じ長さに切り、吸地八方だしでさっと炊く。
4 いんげんも3と同じ長さに揃え、塩茹でにしてから、吸地八方だしに漬ける。
5 うども長さを揃えて切る。酢水に漬けてから茹で、吸地八方だしでさっと炊く。
6 タイラ貝も長さを揃えて切り薄塩をあて、バーナーで焼き目をつける。
7 板水前寺海苔は水で戻し、長さを揃え、吸地八方だしでさっと炊く。
8 器に1〜7を彩りよく盛り、器の端から生姜酢を注ぐ。

油目南蛮酢

※カラー 117頁

◆材料〈1人前〉
アブラメ（上身）…60g
葛粉…適宜
赤ピーマン…1/10個
黄ピーマン…1/10個
玉ねぎ…1/6個
サラダ油…適量
フルーツトマト…1個
塩…少々
黒粒胡椒…少々
セルフィーユ…1枚

◎南蛮酢
だし300㎖／酢50㎖／砂糖大さじ2／淡口醤油30㎖／みりん30㎖／塩小さじ1/2／酒15㎖／鷹の爪2本
鍋に材料を全て入れ、一度煮立てる。

◆作り方
1 アブラメは3枚におろす。上身に骨切り庖丁を入れ、2cm幅に切り落とす。
2 1に葛粉をまぶし、170〜175℃で3分揚げ、バットに上げ3〜4分置く。180℃で約1分、カリッと二度揚げにする。
3 赤・黄ピーマンと玉ねぎは薄切りにする。サラダ油を入れて熱したフライパンで、サッと炒める。
4 南蛮酢に揚げたての2を入れ、3を加えて2時間漬ける。
5 フルーツトマトは皮をむき、塩をあて、120℃のオーブンに入れ20分焼く。
6 器に4を盛り、5をあしらい、黒粒胡椒を少々ふり、セルフィーユを天盛りにする。

鱈白子 筍 木の芽味噌がけ

※カラー 118頁

◆材料〈1人前〉
タラ白子…50g
昆布だし…適量
塩…少々
茹で筍…30g
吸地八方だし…適量
うど…20g
酢…少々
菜の花…1本
百合根…2枚
辛子和えのだし（119頁参照）…適量
木の芽味噌（106頁参照）…25g

◆作り方
1 タラ白子は適当な大きさに切る。昆布だしに塩少々を加えた湯で茹で、ザルに上げておく。冷めたら、天火で焼き目を付ける。
2 筍は食べやすい大きさに切る。吸地八方だしでさっと煮て、ザルに上げておく。
3 うどは厚めに皮をむき、乱切りにして酢水に漬け、水にさらしてから茹でる。吸地八方だしで煮る。
4 菜の花は塩茹でにし、冷水に取り、水気を絞る。少量の辛子和えのだしで地洗いして水気を絞り、辛子和えのだしに漬ける。
5 百合根は花弁型にむき、食紅少々を加えた湯で茹で、水にさらす。
6 器に1～4を盛り、木の芽味噌をかけ、5を散らす。

車海老若草和え

※カラー 119頁

◆材料〈1人前〉
車エビ…1本（40g）
塩…少々
かぶ…20g
吸地八方だし…適量
蒸しアワビ（100頁参照）…20g
グリンピース…30g

◆作り方
1 車エビはのし串を打って塩茹でにし、冷水にとって冷ます。頭、殻、尾を取り、上身を1cmの長さに切る。
2 かぶは1cm角に切り、吸地八方だしで煮て、ザルに上げる。
3 蒸しアワビは1cm角に切る。
4 グリンピースは塩茹でにし、薄皮をむいて、裏濾しにかける。塩を少々加えて味を調え、1～3と共に和え、器に盛る。

赤貝、貝柱八方酢ゼリーがけ

※カラー 120頁

◆材料〈1人前〉
赤貝…1個
塩…適量
タイラ貝…1/3個
ミニオクラ…2本
吸地八方だし…適量
フルーツトマト…1/4個
長芋…40g
八方酢ゼリー地（※1）…左記適量
穂じそ…2本

※1 八方酢ゼリー地
だし80mℓ／米酢10mℓ／淡口醤油10mℓ／みりん10mℓ／板ゼラチン2g
鍋にだしと調味料を入れて沸かし、水でもどしたゼラチンを加えて溶かし、粗熱を取る。

◆作り方
1 赤貝は殻から外し、上身とヒモを塩でもみ洗いする。上身は布巾の上におき、隠し庖丁を入れ、まな板に叩きつけてから2等分する。ヒモは食べやすい長さに切る。
2 タイラ貝はそうじをして、薄塩をあてる。直火で表面にさっと焼き目をつけ、細長く切る。
3 ミニオクラはそうじをし、塩でみがき、茹でる。水にとり、吸地八方だしに漬ける。
4 フルーツトマトは皮を湯むきして、薄塩をあて、1時間おいてから切る。
5 長芋は針うちにする。
6 器に5を敷き、その上に1～4を盛る。八方酢ゼリー地をかけ、穂じそをあしらう。

名店・繁盛店の人気のすしとすし技術ガイド（製品・食材・サービス）

寿司皿を自動洗浄、自動選別する省力化マシン

北日本カコー㈱より発売の寿司皿自動洗浄ライン「ADWS」。寿司皿を自動シンクに入れるだけで、皿洗浄機が自動で洗浄、さらに洗い終わった寿司皿を自動選別してくれ、現場の作業効率化を実現する。こびりついた汚れをしっかり落とす、自動皿洗浄機専用洗浄剤「@Wash」も絶賛販売中。

問 北日本カコー㈱
☎076（277）1230
http://www.ishino-group.com

本膳のうま味を最大限に活かした生しょうゆ

ヒゲタ醤油を代表する商品「高級割烹しょうゆ本膳」の生しょうゆタイプ「本膳生200ml密封ボトル」。原料の大豆と小麦を、普通のこいくちしょうゆより多く使用した「濃厚仕込」による旨み豊かな味わい。火入れ工程のない生しょうゆなので、色も明るく、やさしい香り。白身の魚などや豆腐料理、卵料理によく合う。

問ヒゲタ醤油㈱お客様相談室
☎0120-144164
https://www.higeta.co.jp

内部部品の交換で寿司とおむすびが作れる!

人肌の寿司とアツアツおむすび、いつでもつくりたてのぬくもりが提供できる「寿司・おむすび兼用 お櫃型ロボット SSG-GTO」。どこから見てもシャリ櫃そのもの。10年以上経験を積んだ職人の握り。握るスピードは調節が自由で、大きさもコントロールできる。寿司は最大1800個／時、おむすびは最大750個／時。

問 鈴茂器工㈱
フリーダイヤル0120-599-333
（受付時間は月曜～金曜の9時15分～17時）

伝統的な醸造法を受け継いだ本場三河みりん

500年も前に甘い酒として醸造され、飲み親しまれてきたみりん。「三州三河みりん」は、キレのよい上品な甘さと芳醇な味わい。「米一升、みりん一升」の本格みりんで、米の旨みたっぷり。三河の風土、1年を超える季節の移り変わりの中で育まれる深い味わい。原料の米を厳選し、自社工場で精米。生詰め特有の味のふくらみとコク。

問 ㈱角谷文治郎商店
☎0566（41）0748
http://www.mikawamirin.jp/

衛生的で使い易さも抜群、耐久性にも優れた抗菌製品

2022年3月より抗菌ハセガワのおひつに「割り蓋」タイプが追加されます。シャリの乾燥を防ぐだけでなく、保温効果の（内部発泡体構造）持続性と蓋の置き場に悩む事も無く、とても使い易いおひつになります。また洗浄性が良く、洗浄時間の削減や環境負荷の軽減にも貢献。

問 長谷川化学工業㈱
☎047（482）1001
https://hasegawakagaku.jp

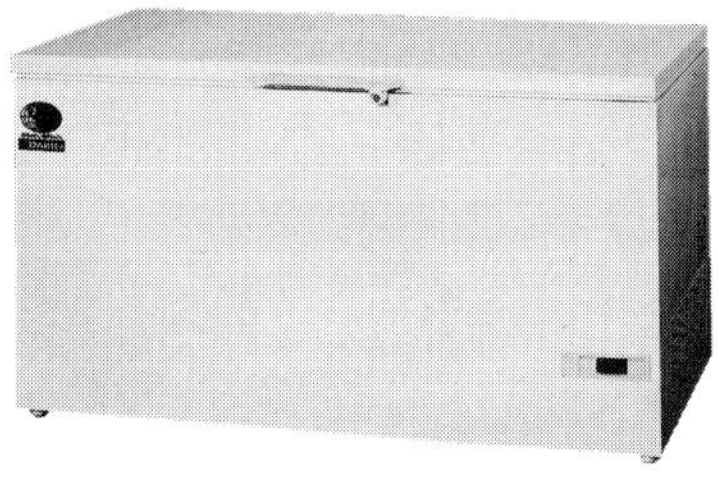

採れたての鮮度を保ち安心・長期保存

これまでの冷凍技術を超えた、超低温技術を採用した「スーパーフリーザー」。無風式なので食材が乾燥しない。超低温-60℃だから食材の鮮度をしっかり保ち、色も鮮やかに長期保存。時価に左右されず、安い時に仕入れられる。繁忙時間を避けて、計画的な仕込みが可能。作業効率の向上に結びつけることができる。

問 ㈱ダイレイ
☎03（3836）3481
https://dairei.co.jp

▪掲載商品の詳細は、直接各社へお問い合わせください。その際、必ず誌名をお伝えください。

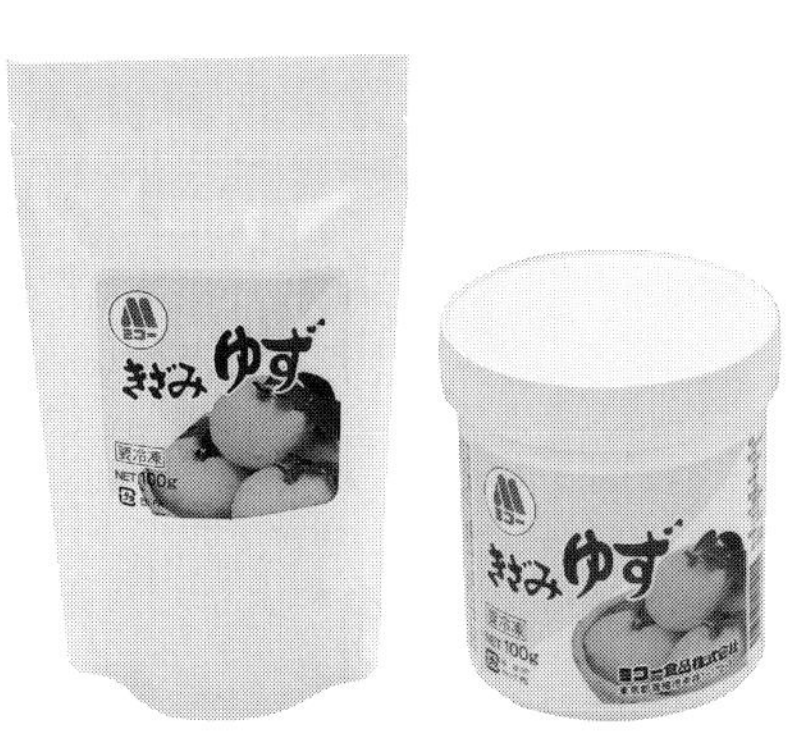

旬の素材を活かす こだわりの一品

厳選された豊潤な香りを持つ生柚子の外皮のみを刻んで凍結した冷凍「きざみゆず」。
必要量を解凍せずに、凍ったまま取り出して使用。煮物、もずく、めかぶ、豚の角煮、なます、塩辛、中華くらげの和え物、そば、ほたるいかの酢味噌かけなど、幅広い料理に使用できる。

㊐ ミコー食品㈱
☎0428(31)0165

こびりつきにくく、長時間美味しく保温！

35度C前後の低温と50度C前後の高温でシャリを保温する「よろい電気おひつ」。内ナベ（中合）は高級テフロン仕上げで、こびりつきにくく衛生的に使える。カウンター内に馴染むデザインで、国産木曽さわらを使用。電源は100Vで、使用時は70Wの省エネタイプ。ウレタン塗装仕上げで、汚れがつきにくい。

㊐ ㈱ヨロイ
☎025(228)7161
https://www.yoroi-sushi.com

江戸享保年間創業！長きにわたって愛されてきた京酢

京都の有名な祭りに作られる鯖寿司や懐石料理などの調味料としてすし店、料亭、家庭で使われている高級米酢・京酢「千鳥酢」。米と熟成した酒かすから仕込み、技を駆使して醸造された米酢。まろやかな風味が素材の持ち味をより引き立てます。
360㎖瓶詰、900㎖、1800㎖、18ℓ詰業務用。

㊐ 村山造酢㈱
☎075(761)3151
http://www.chidorisu.co.jp

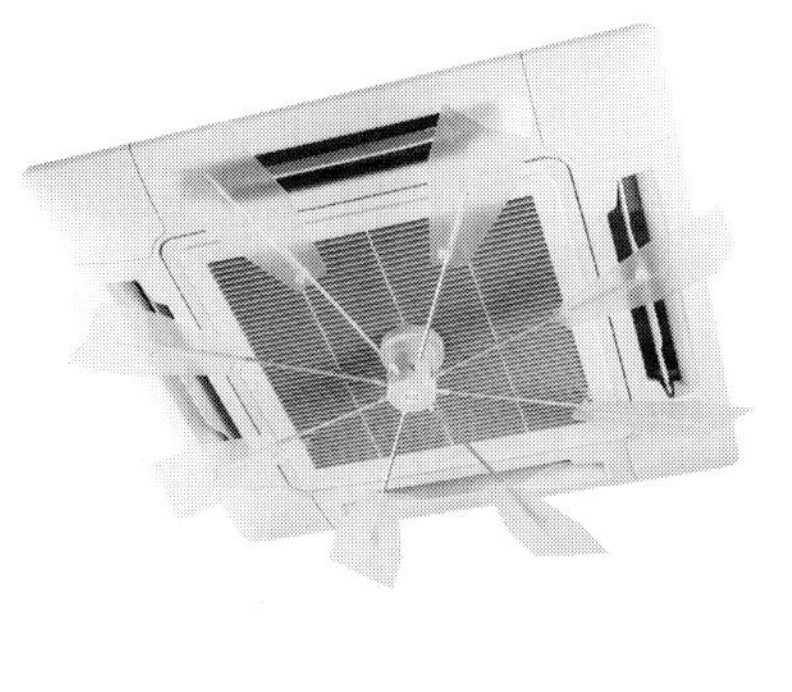

直撃風を改善し、快適な食空間の提供に貢献!

エアコンに取り付けて直撃風を改善する「ハイブリッドファン」（特許取得済）。暑い夏場でも、エアコン下のお客が寒い思いをせず、快適に過ごせる環境づくりに貢献。エアコンの風力で動き、電気代はかからない。取り付け、取り外しも簡単でお手入れもしやすい。冷暖房の温度のムラを攪拌し、店内の空調効率も向上する。

㊐ ㈱潮　☎045(780)1077
www.u-shio.jp

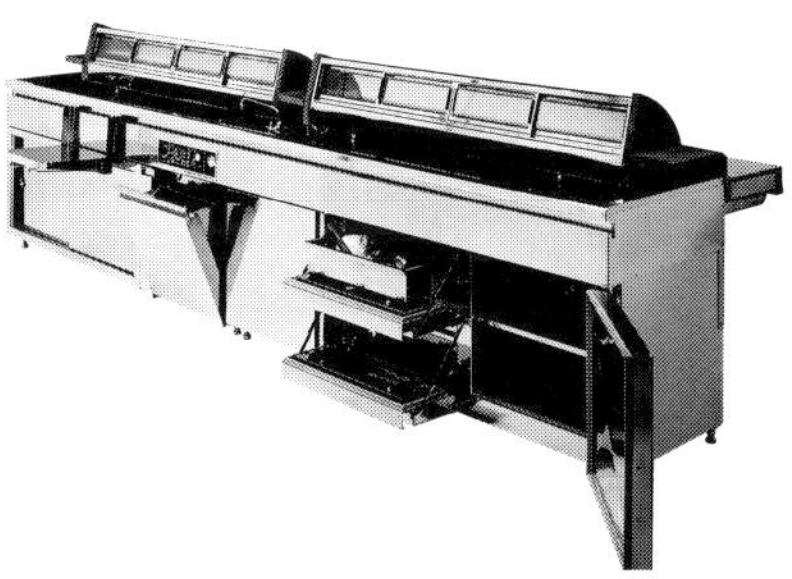

カウンターの裏側が使いやすくて便利に設計

板前さんに嬉しい親切設計のカセットカウンター「潮（うしお）」。種ケースは鮮度が引き立つ照明付き。流しは使いやすい船型シンク。衛生的なごみの収納庫が付いている。冷蔵庫は、スムーズな出し入れができる引き出し型。シャリ台はレール移動式を採用。オールステンレス製。

㊐ ㈱都
☎03(3354)4141
http://miyako-office.co.jp/cyubou.html

主張させた辛味でわさびの味を楽しむ「刻みわさび」

寿司関連食品の製造販売を行うカネク㈱が発売する「刻み生わさび」。刻んだわさびを醤油で味付けし、辛味をとびきり主張させることで、わさび本来の味わいが楽しめる。刺身をはじめ蕎麦の薬味、肉料理、和え物などにも適している。冷凍で1年間保存可能。

㊐ カネク㈱
☎0428(22)2141
http://www.kaneku-wasabi.co.jp

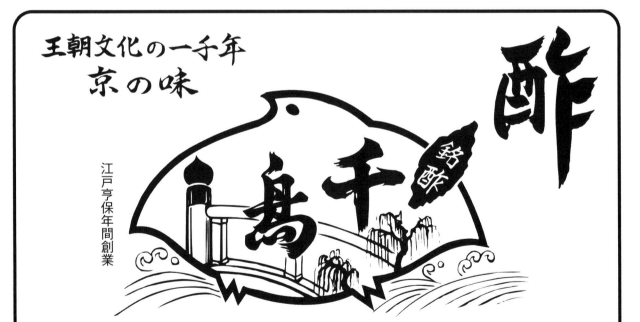

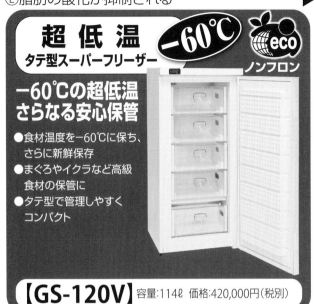

「名店・繁盛店のにぎりずし」「名物ずし・人気ずし」
(P6～P55)(P58～P91)
取材ご協力店

■ 鮨 いしばし

住所／大阪府茨木市小柳町9-18 カースル・安田1階
電話／072-635-0333

■ 鮨 島本

住所／兵庫県神戸市中央区下山手通3-7-9
電話／078-335-2322

■ 紋ずし

住所／東京都目黒区祐天寺2-14-19 フラットMON
電話／03-3712-6078

■ 御鮨処 田口

住所／神奈川県川崎市川崎区南町3-2
電話／044-244-2110

■ 都寿司本店

住所／東京都中央区日本橋蛎殻町1-6-5
電話／03-3666-3851

■ 弘寿司

住所／宮城県仙台市太白区越路16-10
電話／022-213-8255

■ 鮨 かの

住所／東京都江戸川区江戸川4-25-7
電話／03-3652-2704

■ 鮨 ふるかわ

住所／東京都港区西麻布2-9-14 K&T・T西麻布ビル1階
電話／03-6418-1235

■ つきじ鈴富 GINZA SIX店

住所／東京都中央区銀座6-10-1 GINZA SIX13階
電話／03-6263-9860

■ 鮨処 ともしげ

住所／宮城県仙台市青葉区国分町2-7-5 KYパークビル1階
電話／022-397-6449

■ すし崇

住所／長野県長野市県町477-15
電話／026-235-5565

■ 代官山 鮨 たけうち

住所／東京都渋谷区猿楽町5-8 M1代官山1階
電話／03-6455-0080

■ キヨノ

住所／福岡県福岡市中央区平尾2-14-21
電話／092-534-1100

■ 博多 たつみ寿司総本店

住所／福岡県福岡市博多区下川端町8-5
電話／092-263-1661

■ 鮨処 有馬

住所／北海道札幌市中央区南３条西４ 南3西4ビル4階
電話／011-215-0998

■ 独楽寿司

住所／東京都八王子市旭町9-1 八王子オクレート9階
電話／042-649-5573

■ 鮨 巳之七

住所／福岡県福岡市中央区薬院2-18-13
スバルマンション薬院
電話／092-716-2520

■ すし屋のさい藤

住所／北海道札幌市中央区南６条西４ プラザ6・4ビル1階
電話／011-513-2622

■ 鮨匠 岡部

住所／東京都港区白金台5-13-14
電話／03-5420-0141

■ KINKA sushi bar izakaya 六本木

住所／東京都港区六本木7-6-20 へキサート六本木２階
電話／03-6721-1469

■ 金澤玉寿司 せせらぎ通り店

住所／石川県金沢市香林坊2-1-1
電話／076-254-1355

■ 十三すし場

住所／大阪府大阪市淀川区十三本町1-11-15
電話／06-6390-0639

■ 梅丘 寿司の美登利総本店

住所／東京都世田谷区梅丘1-20-7
電話／03-3429-0066

■ 寿司ろばた 八條

住所／大分県大分市中央町2-5-24
電話／097-547-9166

■ 寿司 魚がし日本一 BLACK LABEL

住所／大阪府大阪市北区大深町4-20
グランフロント大阪 ショップ&レストラン南館B1
電話／06-6485-8928

■ 江戸前・創作 さかえ寿司

住所／千葉県千葉市美浜区高洲1-16-25
電話／043-246-8126

■ 鮨 美菜月

住所／大阪府大阪市北区曽根崎新地1-5-7 森ビル1階
電話／06-6342-1556

■ 鮨 かど

住所／愛知県名古屋市中村区名駅4-15-22 六連鯛ビル1階
電話／052-433-1801

■ 寿司割烹 山水

住所／埼玉県さいたま市北区日進町2-788
電話／048-663-1833

■ 金澤玉寿司総本店

住所／石川県金沢市片町2-21-18
電話／076-221-2644

■ 楽 SUSHIIZAKAYA GAKU HAWAII

住所／東京都世田谷区尾山台3-23-12R ベル尾山台101
電話／03-6805-9340

■ 寿司バル R/Q

住所／東京都千代田区外神田6-11-11 神田小林ビル1階
電話／03-5812-2270

■ ひょうたん寿司

住所／福岡県福岡市中央区天神2-10-20 ２階・3階
電話／092-711-1951

■ 銀八鮨 堀川本店

住所／神奈川県秦野市堀川30
電話／0463-89-3232

■ 神埼 やぐら寿司

住所／佐賀県神埼市神埼町鶴926-1
電話／0952-52-2249

■ すし処 會

住所／東京都世田谷区等々力2-34-5 KAIビル
電話／03-5706-3646

■ 鮨やまと ユーカリが丘店

住所／千葉県佐倉市上座664-1
電話／043-461-7949

■ お寿司と旬彩料理 たちばな

住所／宮城県仙台市青葉区一番町3-3-25
たちばなビル5階
電話／022-223-3706

■ あてまき喜重朗

住所／東京都立川市曙町1-30-15
電話／042-595-9885

■ 四季の舌鼓 おしどり

住所／北海道札幌市中央区南９条西４丁目3-15
アムスタワー中島 鴨々川沿いテナント北側
電話／011-551-2636

■ 奥の細道

住所／兵庫県神戸市北区有馬町字大屋敷1683-2
電話／078-907-3555

■ 寿司英

住所／愛知県名古屋市港区港楽3-5-21
電話／052-661-2241

■ 赤玉寿司

住所／三重県松阪市愛宕町1-65
電話／0598-21-1017

■ 美濃寿司

住所／岐阜県土岐市泉町久尻43-8
電話／0572-54-6318

■ 力寿し

住所／和歌山県紀の川市粉河10-6
電話／0736-73-6670

■ 仙石すし本店

住所／愛知県名古屋市中村区太閤4-4-3
電話／050-5485-5767

■ 鮨 笹元

住所／千葉県鴨川市横渚1063-1
電話／04-7093-1455

■ 松葉寿司

住所／兵庫県尼崎市塚口町1-13-10
電話／06-6422-1234

■ オーガニック 鮨大内

住所／東京都渋谷区渋谷2-8-4 佐野ビル1階
電話／03-3407-3543

■ 鮨 銀座おのでら

住所／東京都中央区銀座5-14-14
サンリット銀座ビルⅢ B1F･2F
電話／03-6853-8878

■ 伊勢鮨

住所／北海道小樽市稲穂3-15-3
電話／0134-23-1425

■ がんこ 新宿 山野愛子邸

住所／東京都新宿区大久保1-1-6
電話／03-6457-3841

■ 日本料理・寿司 丸萬

住所／滋賀県大津市大江3-21-9
電話／077-545-1427

■ 鮨屋台

住所／福岡県遠賀郡岡垣町大字原670-18
電話／093-282-1722

■ 鮨しま

住所／福岡県福岡市中央区港2-10-3 第２土肥ビル1階
電話／092-753-6512

■ 寿司 和食 おかめ

住所／山梨県南巨摩郡富士川町大椚町248-1
電話／0556-22-1746

■ 金寿司

住所／岐阜県恵那市長島町久須見1085-9
電話／0573-25-7212

■ シャリ ザ トーキョー スシバー

住所／東京都中央区銀座2-4-18
アルポーレ銀座ビル8階
電話／03-5524-8788

■ 銀座 鮨 おじま

住所／東京都中央区銀座6-6-19 新太炉ビル地下2階
電話／03-6228-5957

■ 川越 幸すし

住所／埼玉県川越市元町1-13-7
電話／049-224-0333

■ おたる政寿司 銀座店

住所／東京都中央区銀座1-7-7 POLA銀座ビル10階
電話／03-3562-7711

■ いさば寿司／魚がし天ぷら

住所／埼玉県さいたま市北区吉野町2-226-1
大宮魚市場場内食堂街
電話／048-782-6929

■ 寿司割烹たつき

住所／福岡県福岡市西区姪浜1-13-28
電話／092-881-1223

■ 鮨処 蛇の目

住所／東京都豊島区巣鴨1-26-6 蛇の目ビル1階
電話／03-3941-3490

新版 すしの雑誌 特別版

名店・繁盛店の
人気のすしとすし技術

本書は「新版・すしの雑誌」13集~20集で掲載した内容に新たな情報を加え、編集・制作した書籍です。

■発行日 令和4年1月31日　初版発行

■編　者　すしの雑誌《ざっし》編集部《へんしゅうぶ》
■発行者　早嶋　茂
■制作者　永瀬正人
■発行所　株式会社 旭屋出版
〒160-0005
東京都新宿区愛住町23番地2　ベルックス新宿ビルⅡ　6階
■TEL：03-5369-6423(販売)
■TEL：03-5369-6424(編集)
■FAX：03-5369-6431(販売)
■郵便振替　00150-1-19572
■旭屋出版ホームページ　https://www.asahiya-jp.com

印刷・製本　凸版印刷株式会社

●編集スタッフ
森正吾　斎藤明子　土田治　平山大輔
亀高斉　中西沙織

●デザイン
㈱スタジオゲット

●撮　影
後藤弘行　曽我浩一郎(旭屋出版)
吉田和行　東谷幸一　ふるさとあやの

ISBN978-4-7511-1454-4　C2077